贵州民族大学博士科研启动项目（GZMUSK[2024]QD81）

会计信息质量对盈余公告后
股价漂移的影响研究

杜　妍◎著

中国金融出版社

责任编辑：王雪珂
责任校对：李俊英
责任印制：陈晓川

图书在版编目（CIP）数据

会计信息质量对盈余公告后股价漂移的影响研究／杜妍著． -- 北京：中国金融出版社，2024. 12． -- ISBN 978 - 7 - 5220 - 2522 - 3

Ⅰ. F832.51

中国国家版本馆 CIP 数据核字第 202499G3N8 号

会计信息质量对盈余公告后股价漂移的影响研究
KUAIJI XINXI ZHILIANG DUI YINGYU GONGGAO HOU GUJIA PIAOYI DE YINGXIANG YANJIU

出版
发行　**中国金融出版社**

社址　北京市丰台区益泽路 2 号
市场开发部　（010）66024766，63805472，63439533（传真）
网 上 书 店　www.cfph.cn
　　　　　　（010）66024766，63372837（传真）
读者服务部　（010）66070833，62568380
邮编　100071
经销　新华书店
印刷　涿州市般润文化传播有限公司
尺寸　169 毫米 × 239 毫米
印张　16.25
字数　215 千
版次　2024 年 12 月第 1 版
印次　2024 年 12 月第 1 次印刷
定价　59.00 元
ISBN 978 - 7 - 5220 - 2522 - 3
如出现印装错误本社负责调换　联系电话（010）63263947

前　　言

　　资本市场发挥着发现股票价值，进而引导资源合理配置的重要作用，股票价格及时充分反映资本市场上各种信息的程度能够说明资本市场定价效率的高低。市场有效性认为市场上所有信息都能被市场快速吸收，股价能够反映其内在真实价值。但现实中的资本市场并非完全有效，资产定价效率反映了资本市场的有效程度以及证券市场价格对信息的反映程度，所以被称为"资本市场定价效率"。盈余公告后股价漂移作为"会计异象"之一，不仅在理论上对资产定价模型和有效市场理论提出了质疑，也影响着投资者的投资决策，导致资本市场资源配置功能失效，对实体经济产生冲击，严重影响了资本市场定价效率。在会计信息质量较高的企业中，投资者对管理层的监督效果更显著，能够显著减少管理者的自利行为，提高投资者进行有效投资的可能性，引导资本流向资金利用效率高的企业，从而实现整个社会资源的优化配置，对提高资本市场资产定价效率具有重要影响。那么，随着企业会计信息质量的提高，资本市场上的盈余公告后股价漂移"异象"能否得到有效缓解？深入认识盈余公告后股价漂移对证券市场的影响及作用，有助于引导资本市场投资者作出科学的投资决策，提高资本市场定价效率，是一个非常有价值和挑战性的课题。

　　本书采用中国沪深两市 A 股上市公司的交易数据，在前人研究的基础上进一步验证了上市公司公开披露的会计盈余信息具有很强的利用价值，阐述并证实了会计信息质量对盈余公告后股价漂移会带来什么样的影响，并通过对中国证券市场投资者有限理性特征的分析，深入探讨了有限理性的投资者在盈余信息传递过程中发挥的作用。首先，在回顾现有文献、概念界定与理论分析的基础上，建立模型对盈余公告后股价漂移的影响因素进行了理论分析。其次，基于理论基础和理论分析模型，研究投资者不同的有限理性特征对盈余公告后股价漂移的影响。基于会计信息质量的不同特征和投资者不同的非完全理性特征产生的客观条件，同时构建了会计信息质量不同特征影响会计信息质量高低和投资者有限理性影响股价漂移的两条路径，实证检验了不同的会计信息质量特征：会计稳健性、会计信息可比性和盈余持续性，在投资者有限理性与盈余公告后股价漂移中发挥的作用，深入探索盈余公告后股价漂移产生的内在机理。最后，依据本书得出的研究结果，探讨了提高资本市场定价效率的路径和方法。

本书主要的结论有以下几方面。

第一，会计信息是资本市场上重要的信息来源，其质量高低能够对股价漂移产生重要的影响。过去的研究发现股价漂移现象总是和未预期盈余联系在一起的。当出现未预期盈余时，随后就会出现股价漂移，投资者未预期到的盈余高低很大程度上是由投资者对企业盈余预测的准确性决定的，而投资者对未来盈余预测的准确性又取决于企业会计信息质量的高低。会计信息质量越低，投资者对企业未来盈余预测的准确性越低，未预期盈余就越高。会计稳健性、会计信息可比性和盈余持续性，能够通过对企业管理层的监督，提高会计信息质量，降低投资者未预期盈余，进而缓解股价漂移。

第二，投资者有限理性是股价漂移产生的重要原因之一。投资者作为投资决策的主体能够对资产定价产生直接影响，由于投资者的有限理性，必然会带来股价漂移现象。会计信息质量的三个不同特征（会计稳健性、会计信息可比性和盈余持续性）能够影响投资者不同的有限理性特征，会计稳健性能够提高投资者关注度、会计信息可比性能够提高投资者认知度、盈余持续性能够降低投资者意见分歧度。投资者注意力的提高、对企业认知度的增加与分歧度的降低都能够减少投资者的非理性行为，减少盈余公告后的累计超额收益，缓解股价漂移现象。

第三，公司内外部环境是会计信息质量对股价漂移产生影响的重要条件。在内外部环境有差异的情况下，企业会计信息质量对股价漂移的缓解作用不同。在内部控制水平较低、机构投资者持股比例较高和经济政策不确定性较高的企业中，会计稳健性对股价漂移的缓解作用更加显著；在股权制衡度较低、投资者保护水平较低和环境不确定性较高的企业中，会计信息可比性对股价漂移的缓解作用更加显著；在公司治理水平较低、外部审计质量较高和媒体关注度较高的企业中，盈余持续性对股价漂移的缓解作用更加显著。

本书主要的贡献和创新之处在于以下几个方面。

第一，通过对会计信息质量影响股价漂移机理的梳理，在 DHS 模型的基础上进一步引入了投资者对同行业公司盈余信息的反应以及投资者有限理性等因素，构建了新的模型，以便更全面地解释盈余公告后股价漂移产生的原因。

第二，已有研究发现会计信息质量可以影响资本市场定价效率，但是不同会计信息质量特征会对资本市场定价效率产生什么样的影响尚不清楚，本书从三个会计信息质量特征出发研究其对股价漂移的影响，有助于从更微观的角度理解会计信息质量对股价漂移的影响。

第三，以往学者对股价漂移进行研究，多数从投资者有限理性的某单一特征出发。但是投资者投资决策过程中的不同心理会带来不同的有限理性特征。本书致力于从不同会计信息质量特征出发，基于投资者投资决策过程中不同的有限理性特征，研究其对股价漂移的影响，是对现有研究结论全面系统的补充。

第四，以往对股价漂移的研究大多从单一视角展开，本书基于行为金融理论与信息不对称理论双重视角，研究其对股价漂移的影响，并认为会计信息质量不仅可以直接影响股价漂移，即"会计信息质量—信息不对称—股价漂移"，也可以通过影响投资者有限理性间接影响股价漂移，即"会计信息质量—投资者有限理性—股价漂移"，同时从两个方面考虑对股价漂移形成机理的深入探索，有助于深刻认识到会计信息质量对股价漂移带来的影响。

目　　录

第1章 绪 论

1.1 选题背景与研究意义

1.1.1 选题背景

资本市场定价效率实质上是指市场上信息传递的效率,如果市场上的资源能够充分流动,那么信息快速有效的传播是提高资源配置效率的有效途径。资产定价模型(CAPM)假设信息无摩擦地在资本市场传播,并能迅速反映到股价中。有效市场理论(EMH)也认为股票价格已经充分反映了所有相关信息,任何投资者都无法通过信息处理获取超额收益(Malkiel和Fama,1970),二者一经提出就成为研究资本市场的理论基础。然而20世纪80年代以来,学术界发现了越来越多的"市场异象"(Market Anomalies),其中又以基于会计信息构造投资组合获得超额收益的"会计异象"(Accounting Anomalies)最受关注。Richardson等(2010)根据信息来源,将会计异象归纳为三类:应计异象(Accruals Anomaly)、股价漂移(PEAD)和价值异象(Value Anomaly,也称股价乘数异象),给资产定价模型和有效市场理论带来了极大的挑战。

随着我国经济水平的飞速提高,我国证券市场不断完善,影响力也与日俱增。但是，相较于西方发达国家的资本市场而言，我国资本市场资产定价效率低下。首先，我国资本市场的建立与发达国家存在差异，政府在我国资本市场建立的过程中发挥了重要的作用，我国政府不仅承担着促进经济发展、维护经济稳定的责任，还担负着健全资本市场、维持资本市场正常运行的重担。因此，当我国股票市场处于价格低迷的状态时，为了维持股票市场的稳定性和股票的流动性，促进市场的稳定发展，政府需要采取措施去干预股票市场的价格。如果存在政府的过度干预行为，就会导致我国股票市场呈现出"政策市"的特征，使资产价格不能真实反映其内在价值，降低了资产定价效率。其次，我国资本市场与境外发达国家的资本市场相比，在投资者结构和投资理念等方面存在很大差距，不仅在法律制定方面与国外发达国家有一定差距，在法律执行方面也有待进一步提高（La Porta，1998），而资产是否能够有效定价与法律环境息息相关，更离不开资本市场制度、投资者的各种心理和行为特征。我国资本市场上散户居多，因为缺乏科学的投资理念和自身存在的认知缺陷，大部分散户投资者都存在注意力有限、认知力不足等非理性行为，在股票交易的过程中会出现反应不足、反应过度或盲目跟风等错误的股票交易行为，不仅不能有效促使股票对资本市场信息作出正确且及时的反应，反而使得股票价格与其真实价值不一致。最后，信息不对称现象严重。现代企业中绝大多数都存在所有权与经营权相互分立的现象，股东拥有公司的所有权，将经营管理活动委托给公司管理层。相对于公司外部的各利益相关者，公司管理层掌握着与公司经营相关的所有信息，处于信息优势的地位，使其具有更高的能力来获取个人利益最大化。因此，管理者在个人利益驱动下可能会存在"道德风险"问题，甚至通过扭曲和操控给投资者的信息来谋取信息优势利益，这就导致投资者不了解公司的真实状况，不能对其经营水平作出正确评价，进而不能作出正确的投资决策。由于代理问题的存在，企业内部管理层基于自利动机会进行盈余管理，降低了企业的会计信息透明度。当公司信息透明度较低时，投资者获取的信息不确定性增加，导致股票价格偏离其内在价值。虽然我国证券市场在不断完善，但是目前仍处于新兴资本市场的发展阶段，市场机制仍不健全，资本市场上的投资者需要付出很高的成本才能获取公司的信息，投资者信息收集的动力减弱，降低了资本市场定价效率。

总之，我国股票市场与发达国家的资本市场相比存在很多问题，主要包括定价效率低下、信息不对称严重、投资者非理性程度更高等。投资者非完全理性方面：我国证券市场中散户居多，在市场交易活动中，散户投资者的数量占绝对优势，而由于个人投资者资源的有限性和自身未成熟的心理特征，对股票的分析及评判往往存在较大误差，各种非完全理性特征明显。信息不对称方面：虽然我国会计信息质量有了很大的提升，但是由于新兴加转轨的特点，我国证券市场规范性不高，信息不对称现象仍然存在，各种会计造假案件时有发生。例如，2010 年紫鑫药业骗局、2013 年万福生科造假案、2019 年康得新利润造假案、2019 年康美药业和 2020 年瑞幸咖啡等财务造假案层出不穷。因此，在当前的证券市场环境下，我国资本市场定价效率低下，各种异象普遍存在。

盈余公告后股价漂移作为"会计异象"之一，不仅在理论上对资产定价模型和有效市场理论提出了质疑，而且在实践中也影响着投资者的投资决策，导致资本市场资源配置效率低下，对实体经济产生冲击（陆蓉等，2017）。Ball 和 Brown（1968）以盈余公告为事件研究资本市场效率时发现，虽然股价对公告的盈余信息有市场反应，但这种反应却是不及时不充分的，因而提出了盈余公告后股价漂移异象。已有研究将盈余公告后股价漂移产生的原因大致归为两类。一是从盈余信息质量的角度出发，会计信息作为投资者最关注的信息之一，其在资本市场上发挥的作用不言而喻。其不同的特征如会计稳健性、会计信息可比性和盈余持续性等方面对资本市场定价效率有着重要的影响，而且盈余信息的不确定性能够影响股价漂移的程度（Kimbrough，2005；Zhang，2006；刘寒和盛智颖，2015）。二是从投资者有限理性的心理特征出发，由于投资者对信息的关注度和认知度存在不足，带来了资本市场上的股价漂移现象（Dong 等，2006；谭伟强，2008；权小锋和吴世农，2010；向诚和陈逢文，2019）。Bernard 和 Thomas（1989）、Bartov（1992）和 Narayanamoorthy（2006）也指出，投资者对盈余信息的反应不足，降低了会计信息融入股价的速度。因此，本书认为，盈余公告后股价漂移主要反映了资本市场上的投资者在利用会计信息进行投资决策时，没有意识到会计信息质量高低和会计信息传播速度对投资的影响。投资者作为投资决策的主体能够直接影响资产定价效率。在现实的资本市场上，由于各种认知偏差，投资者对会计信息的认知存在有限理性，主要表现为投资决策过程中的有限关注、有限认知和意见分歧。投资者非完全理性的特征包括投资者对信息的有限注意力、有限认知能力和意见分歧等，使其在决策过程中很难对市场股票未来发展作出完全有效的估计，非完全理性的特征使得投资者对盈余信息的反应比较滞后，信息不能及时反映到股价中，产生了股价漂移异象，进而降低了资本市场定价效率。如何降低乃至消除我国资本市场上的盈余公告后股价漂移异象，是提升资本市场定价效率，发挥市场在资源配置中的决定性作用亟须解决的问题。因此，探究我国股票市场盈余公告后股价漂移现象的影响因素及其经济后果具有重要意义。参考国内外相关领域最新的研究成果，本书以会计信息质量作为切入点，对盈余公告后股价漂移的产生进行了深入的探讨。

1.1.2　研究意义

中国证券市场起步较晚，对盈余公告后股价漂移相关的研究文献和系统性研究成果并不充分。前期学者主要从传统金融理论的视角解释盈余公告后股价漂移异象存在的原因，虽然有一定合理性，但也存在一些无法解释的现象。随着行为金融理论的不断发展，传统金融理论中的"完全理性人"假设和有效市场假说均受到了质疑，而投资者有限理性突破了"理性人"假说的局限，从新的视角解释了盈余公告后股价漂移异象。本书基于我国新兴市场的制度背景，在借鉴国内外学者已取得研究成果的基础上，从信息不对称和行为金融理论出发，基于会计信息质量这一新的研究视角对中国股市盈余公告后股价漂移异象进行深入探讨，研究盈余公告后股价漂移受会计信息质量影响的理论机理及其作用路径，对引导投资者理性投资行为和提升资本市场定价效率具有较强的理论意义和实践意义。

理论意义有以下几个方面。第一，资产定价效率影响着资本市场资源配置功能的发挥。在转型经济体中，国内对资本市场股价漂移问题的研究并不充分，在我国新兴资本市场背景下，研究会计信息质量对股价漂移的影响，探究转型经济体中股价漂移形成的内在机理，是对资本市场定价效率相关文献的补充。第二，以往学者对股价漂移进行研究，多数从投资者有限理性的某单一特征出发。本书着眼于不同会计信息质量特征（会计稳健性、会计信息可比性和盈余持续性）对投资者投资决策过程中不同的非完全理性特征，分别分析其对股价漂移的影响，这是对现有投资者有限理性心理特征与股价漂移关系研究的补充。第三，本书打破了单一视角对股价漂移的研究，将投资者有限理性的不同心理特征和信息不对称结合起来研究盈余公告后股价漂移，并认为会计信息质量不仅可以直接影响盈余公告后股价漂移，也可以通过影响投资者有限理性特征对盈余公告后股价漂移带来间接影响，同时从两个方面考虑更加深入地研究会计信息质量对盈余公告后股价漂移的影响，拓展了有关股价漂移形成机理的研究思路。

实践意义有以下几个方面。第一，本书从会计信息质量的角度出发，研究其对股价漂移的影响，能够为准则制定部门、企业自身提高会计信息质量提供理论支撑，也为我国资本市场监管部门和相关机构为会计信息质量治理功能的发挥营造更好的环境提供依据。第二，本书聚焦于盈余公告后股价漂移异象，研究会计信息质量对其带来的影响，有助于帮助监管者深刻理解股价漂移产生的内在原因，有益于我国证券市场的健康发展。第三，本书帮助投资者更深刻地了解股价漂移异象，为他们的投资决策提供参考，有助于投资者正确地对资产进行定价，指导投资者理性投资。

1.2　研究思路与研究方法

1.2.1　研究思路

本书从行为金融理论的视角出发，基于信息不对称理论和投资者有限理性描述和刻画了资本市场上投资者对上市公司盈余公告的市场反应，研究股价漂移形成的内在原因。从信息输入和输出过程的角度，基于投资者有限理性的三个特征，选取了会计稳健性、会计信息可比性和盈余持续性研究盈余公告后股价漂移的形成机理。本书借鉴 Hong 和 Stein（1999）意见分歧模型，通过对会计信息质量与股价漂移之间关系理论分析的梳理，在 DHS 模型的基础上进一步引入了会计信息可比公司的盈余信息对投资者的影响以及投资者关注不足、投资者认知不足和投资者意见分歧等因素，构建了新的模型，拓展了基于未预期盈余和投资者分歧度的股价漂移模型。基于该模型，本书重点实证研究了以下内容。

第一，聚焦于投资者心理决策过程中的有限关注心理偏差，以会计稳健性为切入点，通过会计稳健性对会计信息质量和投资者关注度的影响来分析其对股价漂移的作用机制；第二，聚焦于投资者心理决策过程的有限认知偏差，以会计信息可比性为切入点，通过会计信息可比性对会计信息质量和投资者认知度的影响来分析其对股价漂移的作用机制；第三，聚焦于投资者心理决策过程的异质信念偏差，以盈余持续性为切入点，通过盈余持续性对会计信息质量和投资者分歧度的影响来分析其对股价漂移的作用机制；第四，本书从提高会计信息质量方面，进一步补充股价漂移现象的影响因素，这不仅可以为后续研究者提供更多理论基础，而且为如何从会计信息质量出发，提高资本市场定价效率提供依据，同时还可以为监管机构如何进一步完善资本市场提供更多的建议。

1.2.2 研究方法

目前对会计信息质量和资本市场定价效率关系的研究方法主要集中在规范研究和实证研究方法上，不同的研究学者选取了不同的研究方法。规范研究方法比较直观，很多研究通过绘制图形的方法给人留下深刻的印象。实证研究方法属于计量经济学的范畴，通过该方法研究得出的结论更具有说服力。本书仍然综合使用已有的这两种分析方法，具体方法介绍如下。

第一，规范研究。本书的规范研究法主要体现在研究背景、文献综述、理论基础和理论分析等方面。首先，在研究背景方面，本书通过对当前股价漂移的相关研究及会计信息质量的作用分析等提出了拟研究的问题。其次，在文献综述方面，本书对相关文献的研究动态与学术观点进行历史回顾与梳理，依次对盈余公告后股价漂移的影响因素、会计信息质量的经济后果等方面的国内外相关文献进行了回顾，在此基础上进行详细地文献述评。最后，在概念界定与理论基础方面，本书拟通过有效市场理论、会计信息决策有用性理论、信息不对称理论和行为金融理论等对会计信息质量与股价漂移关系的作用机理进行理论分析，针对股价漂移的影响因素，基于 DHS 模型进行优化，加入了同行业其他公司会计信息以及投资者有限理性等因素对股价漂移的影响。

第二，实证研究。本书实证研究主要依靠事件研究和回归分析等方法开展研究。首先，在数据选取与处理方面，本书选取 2003—2019 年 A 股上市公司作为研究对象，运用事件研究法，以每年盈余公告为研究事件，研究盈余公告中股票标椎化未预期盈余与盈余公告公布后 2 个和 30 个交易日累计超额收益之间的关系。其次，在论文分析中，针对样本的描述性统计研究构建模型，运用 Stata 统计软件对会计信息质量与股价漂移的关系进行实证检验。在稳健性检验方面，本书运用替换指标和替换研究模型等方法对各章的研究假设重新进行检验，并使用工具变量等方法缓解各章中可能存在的内生性问题。最后，利用中介效应检验方法对会计信息质量影响股价漂移的路径进行检验。

1.3　研究内容与研究框架

1.3.1　研究内容

本书从会计信息质量的视角出发，探讨会计信息质量对股价漂移的影响及其作用路径，提出改进资本市场定价效率的对策与建议。具体而言，本书将从以下 8 章展开研究。

第 1 章：绪论。本章研究背景与研究意义部分，分析了我国资本市场定价效率，投资者有限理性的不同心理特征，说明了会计信息质量对提高资本市场定价效率的重要性，以此为基础提出会计信息质量可以通过影响投资者有限理性作用于股价漂移。研究思路与研究方法部分主要介绍了每部分的研究思路及研究方法。研究内容与研究框架部分则对本书的主要内容、本书的研究框架进行介绍。研究的创新之处则介绍了本书与以往文献存在的差异，以及可能存在的创新。

第 2 章：文献综述。本章对主要文献展开回顾：股价漂移的成因探究、会计信息质量的经济后果、会计信息质量对资产定价效率的影响。通过对已有成果的回顾与梳理，掌握会计信息质量和股价漂移现象相关研究的程度和最新成果，发现本书的研究契机及研究思路。

第3章：概念界定与理论基础。首先，该部分对本书相关概念进行界定，主要包括盈余公告后股价漂移相关概念，会计信息质量特征相关概念的界定等。其次，梳理了与本书相关的理论基础，主要包括有效市场理论、会计信息决策有用论、信息不对称理论和投资者有限理性理论。最后，在对概念界定和理论基础的梳理上，深入阐释了会计信息质量对盈余公告后股价漂移影响的理论分析，主要包括会计稳健性对股价漂移影响的理论分析，会计信息可比性对股价漂移影响的理论分析和盈余持续性对股价漂移影响的理论分析。

第4章：盈余公告后股价漂移的理论分析模型。本章根据文章研究需要，首先，回顾了盈余公告后股价漂移的影响机理模型和基于渐进信息的意见分歧模型。其次，针对股价漂移的影响因素，在意见分歧模型的基础上进行拓展，加入同行业其他公司盈余信息以及投资者有限理性等因素对股价漂移的影响，为后文实证部分的研究提供理论支撑。

第5章：会计稳健性对盈余公告后股价漂移的影响。本章在借鉴前人研究的基础上，聚焦于投资者有限理性的有限关注视角，研究会计稳健性对股价漂移的影响。首先，根据现有信息不对称理论和行为金融等相关理论，提出了本章的待检验假设。其次，介绍了本章研究的样本选取、变量定义和回归方程的设计，并定量分析了会计稳健性对股价漂移带来的影响。再次，考察了内部控制水平、机构投资者持股和经济政策不确定性在会计稳健性与股价漂移关系中的调节作用。最后，本章还对会计稳健性降低股价漂移的路径进行了检验。

第6章：会计信息可比性对盈余公告后股价漂移的影响。本章在借鉴前人研究的基础上，聚焦于投资者有限理性的有限认知视角，研究会计信息可比性对股价漂移的影响。首先，根据现有信息不对称理论和行为金融等相关理论，提出了本章的待检验假设。其次，介绍了本章研究的样本选取、变量定义和回归方程的设计，并定量分析了会计信息可比性对股价漂移带来的影响。再次，考察了股权制衡度、投资者保护水平和环境不确定性在会计信息可比性与股价漂移关系中的调节作用。最后，本章还对会计信息可比性降低股价漂移的路径进行了检验。

第 7 章：盈余持续性对盈余公告后股价漂移的影响。本章在借鉴前人研究的基础上，聚焦于投资者有限理性的异质信念视角，研究盈余持续性对股价漂移的影响。首先，根据现有信息不对称理论和行为金融等相关理论，提出了本章的待检验假设。其次，介绍了本章研究的样本选取、变量定义和回归方程的设计，并定量分析了盈余持续性对股价漂移带来的影响。再次，考察了公司治理水平、审计质量和媒体关注在会计信息可比性与股价漂移关系中的调节作用。最后，本章还对盈余持续性降低股价漂移的路径进行了检验。

第 8 章：结论与展望。本部分主要包括主要结论、政策启示、研究不足及展望。本章通过对前面章节的总结，归纳了本书研究的主要结论，提出了对应的政策建议，并总结了本书的研究局限性和未来展望。

1.3.2　研究框架

本书在文献回顾与机理分析的基础上，提出的研究框架如图 1 - 1 所示。

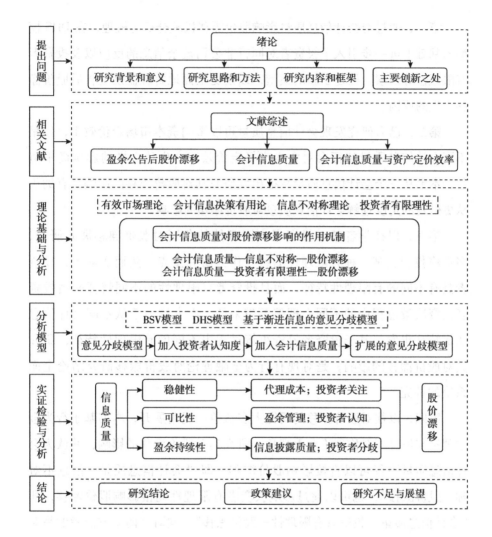

图 1-1　研究框架

1.4　主要创新之处

本书比较系统地研究会计信息质量对盈余公告后股价漂移的影响，可能在以下几个方面有所贡献。

第一，通过对会计信息质量影响股价漂移机理分析的梳理，在 DHS 模型的基础上进一步引入了投资者对同行业公司盈余信息的反应以及投资者有限理性等因素，构建了新的模型，以便更全面地解释盈余公告后股价漂移产生的原因。

第二，已有研究发现会计信息质量可以影响资本市场定价效率，但是不同会计信息质量特征会对资本市场定价效率产生什么样的影响尚不清楚，本书从三个会计信息质量特征出发研究其对股价漂移的影响，有助于从更微观的角度理解会计信息质量对股价漂移的影响。

第三，以往学者基于投资者有限理性的角度对股价漂移展开研究，多数将投资者某一种有限理性的特征作为研究重点。然而实际上，投资者具有不同的有限理性特征，而且投资者有限理性的不同特征是由投资者投资决策过程中的不同心理偏差带来的。本书致力于从不同会计信息质量特征出发，基于投资者投资决策过程中不同的有限理性特征，研究其对股价漂移的影响，是对现有行为金融理论对股价漂移研究结论全面系统的补充。

第四，以往对股价漂移的研究大多从单一视角展开，本书基于行为金融理论与信息不对称理论双重视角，研究其对股价漂移的影响，并认为会计信息质量不仅可以直接影响股价漂移，即"会计信息质量—信息不对称—股价漂移"，也可以通过影响投资者有限理性间接影响股价漂移，即"会计信息质量—投资者有限理性—股价漂移"，同时从两个方面考虑是对股价漂移形成机理的深入探索，有助于深刻认识到会计信息质量对股价漂移带来的影响。

第 2 章　文献综述

资本市场上的主要行为主体是投资者，他们依据自己收集的相关信息，在证券市场上进行投资，进而将相关信息反映到股票价格上。现实资本市场中的投资者在作出投资决策时，会受到有限注意力、有限认知力和异质信念的影响，而作出有偏的投资决策，进而降低了资本市场定价效率。另外，由于代理问题，公司内部管理层和企业外部投资者存在严重的信息不对称。外部投资者依据不完全信息作出的投资决策，很可能使得股票价格不能反映其内在价值，进而造成了资本市场定价效率的低下。

本章通过对相关文献的回顾不仅可以厘清相关问题的研究现状，还可以发现该领域研究中的新方向。具体按照以下方面进行梳理：一是盈余公告后股价漂移的成因探究；二是会计信息质量经济后果的相关研究；三是会计信息质量对资产定价效率影响的相关研究。通过对文献的梳理，归纳已有文献的可借鉴之处及对本书的启示。

2.1　盈余公告后股价漂移的成因探究

2.1.1　盈余公告后股价漂移现象及其解释

2.1.1.1　盈余公告后股价漂移现象

盈余公告后股价漂移（Post – Earnings Announcement Drift，PEAD），是

证券市场上重要"异象"之一,随着越来越多的学者发现该"异象"的普遍性和对该问题研究的不断深入,Ball 和 Brown(1968)提出了盈余公告后股价漂移的概念,他们基于企业发布的盈余公告对资本市场效率进行研究发现,公司盈余公告公布之后,股价有着长期的、持续的和方向一致的变动趋势。虽然股价对盈余公告中的盈余信息作出了市场反应,但这种反应并没有及时充分地将盈余信息完全反映到股价中,因此他们提出资本市场上存在"盈余公告后股价漂移"。2003 年 Liang 提出了股价漂移的明确定义,股价漂移是指公司在资本市场上发布盈余公告后,若投资者未预期到盈余大于零,则未来股票价格的走势呈现出持续向上的增长,给市场上的投资者带来正的超额收益;反之,则未来股票价格的走势呈现出持续向下的降低,给市场上的投资者带来负的超额收益。盈余公告后股价漂移现象说明了股票价格对信息的吸收是缓慢的,需要经过一段时间的调整,这并不符合有效市场假说。

2.1.1.2 盈余公告后股价漂移的存在性

1968 年 Ball 和 Brown 发现在资本市场上,公司发布盈余信息后的一段时间内,股票价格仍然受到未预期盈余的影响,这在一定程度上说明盈余公告中的信息可以预测股票未来收益。Foster 等(1984)以标准化未预期盈余构建投资组合(以标准化未预期盈余十分位数为基准,十分位数以下为坏消息组,九十分位数以上为好消息组),发现两组公司在盈余公告后两个月之内的累计超额回报分别表现为持续上升和持续下降的趋势,即存在股价漂移现象。Bernard 和 Thomas(1989)发现对风险因素进行调整之后,市场上依然存在盈余公告后股价漂移异象,他们将该现象存在的原因归结为投资者对盈余信息的反应存在滞后性。Kim 等(2003)发现使用三因子模型对风险进行调整后,市场上依然存在显著的股价漂移现象。Hew 等(1996)发现小公司的股价漂移现象十分显著,而在大公司中则不显著，说明规模小的公司存在股价漂移现象。Liu 等（2003）研究发现，在英国股票市场上也存在股价漂移现象，而且无论未预期盈余采用哪种方法衡量（时间序列方法、分析师预测盈余还是通过股票价格计算），股价漂移现象都显著存在，在控制了市场微观结构和相关风险后，依然存在股价漂移现象，该结论是稳健的。我国学者也对股价漂移现象的存在性问题进行了研究。赵宇龙（1998）研究了我国股价漂移现象的存在性问题，发现我国公司的盈余大小与股票超额收益之间同样存在显著的相关关系。陈晓等（1999）发现会计盈余的信息含量能够影响股票报酬率和股票成交量。吴世农和吴超鹏（2005）研究发现中报和年报公布后半年内股价漂移现象显著存在，而且他们还检验了四种不同度量方式表示未预期盈余带来的股价漂移现象是否存在差异。发现不进行风险调整的情况下，用四种不同度量方式的未预期盈余对股价漂移进行衡量，结果都是显著的。但进行风险调整之后，基于未预期盈余和标准化未预期盈余两个指标衡量的股价漂移现象仍然存在，基于另外两个指标度量的股价漂移现象不复存在，表明未预期盈余的不同衡量方式对投资者带来了不同的反应，进而影响了股价漂移。刘宇霄（2019）也发现我国 A 股市场显著存在盈余公告后股价漂移。

2.1.1.3　盈余公告后股价漂移的解释

自 Ball 和 Brown（1968）提出盈余公告后股价漂移之后，关于其产生原因的研究逐渐增多。第一，研究方法上的解释。有些学者认为研究方法存在问题，导致盈余公告后股价漂移现象（Kothari，2001），包括样本的选取、模型的设定和计量方法的应用等问题。第二，一些学者基于"风险补偿"的观点进行解释，他们发现盈余公告后的一段时间内，股票产生的超额收益是对各种风险的合理补偿，是一种必然的结果。Mendenhall（2004）研究发现股票的超额收益是对套利风险的补偿；Sadka（2006）研究发现股票的超额收益是对流动性风险的补偿；于李胜和王艳艳（2006）

研究发现股票的超额收益是对信息风险的补偿。第三，一些学者基于行为
金融理论的观点进行解释。支持该理论的学者主要从投资者投资过程中不
同的心理反应等方面来对资本市场上的股价漂移现象进行解释。例如，
Bernard 和 Thomas（1989）首次提出盈余公告后股价漂移现象的存在是因
为投资者对新信息的反应不足造成的。Daniel 等（1998）基于 DHS 模型，
证明了拥有私有信息的投资者存在过度自信，他们会过度相信私有信息的
可靠性，对资本市场上公司发布的盈余公告信息反应不足，而无信息的投
资者会产生自我归因偏差，也会对盈余公告带来的公共信息反应不足。
Barberis 等（1998）提出了 BSV 模型，投资者在投资过程中存在保守性心
理偏差，不能根据新信息及时对预期模型进行调整，导致投资者对信息的
反应不足。赵铎（2020）将资本利得突出量（CGO）因子作为研究对象，
根据股价漂移的影响因素对其进行改良，构建新混合六因子模型，发现使
用新 CGO 因子构建的新混合六因子模型实现了收益水平的提高，表现出了
良好的时效性，在近些年的股票市场中表现出色。

2.1.2　盈余公告后股价漂移的影响因素

对于盈余公告后股价漂移的研究，前期研究多集中在其存在性方面，
后期的研究则主要关注其影响因素。有些学者认为研究方法存在问题，导
致盈余公告后股价漂移现象（Kothari，2001）。1998 年 Fama 通过研究发现
盈余公告后股价漂移的研究方法并不存在明显的问题。除研究方法的解释
外，对盈余公告后股价漂移影响因素的研究大致可划分为三个方面：传统
金融理论的解释、行为金融理论的解释和会计信息特征的解释。少部分学
者用传统金融理论解释股价漂移现象，认为市场存在异常收益是对市场各
类风险溢价的合理补偿，但从此角度出发的研究结果并不总是能达到预期
的效果。大部分学者从行为金融理论和会计信息特征解释股价漂移现象，
他们从投资者非理性行为和会计信息质量高低的角度解释股价漂移，取得

了符合预期的结果。

2.1.2.1 传统金融理论的解释

传统金融理论将未考虑风险溢价因素、交易成本或套利成本等作为盈余公告后股价漂移产生的原因。

Ball 和 Brown（1968）将盈余信息按照其大小进行分组，发现经过风险因子的调整后，投资者不再能获得显著的超额收益，因此股票产生的超额收益是对其承担风险的合理补偿。但是，Jones 和 Litzenberger 以未预期盈余划分赢家和输家组合，并使用资本资产定价模型对两组中的异常收益进行调整，发现信息集中披露对盈余公告后股价漂移不产生显著的解释力。Bhushan（1994）发现交易成本能够对资本市场上的股价漂移带来显著的影响。因为交易成本的存在，阻碍了投资者的套利动机，因此交易成本的存在能够对资本市场定价效率带来显著的影响。Pontiff（1996）发现套利成本是价格偏离其基本价值的重要原因，当基金持有的组合越难以复制、分红越小、市场价值越小和无风险利息率越高时，越有可能增大基金偏离其内在价值的程度。因此，当资本市场上的套利活动存在交易成本，投资者就会对套利收益和套利成本进行比较，如果套利投资者通过实施套利活动获得的超额收益低于其实施套利活动的成本，那么市场上的套利投资者也不会进行套利，股票价格偏离内在价值的程度不会降低，而且交易成本越大的股票，投资者套利活动实施的可能性越小，价值偏离内在价值的程度越大。Wurgler（2002）发现投资者虽然可以通过投资策略获得超额收益，但其付出的套利成本也很大，因此如果去掉套利成本，投资者通过套利活动获得的异常收益并不显著，所以市场有效性的假说仍然是合理的。Ng 等（2008）也发现交易成本的存在，阻碍了投资者对资产的快速定价，在对交易成本进行控制之后，股价未来的超额收益是较小的。Jeffrey 等（2008）进一步检验了交易成本对盈余公告后股价漂移现象的影响，发现交易成本较高的公司盈余反应系数较低，说明交易成本在一定程度上可以解释盈余公告后股价漂移现象。因此，支持有效市场的学者认为去掉套利成本后，投资者通过投资策略不一定能够获得超额收益，所以得出资本市场无效并不合理。

2.1.2.2　行为金融理论的解释

行为金融理论将投资者反应不足作为盈余公告后股价漂移产生的重要原因。主要从投资者有限理性的心理特征上对股价漂移进行解释。

已有研究表明，股票价格的变动显著受到投资者关注度的影响。反对有效市场的学者认为，由于投资者注意力的有限性，他们只会对资本市场上发布的部分盈余公告信息作出反应，从而造成了资本市场上的股价漂移现象。Bernard 和 Thomas（1989）研究发现，企业在资本市场上发布盈余公告的初期，投资者并不会对企业的盈余公告作出及时的反应，但是随着信息的不断传递，股票价格对盈余信息的反应越来越充分。Bartov 等（2000）对股价漂移与投资者成熟度之间的关系进行检验，发现随着投资者成熟度的提高，股价漂移现象有所缓解，而且在模型中加入投资者成熟度之后，价格、规模等变量对股价漂移的解释力不再显著；机构投资者持股比例与未来超额回报的大小呈现负相关关系，对于机构投资者的持股来讲，交易成本代理变量并没有任何的解释作用。Collins 等（2003）对股价漂移的研究也发现，机构投资者持有比例高的股票价格偏离内在价值的程度较低，而且无论是否控制规模或者账面市值比，该结果都是稳健的。Hirshleifer 和 Teoh（2003）、Dellavigna 和 Pollet（2009）发现盈余公告发布初期，企业盈余公告信息只会被部分投资者所关注，信息不能快速反映到股价中。随着时间的推移，信息逐渐传播到越来越多的投资者身边并逐渐反映到股价中，带来了股价漂移现象的产生。Hirshleifer 等（2009）发现，同一时期资本市场上盈余公告的数量越多，投资者的注意力被分散的可能性越大，信息融入股价的速度越慢，股价漂移现象越严重。Dellavigna 和 Pollet（2009）研究发现，投资者对周五发布的公告关注度明显低于其他时间发布的盈余公告，由于投资者注意力的分散导致周五发布的盈余公告信息反映到股价中的速度更加缓慢。Loh（2010）研究发现，在盈余公告前一天到盈余公告后一天的窗口期内，经分析师推荐的股票后期的股价漂移现象是受投资者关注度较高股票的两倍，说明投资者关注度会影响资本市场上的股价漂移现象。Hou 等（2015）发现，投资者可能不会注意到公司发布的部分有用信息，导致这些有用信息反映到股价中的速度滞后，从而导致股价漂移现象。Peress（2014）研究发现，投资者注意力与公司公告期间的股票价格和股票交易量呈现正相关关系，同时随着投资者注意力的不断提高，盈余公告后股价漂移现象有所缓解。国内学者权小锋和吴世农（2010）发现随着投资者对资本市场盈余信息关注度的提高，缓解了盈余公告后股价漂移。王磊和孔东民（2014）研究发现，由于投资者注意力的稀缺和认知能力的有限性，与坏消息相比，投资者对盈余公告中好消息的关注度更高，提高了该类股票的交易量。投资者的净买入行为将导致股票价格出现显著上升，但是随着信息的不断扩散和投资者注意力的不断恢复，股价漂移现象得以缓解。张圣平等（2014）研究发现，企业通过媒体报道可以提高其好消息反映到股票价格中的速度，缓解资本市场上的股价漂移异象。而且媒体对好消息和坏消息的报道具有选择性，常常选择报道利好信息，媒体报道对利好和利空信息的选择性是导致好消息和坏消息带来的股价漂移不一致的重要因素。兰云（2018）研究发现，投资者的高关注度会提升其对盈余公告即期反应程度，缓解股价漂移现象，而且随着机构投资者持股比例的提高，投资者关注度的提高对股价漂移的缓解作用更加显著；有分析师跟踪的公司，投资者关注度的提高对股价漂移的缓解作用更加显著。向诚和陈逢文（2019）研究发现，随着投资者对股票关注度的提高，投资者对该股票相关信息的反应越迅速，股价漂移现象得以缓解。宋成玉（2020）研究证明盈余公告后股价漂移是由于投资者短期注意力有限引起的。郝亚绒等（2021）发现深港通通过提高投资者关注和套利限制显著缓解了深圳和香港市场盈余公告后股价漂移现象。

除此之外，还有学者从投资者心理偏差的角度来解释股价漂移。Liang（2003）从投资者过度自信的心理偏差入手，研究了投资者存在的意见分歧心理偏差对股价漂移带来的影响，结果证实投资者的心理偏差确实能够对股价漂移产生影响。Garfinkel 和 Sokobin（2006）发现投资者意见分歧越大，未来超额回报越高，股价漂移现象越严重。张瑞祥（2016）研究发现股价漂移会受到投资者情绪的影响，积极的投资者情绪增加了投资者对股票的买入量，因此加剧了股票价格正向漂移的程度；而消极的投资者情绪降低了投资者对股票的买入量，因此降低了股票价格正向漂移的程度。张雯等（2018）研究了不同市场类型中股价漂移的差异，发现市场类型能够显著影响股价漂移程度，A 股市场股价漂移程度显著大于 B 股市场。进一步研究表明，导致两种市场股价漂移存在差异的主要原因是市场的信息噪声、投机动机和需求的差异。上述研究结论有益于说明在投资者有限理性的情况下，投资者对盈余信息的反应存在滞后，这是导致股价漂移产生的主要因素之一。

2.1.2.3 会计信息特征

会计信息作为投资者决策的重要信息来源，其质量高低能够显著影响资本市场上的股价漂移现象。

Bernard 和 Thomas（1989）发现当期的未预期盈余可以有效地预测未来 1 期到未来 4 期盈余公告后 3 天内的市场反应，而由于有限理性的投资者不能发现当期未预期盈余对未来盈余的预测作用，产生了股价漂移现象。Bartov（1992）的研究也支持了上述观点。Shefrin（2002）基于投资者存在的保守心理角度，研究发现分析师在对企业未来盈余进行预测时，倾向于锚定一个初始值，导致当市场上出现新的盈余信息时，他们的反应过于保守，而且当企业会计信息透明度较低的情况下，分析师的保守性偏差不断增强。这在一定程度上说明了信息质量的高低对股价漂移现象的产生有一定的解释力。Zhang（2006）用六个指标构建信息不确定性综合指标，研究信息不确定性对资本市场上的股价漂移现象的影响，发现企业发布盈余公告后，会计信息质量越低的企业中股票未来超额收益越高。由此可见，会计信息质量会对股价漂移产生显著影响。Narayanamoorthy（2006）从会计稳健性的角度出发，对投资者不能正确认识企业盈余自相关特征的原因进行研究。基于会计稳健性的特点，企业选取的会计处理方法能够对未预期盈余带来影响。他们研究证实，如果不考虑会计稳健性对研究结果的影响，企业股票所获得的未来超额回报会更高，即会计稳健性会对股价漂移产生影响。杨德明等（2007）以企业业绩预告信息作为盈余信息，研究其对股价漂移的影响，发现在短期窗口内，投资者未预期盈余的大小能够显著影响股价漂移程度的高低，两者之间为显著的正相关关系，而会计信息质量对股价漂移的影响并不显著。陆静和龚珍（2011）研究了股价漂移受企业盈余信息不确定性的影响程度在 A 股和 H 股市场上有何不同。研究结果表明，无论两个市场上参与人类型有何不同，高不确定的盈余信息使投资者的有限理性行为更加严重，进而加剧了资本市场上的股价漂移现象。Wang 等（2015）结果发现，自愿会计变更能够缓解股价漂移现象，而且在合并发布盈余公告的公司、机构投资者持股比例较高的公司和有更低套利限制的公司中这种缓解作用更加显著。曾维新（2015）研究发现短期内信息不确定性与股价漂移显著正相关，长期内信息不确定性与股价漂移显著负相关。吴铁骐（2019）研究发现盈余公告信息的数量会对投资者关注度产生影响，面对较大的信息量，"无关信息"更容易导致投资者注意力分散，进而加剧了盈余公告后股价漂移现象。向诚和陆静（2020）研究了企业信息透明度与股价漂移之间的关系，发现企业在资本市场上发布的盈余信息透明度越低，投资者对盈余的反应越不充分，股价漂移程度越大。而且，在资本市场上盈余信息较多的情况下，公司信息透明度与其股价漂移程度的负相关关系更加显著。信息透明度低的公司即期异常交易量更低，证明了通过提高公司受关注程度是会计信息透明度影响股价漂移强度的路径。黄冬祎（2020）研究表明，盈余公告发布前，信息披露质量差的公司对股价漂移的影响更加显著；盈余公告发布后，由于盈余信息的公开，其对投资者的投机价值减少，此时公司的信息披露质量好坏对股价漂移的影响不显著。

2.2　会计信息质量经济后果相关文献回顾

信息即用于表述各类事物的基本特征、规律以及本质属性的概念。信息对于信息使用者（如外部投资者）有着至关重要的影响，真实的信息能够使信息使用者作出最优的决策，而非真实的信息则会误导使用者，导致投资者决策失误。会计信息可以分成广义与狭义两种类型，从宏观的角度审视公司的生产经营活动时称为广义的会计信息，根据《企业会计准则》的规定，对企业的日常经营活动进行确认和计量，最后形成财务报告提供给会计信息需求者的会计信息称为狭义的会计信息。无论是在经济活动之中还是在企业生产过程中，会计信息一直扮演着重要角色。在日常经济活动之中，若离开会计信息，那么企业的利益相关者都不能了解该企业的经营现状、财务状况、偿债能力及未来前景等。如果市场失去了会计信息，相关监管机构也不能根据信息对企业进行监管，外部投资者也不会进行投资活动。因此，在当前经济社会中会计信息有着非常关键的作用，那么会计信息质量的重要性不言而喻，会计信息质量的高低与资本市场能否有效运行息息相关。

2.2.1　会计稳健性经济后果

稳健性是通过对好消息和坏消息的不对称确认，使得坏消息能更好地反映在公司的盈余中。我国会计准则中规定，企业对交易或者事项进行确认、计量和报告应当保持应有的谨慎，不应高估资产或者收益、低估负债或者费用。然而，对会计稳健性的系统研究是在公允价值计量方式兴起之后才开始的。早期对会计稳健性进行的实证研究证实会计稳健性产生于契约关系，会计稳健性可以通过契约使公司的回报在利益相关者之间进行合理的分配。

企业财务报告中普遍存在会计稳健性。2003 年李增泉和卢永彬采用衡量公司层面会计稳健性的方法，首次验证了我国上市公司会计稳健性的存在，他们以我国 A 股上市公司为研究对象，考察了会计盈余的稳健性水平，发现"坏消息"比"好消息"能更及时地反映到会计盈余中，在总体上来看会计稳健性存在。李远鹏（2006）通过对会计稳健性的检验，得出了与李增泉和卢永彬（2003）不同的结论，他研究发现在控制了亏损样本之后，原来总样本表现出来的会计稳健性不再存在，所以他们证实总体样本会计稳健性的存在，是因为总样本中存在盈利为负的公司，这些公司的盈余管理等行为导致企业的会计稳健性，并不是真正存在会计稳健性。曹玲（2011）发现我国上市公司总体存在会计稳健性，进一步研究发现，将亏损公司的样本进行剔除之后，依然存在显著的会计稳健性。以上研究基本证实，我国上市公司存在会计稳健性。

2.2.1.1　会计稳健性对企业投资的影响

会计稳健性能够有效地抑制管理层延迟公布坏消息的行为，进而缓解公司与投资者之间信息不对称的现象，尽可能规避管理层机会主义造成的对于净现值为负数的项目开展投资。Biddle 和 Hilary（2006）研究证实了企业投资效率会随着会计信息质量的提高而提高，进一步研究发现会计信息质量的提高是通过治理效应，促进企业投资效率的提升。Ahmed 和 Du-ellman（2007）证实了公司代理成本会随着会计稳健性的提高有所降低，会计稳健性可以通过提高现金流量而对企业过度投资产生抑制效应。Garcia 等（2016）研究发现拥有较高公司治理水平的公司，条件会计稳健性较高，而会计稳健性在发挥内部治理作用的同时，还能抑制企业的过度投资行为，对投资不足也有一定的缓解作用。孙刚（2010）研究也发现，稳健性对于过度投资和投资不足具有显著的抑制作用。Kravet（2014）研究表明，会计稳健性与管理层低风险投资有显著的负相关关系，在更高会计稳健性的公司中，管理层进行的收购存在更低的风险。Francis 和 Martin（2010）指出，由于会计稳健性对不同盈余确认的时间不同，投资者和利益相关者对项目的估计在稳健性较高的企业中更加合理和准确，使各利益相关者能够及时识别净现值为负的各类项目，对企业过度投资行为带来显著的抑制作用，进一步减少了企业的非效率投资。同时，会计稳健性较高的企业，发布的会计信息质量较高，进一步缓解了由沟通不便和市场摩擦等引起的投资不足问题（Hu 等，2014）。Lara 等（2016）研究发现企业投资效率随着会计稳健性水平的提高而不断上升，会计稳健性的提高带来企业投资效率大幅度提升的同时，还能降低公司的债务融资成本。还有学者研究发现财务报告保守程度较低的公司，投资活动出现了大幅度的下降，并且这种关系在企业存在财务约束、有更大的外部融资需求的企业中更强（Balakrishnan 等，2014）。张悦玫等（2017）研究发现稳健性对投资过度与不足都会产生显著影响，稳健性会抑制过度投资，增加投资不足。同时，在会计稳健性较高的公司中，存在较低的发明专利申请规模和授权率指标，这说明稳健性会显著影响公司的创新水平（钟宇翔等，2017）。但是，杨承启（2021）却得出了不同的结论，他发现会计稳健性能够提高企业创新投入和研发投入水平，而且在国有企业中，这种正相关关系更加显著。沈瑾（2021）研究发现会计稳健性之所以能够显著降低企业的过度投资行为，是由于会计稳健性要求对损失的及时确认，会消除一定程度的管理者过度自信的心理，对投资决策保持谨慎小心的态度，从而抑制企业过度投资行为。刘晓红和周晨（2021）研究发现，稳健性提高了企业投资效率，抑制了企业的过度投资。

2.2.1.2 会计稳健性对融资的影响

Ahmed 等（2002）研究发现稳健性能够显著影响公司的债务成本，会计稳健性不仅能够缓解债券人与股东在股利政策上的冲突，而且能够降低公司债务成本。毛新述和戴德明（2007）对会计稳健性与债务成本和权益资本成本之间的关系进行了检验，发现会计稳健性与公司的事前权益资本成本存在显著的负相关关系，但是与公司的事后权益资本成本的关系不显著。Gox 和 Wagenhofer（2009）对存在财务约束的企业进行研究，发现在缺乏会计监管的情况下，最优会计制度是条件稳健的。如果资产价值低于某一临界值，则确认减值损失，但对未实现的收益则不进行报告。即稳健性能够显著地提升企业外部债权和融资的可能性。Lara 等（2011）实证检验发现，企业会计稳健性能够显著影响到企业的权益资本成本，研究发现由于会计稳健性要求企业反映损失更加及时，使企业通过增加坏消息报道的准确性，降低了公司的股权资本成本。Pourheidari 和 Ghafarloo（2013）研究了财务报告条件稳健性对企业融资的影响。研究发现，用长期债务进行融资的企业，条件稳健性水平没有变化；通过股权融资的企业，条件稳健性水平显著降低，影响了资本市场对未来业绩的预期精度，企业融资将更加有效。张金鑫和王逸（2013）研究发现会计稳健性的提高，能够降低企业的融资约束程度，而且相对于条件稳健性，非条件稳定性对融资约束的缓解作用更显著。李争光等（2016）研究证实了在非国有企业中，会计稳健性作用的发挥更加显著，对股权融资成本的降低作用更强（魏卉和孙宝乾，2018）。刘柏和琚涛（2020）检验公司会计稳健性与公司融资方式选择之间的关系，研究结果表明，会计稳健性能促进公司的债务融资选择，信息不对称较高的公司，会计稳健性对公司债务融资选择的偏好变弱。

2.2.1.3　会计稳健性的其他公司治理作用

Ball 和 Shivakumar（2005）发现会计稳健性要求及时确认坏消息，可以使股东及监管机构等利益相关者更好地对管理层进行监督，使得管理层不能通过机会主义行为增加公司盈余，从而抑制了管理层基于私利等原因进行向上的盈余管理，还能够显著提升会计信息质量。Chen 等（2007）研究发现，企业稳健会计政策的采用能够提高盈余信息质量。由于代理问题的存在，公司管理者有进行盈余管理的动机，而盈余操纵有损于会计数字的管理价值。而使用稳健的会计政策，可以提高风险分担和契约效率。Ahmed 和 Duellman（2007）研究发现，公司会计稳健性程度随着公司内部董事比例的提高呈现下降趋势，而随着外部董事持股比例的提高呈现上升的趋势。整体而言，会计稳健性有益于董事会更好地发挥自身的职能，降低企业代理成本。Lafond 和 Roychowdhury（2008）研究发现，随着会计稳健性的提高，股东与管理层之间的委托代理冲突有所减弱，显著抑制了管理层的盈余管理行为。LaFond 和 Watts（2008）发现外部投资者需要会计稳健性来保护自己的利益。会计稳健性会提升公司股权的价值，信息不对称越严重，外部投资者对稳健性的需求越强烈。于忠泊等（2013）从股价信息含量的视角出发，分析得出企业会计稳健性和股价信息含量存在显著的正相关关系。由于企业自利动机的趋势，管理层会进行向上的盈余管理，稳健性可以发挥较强的治理效果，提升管理层盈余管理的边际成本，降低企业管理层的机会主义行为和企业信息不对称程度（Chen 等，2007；肖成民和吕长江，2010）。Hsu 等（2017）证明会计稳健性能够加快企业坏消息在投资者中的传播速度，使企业的管理层能够更及时地关注到企业可能存在的问题，并做好应对措施。因此，选取稳健会计政策的公司通常表现较好，能够赢得投资者的信任。唐清泉和韩宏稳等（2018）的研究中发现，稳健性在企业并联并购中会产生重要的治理作用，而且还可以约束企业管理层依据信息优势通过关联并购获得私利的机会主义问题，减少并购过程中对并购主体带来的损失。蒋勇和王晓亮（2019）实证检验发现，管理层防御和会计稳健性能够对管理层的真实盈余管理行为带来显著的影响，管理层防御能够提高企业管理层的真实盈余管理行为，而会计稳健性能够降低企业管理层的真实盈余管理行为。同时，会计稳健性还能够影响管理层防御与真实盈余管理之间的关系，在会计稳健性较高的企业中，管理层防御与真实盈余管理之间的正相关关系有所减弱。韩宏稳和唐清泉（2021）研究了会计稳健性与并购商誉之间的关系，发现两者之间存在显著的负相关关系，即会计稳健性能够显著抑制超额商誉。而且在代理成本和信息不对称程度较高的企业中，会计稳健性对超额商誉的抑制作用更加显著。

2.2.2 会计信息可比性经济后果

2006 年 2 月以财政部令颁布的第 33 号《企业会计准则——基本准则》第十五条规定："企业提供的会计信息应当具有可比性。同一企业不同时期发生的相同或者相似的交易或者事项，应当采用一致的会计政策。不同企业发生的相同或者相似的交易或者事项，应当采用规定的会计政策，确保会计信息口径一致、相互可比。"

2.2.2.1 会计信息可比性与企业投资的影响

一方面，较高的会计信息可比性可以使投资者对同一企业不同时期的经营业绩等企业相关信息进行比较，这种纵向的比较可以帮助外部投资者更加准确地预测企业未来的发展状况；另一方面，会计信息可比性还可以使外部投资者横向对不同企业同一时期的经营业绩等企业相关信息进行比较，这种横向的比较可以帮助投资者更深层次地了解企业的真实信息，有助于投资者对企业可能存在风险的合理估计，识别有利的投资项目（De Franco 等，2011）。Chen 等（2013）研究发现，在采用国际财务报告准则后，由总资产收益率与外国同行的差异引起的公司投资变化更具有价值相关性，而且由外国同行增加披露引起的投资变化也更具有价值相关性。说明 IFRS 有利于公司会计信息可比性与信息披露质量的提升，从而有助于提高企业高管作出科学合理的投资决策，最终提高企业的投资效率。江轩宇等（2017）发现可比性可以帮助企业更好地应对市场风险，可以抑制管理者的机会主义行为，缓解融资约束，对公司创新有显著的促进作用。袁振超和饶品贵（2018）研究发现，如果企业的会计信息具备更高的可比性，公司就会有更高的企业投资效率和更高的投资机会敏感性。Kim 等（2016）研究发现，会计信息可比性的提高能够降低信息不对称程度，信息不对称程度的降低对企业本身和资本市场的发展都能发挥积极的作用，提高企业的投资效率，促进市场有序运行，提高资源配置效率。而且，较高的会计信息可比性还能对投资者的投资行为产生影响，降低事前和事后信息不对称程度，使投资者在作出投资决策时获取更多真实可靠的相关信息，最终提高企业的资本配置效率（Ozkan 等，2012）。Chen 等（2018）研究发现，会计信息可比性能够对企业的并购活动产生显著的影响，在并购过程中企业是追求利益最大化的，因此并购方会努力作出最优的并购决策，同时他们需要更多相关可靠的信息。当目标企业的会计信息可比性较高时，并购方可以获得更多相关的信息，说明可比性较高的会计信息有助于企业高管辨识更加理想的投资项目，进一步提高整体的决策效率。袁知柱和张小曼（2020）研究发现，会计信息可比性的提高能够抑制企业投资过度与投资不足的非效率投资行为，因此可比性较高的会计信息能够为企业管理者提供有价值的信息，提高企业投资效率。

2.2.2.2　会计信息可比性对企业融资的影响

Li（2010）对欧盟强制采用国际财务报告准则给企业带来的影响进行研究，发现国际财务报告准则的强制执行能够显著降低企业的资本成本，但由于各国执法力度的差异，该准则的执行对各国资本成本的降低程度并不一样。企业会计信息可比性高，会计信息使用者可以通过对同行业公司财务报告的分析，获得更多有用信息，帮助外部利益相关者更好地理解公司会计信息的实质，从而更加准确地对公司的经营现状等情况进行判断及预测（De Franco 等，2011）。De 等（2011）继续围绕欧盟的案例进行分析，研究会计信息可比性的提高是否会吸纳更多的跨境投资，研究发现采用国际财务报告准则能够带来会计信息可比性的提高，从而带来了外国共同基金所有权的增加。Fang 等（2016）发现会计信息可比性的提高，使得企业内外部之间的信息不对称程度不断降低，贷款利差和开展抵押的可能性不断下降，贷款额度和契约签订的速度不断上升，同时契约签订也更为快速。Imhof 等（2017）研究表明，伴随着会计信息可比性的提高，企业有更低的权益资本成本，并且在控制了企业会计信息质量之后，会计信息可比性依然能够显著影响权益成本，缓解企业面临的融资约束问题（明泽和潘颖，2018）。袁振超和饶品贵（2018）研究发现，如果企业的会计信息具备更高的可比性，公司就会有更高的企业投资效率和更高的投资机会敏感性。张永杰等（2019）基于企业股权融资成本的视角对会计信息可比性经济后果进行研究，研究发现企业的股权融资成本随着会计信息可比性的提高呈现下降趋势，而且当投资者面对的市场信息越不透明，股权融资成本下降的程度越高；当企业面临的环境不确定性越低，股权融资成本下降的程度越高（张春华，2019）。而且在非国有企业中，企业会计信息可比性的程度更高，股权融资成本更低（杨忠海，2020）。

2.2.2.3 会计信息可比性的其他公司治理作用

对于股东及外部投资者而言，会计信息可比性要求同行业内企业间的信息具有可比性，这就使得外部投资者更容易收集目标企业的相关信息，为得到这些信息付出的成本更低，并且由于这类信息属于第三方，相对而言更加可靠（De Franco 等，2011；Zhang，2018）。Barth 等（2013）指出，会计信息可比性的作用主要是帮助信息使用者比较同行业内其他公司的信息，让信息使用者理解不同公司间经济业务的差异，而不是仅仅知道表面的会计数据，简单地比较公司间的业绩，目的是要帮助信息使用者深入理解会计数字背后的实质，最终可以对公司价值作出恰当且准确的估计。Kim 等（2016）证实提高会计信息可比性能够改善企业所处的信息环境，外部投资者或者监管机构等能够从同行其他企业公开提供的会计信息中推断本企业可能隐瞒的负面消息，这就增加了企业高管基于自利原因操纵企业盈余的成本，降低了管理层的机会主义行为，企业高管对坏消息粉饰和隐瞒的减少使得股价暴跌风险随之降低。Cheng 和 Wu（2018）研究发现，会计信息可比性能够显著提升企业内部资本的使用效率。Chen 等（2018）考察了会计信息可比性对企业并购行为带来的影响，研究发现最优的并购决策往往依赖更多可靠相关的信息，当目标企业的会计信息可比性较高时，并购方可以获得更多的相关信息从而作出更优的并购决策，代表相对较高的会计信息可比性，有助于高管辨识更加理想的投资项目，进一步提升企业整体的决策效率，会计信息可比性的提高能够为税务机关提供更多可参考的信息，更有利于税务机关对企业的监管，显著抑制企业的避税行为（颜敏和王佳欣，2019）。Choi 等（2019）发现可比性能够提升企业当期收益对后续收益的判断能力，较高的会计信息可比性能够提升股价信息含量，有助于投资者更加准确地判断股票未来表现，增加股票价格中反映的公司特定信息数量。鲁威朝等（2019）研究发现，会计信息可比性更高时，能够为投资者提供更多与股价相关的信息，帮助投资者作出正确的投资行为。当企业会计信息拥有较高的可比性时，外部投资者通过对同行业公司会计信息的分析和挖掘，获得更多与目标公司相关的信息，降低了信息不对称，从而能够帮助投资者理解企业会计数字背后的实质（De Franco 等，2011）。雷啸等（2021）对会计信息可比性与高管在职消费之间的关系进行考察。研究发现，会计信息可比性对企业高管的在职消费水平有显著的抑制作用，而且在非国有企业和机构投资者持股较高的企业中，会计信息可比性与在职消费的负相关关系更加显著。雷啸和唐雪松（2021）考察了会计信息可比性对公司违规行为的影响，发现会计信息可比性越高，公司违规倾向越低，两者之间为显著的负相关关系。

2.2.3 盈余持续性经济后果

会计盈余是公司经营状况的主要体现，可以很好地评价公司经营水平和发展能力，因此对会计盈余质量的研究成为实证会计的重点内容之一。会计盈余不仅能够展示企业以前的经营成果，而且可以评价企业当期的经营绩效。从盈余的持续性角度来看，会计盈余也可以用来衡量企业未来价值创造的能力，能够为会计信息使用者提供参考，以便更好地预测企业未来经营状况。此外，会计盈余作为实证会计研究的重要指标，已有文献对会计盈余的价值相关性、信息含量和预测能力等相关内容进行了大量的研究，盈余持续性是衡量盈余质量高低的一个重要方面，盈余持续性表现为当期盈余在多大程度上能够持续到未来会计期间以及能够持续多长时间。

2.2.3.1 盈余持续性对企业投资的影响

优质的盈余信息可以降低股东和管理者等多方主体之间所存在的信息不对称，抑制企业管理层的机会主义行为并弱化控股股东攫取中小股东利益的动机，帮助外部投资者辨别有价值的项目、降低信息不对称程度。高质量的盈余降低了由于代理问题和信息不对称问题引起的非效率投资，提高企业价值（Bushman 和 Smith，2001）。Francis 等（2004）实证结果显示，公司盈余持续性的提高能够显著降低其资本成本，而且盈余持续性越高代表企业的盈余质量越高。雷光勇等（2011）通过相关分析得出，在盈余质量高的公司中，企业的融资成本更低。Balakrishnan 等（2014）用企业的房地产资产价值的变化作为企业融资能力的代理。研究发现，存在高质量盈余信息的公司，其融资和投资行为等遭遇房地产价值转变的影响相对较小，企业提高盈余质量能够应对融资能力的下降。薛光等（2016）对盈余质量采取了不同的衡量方式，均发现盈余质量和投资效率之间存在显著的正相关关系，即随着盈余质量的不断提升，企业的投资效率也表现出不断上升的趋势。李玲等（2019）对企业的研发行为是否会受盈余波动性的影响进行研究，结果发现随着公司盈余波动性的增加，公司决策者的研发投入活动不断增加，这是由于盈余波动性较大时，公司在一定时期内的盈余持续性不高，这会使管理者通过其他方式来提升企业的核心竞争力，如通过加大对研发活动的投入。

2.2.3.2　盈余持续性对企业融资的影响

由于盈余持续性能够提高投资者对未来盈余预测的准确性，因此市场投资者作出投资决策时，往往会考虑企业盈余持续性的高低。Diamond 和 Verricchia（1991）发现高质量的盈余信息使外部投资者获得了更多有价值的信息，降低了企业的信息不对称程度，给外部投资者传递的信息更加可靠，使得他们能够清楚地了解关于企业经营现状、发展能力及未来前景等情况，投资者对企业的各种信息了解全面的情况下，就会降低对投资资本要求的预期回报率，从而降低了企业的融资成本。Francis 等（2004）得出了相同的结论，发现公司盈余质量较差时，投资者要求的预期回报越高，权益成本越高。孙铮等（2006）研究发现，盈余信息的高低和企业的贷款

能力之间存在密切联系，企业拥有优质的盈余信息可提升企业的融资能
力。投资者投资决策的有效性随着盈余质量的提高而提高，盈余持续性对
两者的关系有显著的促进作用（徐利娟，2012）。陆宇建和蒋玥（2012）
从会计制度变革角度出发，研究发现具有高持续性的盈余和低持续性的盈
余对资本市场定价的影响并不一致，增加企业盈余中永久性盈余的持续性
能够提高企业的定价效率。盈余质量的高低能发挥定价功能，提升盈余质
量有助于控制企业的权益资本成本（王俊秋，2013）。Fu 等（2012）研究
了一定时间内，企业向外发布财务报告的次数对企业的信息透明度和股权
成本的影响，研究结果表明，企业发布的财务报告数量越多，对企业信息
透明度的提高和股权融资成本的降低越显著。马如静等（2015）的研究中
提到，企业获取贷款的利率和贷款期限对企业的未来发展至关重要，而企
业盈余质量能够对贷款利率以及期限结构带来显著的影响，得出在盈余质
量较高的情况下，贷款利率指标相对较低，而且贷款期限也会更长。连慧
颖（2016）研究发现，高质量的盈余存在更高的持续性，能够为投资者带
来更加真实和可靠的信息，充分反映企业真实的经营业绩的同时，还能提
高外部投资者对企业未来收益预测的准确性，降低投资过程中的估价风险
和对管理层的监督成本，从而促进融资成本的降低，降低融资难度。伍光
明（2021）研究发现，提升盈余质量可以帮助企业管理层融资活动更好地
实施，提高公司的融资效率，尤其是当企业面临更高的经济政策不确定性
时，盈余质量对公司融资效率的提升作用更加显著。

2.2.3.3 盈余持续性的其他公司治理作用

基于盈余持续性对公司治理的影响来看，低质量的盈余信息为企业管
理层基于自利动机的机会主义行为提供了更多的空间，管理层机会主义会
降低企业资产的利用效率，而高质量的盈余信息能够为外部投资者等利益
相关者提供更多相关与可靠的信息，从而帮助他们对管理层实施监督和治

理（申慧慧和吴联生，2012）。Beaver 等（1980）通过对判断预期收益所需信息的扩展，推导出价格变化和收益变化之间的关系，发现盈余信息具备一定的价值关联性。周春梅（2009）研究发现，盈余质量的优化不仅可以提升资源配置效率，还能控制企业代理成本，实现效率提升的效果。肖华和张国清（2013）研究发现，上市公司的盈余持续性随着内部控制水平的不断提高而不断提升，从而有利于外部投资者对公司价值进行合理评估，盈余持续性越高，公司价值越高，即两者之间为显著的正相关关系（Gaioa 和 Raposo，2011）。魏明海等（2013）得出应计质量以及盈余持续性的提升有助于降低交易成本，而且盈余更加平滑或者更加波动，都会造成交易成本有所提升。汪炜和袁东任（2014）发现盈余质量对于自愿性披露会产生显著的影响，一方面表现为盈余质量可以降低代理成本，提升企业信息披露质量；另一方面表现为提高了企业的自愿信息披露，提升企业价值和披露的关联性。张志宏和孙青（2016）发现随着公司的资产质量和盈余质量的不断提高，公司价值也表现出明显的提升，但是公司价值受到资产质量与盈余质量的影响存在显著差异，这种差异是由财务风险的差异性引起的，说明上市公司提供高质量的资产和盈余都是十分必要的。高质量的盈余信息能够为投资者提供更多有价值的信息，提高投资者作出正确投资决策的概率，从而保护投资者的利益（黄海杰等，2016）。杨棉之等（2017）验证了盈余持续性与未来股价崩盘风险之间的关系，并检验了公司治理水平在两者关系中的调节作用。研究发现，随着公司盈余持续性水平的提高，股价崩盘风险显著下降，两者的负相关关系在熊市时表现得更为明显。进一步检验发现，随着公司治理水平的提升，盈余持续性对股价崩盘风险的抑制作用有所减弱，说明公司治理水平与盈余持续性之间存在替代关系，公司治理水平的提升也能够提高盈余信息质量，减少信息不对称，降低股价崩盘风险。王梦雅（2020）研究发现，内部控制质量和盈余持续性越好，企业价值越高；而且，盈余持续性在内部控制与企业价值之间的关系中发挥了显著的调节作用，能够正向地调节两者之间的关系。

2.3 会计信息质量对资产定价效率的影响

会计信息质量的高低对公司的资产定价具有重要影响。Ball 和 Brown（1968）首次研究了公司会计信息质量与资本市场定价效率的关系，实证结果显示，资本市场上的股票价格显著受到上市公司会计信息的影响，如果企业盈余为正，则随后的股票收益就会上升；反之，如果盈余为负，随后的股票收益就会下降，从而证明了会计盈余能够为投资者提供有益于决策的会计信息，提升投资者的投资决策效率和资源配置效率。Francis 等（2004）研究发现，会计信息质量的提高能够提升投资者对股票未来收益估计的准确性，质量较低的会计信息会导致较高的权益资本成本，增加投资者对股票错误定价的可能性。Dong 等（2006）对资本市场上的会计异象进行研究，发现随着企业会计信息质量的提高，股价同步性程度有下降的趋势，而随着股价同步性的降低，加剧了企业的会计异象程度，这一现象说明会计信息质量能够影响会计异象。对于资本市场上的股价漂移异象，会计信息质量同样能够对其产生显著的影响，高质量的会计信息可以提高投资者对企业未来盈余预测的精度，直接影响盈余公告后股价漂移现象，也可以通过影响投资者有限理性对股价漂移产生影响（于李胜和王艳艳，2006）。向诚和陆静（2020）的研究也得出了同样的结论，他们运用中国A 股上市公司数据，研究了企业信息透明度与股价漂移之间的关系，发现企业在资本市场上发布的盈余信息透明度越低，投资者对盈余的反应越不充分，股价漂移程度越大。而且，在资本市场上充斥的盈余信息较多的情况下，公司信息透明度与其股价漂移程度的负相关关系更加显著。信息透明度低的公司即期异常交易量更低，证明了通过提高公司受关注度是会计信息透明度影响股价漂移强度的路径。曾秋月（2019）的研究得出了相反的结论，他基于股价同步性的视角，研究会计信息质量对资产定价效率的影响，研究发现在会计信息质量较高的企业中，股价同步性反而上升了。文静（2021）研究发现，随着会计信息质量的提高，企业的股价波动性呈现显著下降的趋势，表明会计信息质量的提高可以改善上市公司股价的异常波动现象。

2.3.1　会计稳健性与资产定价效率

借鉴 Khan 和 Watts（2009）的方法，Kim 等（2011）和沈华玉等（2017）计算了企业的会计稳健性，并基于股价崩盘风险的视角，研究了会计稳健性与资产定价效率之间的关系，发现会计稳健性作用发挥具有一定的滞后性，会对后期的股价崩盘风险产生显著的影响。并且信息透明度在两者关系中发挥了显著的调节作用，企业发布的盈余信息透明度越低，会计稳健性对股价崩盘风险的降低作用越显著。同时，会计稳健性不仅能够降低股价崩盘风险，还能够显著降低股票的特质风险，在会计稳健性降低股票特质风险的过程中，投资者的意见分歧度发挥了部分中介效应，会计稳健性通过直接和间接两种方式影响股票特质风险（张多蕾等，2018）。对于会计稳健性对资本市场定价效率的研究，有学者发现，企业稳健会计政策的选择提高了企业发布的盈余公告透明度，降低了投资者面临的信息不对称程度，进而促进了资本市场定价效率的提升（肖武城，2012）。杨棉之和张园园（2016）指出资本市场定价效率会受到股价崩盘风险的显著影响，因此，他们基于会计稳健性的视角，研究发现采用稳健会计政策的企业能够更及时地公布企业面临的风险和各种不确定因素可能带来的不利影响，减少了企业为了自身利益而延迟发布坏消息的可能性，坏消息的及时发布能够降低企业股价崩盘的可能性。张静等（2018）研究会计稳健性与资产错误定价之间的关系，发现当投资者情绪处于高涨时期时，投资者对股价的估值向上偏离其真实价值的程度越高，而在会计稳健性较高的企业中，投资者情绪高涨带来的股价向上偏离程度有所缓解，股票价格偏离其内在价值的程度有所降低，进而提高了资产定价效率。

2.3.1.1 会计稳健性与信息不对称

Chen 等（2007）假设会计信息稳健性是外生变量，分析结果表明管理者为提高股票的市场价格，有可能进行向上的盈余管理，但是采用稳健的财务会计政策能够抑制管理者进行盈余管理的动机。因此，有学者研究了企业管理层是否会选取稳健的会计政策，他们研究发现，公司对会计政策的选择很大程度上受到会计制度的影响（毛新述和戴德明，2009），如果公司选择了稳健的会计政策，那么其报告的盈余稳健性较高，可靠性也较高，越来越多的盈余信息能够反映到公司的股票价格中，保护投资者利益（于忠泊等，2013）。Jeong–Bon（2012）研究发现，会计稳健性对管理层夸大业绩的动机产生了显著的抑制作用，会计稳健性的提高为投资者提供了更多可靠的信息，显著降低了管理层向投资者隐瞒坏消息的可能性，坏消息的及时公布使得其及时反映到股价中，降低企业的股价崩盘风险。杨棉之和张园园（2016）指出资本市场定价效率会受到股价崩盘风险的显著影响，因此，他们基于会计稳健性的视角对股价崩盘风险进行研究，发现采用稳健会计政策的企业能够更及时公布企业面临的风险和各种不确定因素可能带来的不利影响，减少了企业为了自身利益延迟公布坏消息的可能性和企业股价崩盘的可能性。唐清泉和韩宏稳（2018）研究发现，稳健性在企业并购之中不仅会产生重要的治理效果，而且还可以约束内部人员依靠关联并购获得私利的机会主义行为。陈淑芳和伍强（2018）同样发现了会计稳健性的治理效果，他们研究了创业板上市公司的会计稳健性与盈余质量之间的关系，发现两者之间呈现显著的负相关关系，会计稳健性能够发挥显著的治理作用，降低公司管理层的盈余管理行为，提升公司盈余质量。王丽艳（2019）发现为了获得更高的薪酬，管理层会利用自身掌握的财务信息进行过度投资和盈余管理，操纵企业的财务报表信息。为了降低机会主义行为被发现的可能性，管理层在披露财务信息时也会故意降低会计稳健性。而且在管理层权力更大的企业，企业管理层对会计稳健性的降低程度更大。会计稳健性不仅可以抑制管理层的真实盈余管理行为，也能抑制管理层的应计盈余管理行为，缓解信息不对称现象。

2.3.1.2　会计稳健性与投资者关注

会计稳健性程度较高的上市公司，会更及时地对损失进行确认，并计入会计盈余，即会计盈余能快速地反映公司的风险及业绩不确定性等可能带来的损失，会计稳健性对企业提出了更严格的要求，要求企业管理者不得对存在的不利盈余进行隐瞒，必须对坏消息及时披露，提高了企业会计信息质量，帮助外部投资者获得更多有价值的信息，降低信息不对称程度（Lara 等，2011），同时会计稳健性能够提高投资者对企业的关注度，影响资本市场定价效率（张静，2017）。

首先，投资者具有保守性心理偏差。Gans（2001）研究了投资者保守主义对盈余公告后股价漂移的影响，发现保守主义通常会导致投资者对盈余信息的反应不足，从而加剧了股价漂移的程度。La Porta（1996）发现分析师或市场投资者会过度依赖以往的盈余信息对未来作出预测，当面对新的盈余信息时，对原有预期的调整速度不够快。Shefrin（2002）也同样发现面对企业发布的新盈余信息，分析师也存在保守心理，不能及时通过新信息调整预期。因为当新的盈余信息出现时，他们总是锚定初始值。而且会计信息质量越差，他们的保守性偏差越大，新信息融入股价的速度越慢，股价漂移现象就越严重。Chan 等（2004）也指出由于投资者保守性心理偏差的存在，使他们对新信息的反应不足，即获得新信息时存在保守性，对原有观念更新较难，调整速度慢。

其次，会计稳健性具有信号传递作用。根据信息经济学，"市场中拥有信息较多的一方愿意在合约中引入或接受一定程度的扭曲，以此作为信号，向信息较少的一方表明自己的类型"。更准确地说，为了向投资者展示自己有吸引力的发展前景，好的借款人愿意引入一定程度有成本的扭曲，而前提是对差的贷款人而言，这一有成本的扭曲是有巨大代价的。根据上述信息经济学命题，只有在稳健地报告会计信息对于公司是有"成本"的前提下，会计信息的稳健性才能够为投资者传递有效的信号，并且采取稳健的会计政策对信息质量差的公司会产生巨大的成本，以至于差的公司会选择放弃通过过于稳健的会计政策去报告会计信息，即稳健会计信息具有信号传递功能。例如，Bagnoli 和 Watts（2005）在其分析模型中假设公司管理者选择何种会计政策会对公司业绩产生影响，如会计稳健性的选择能够对财务报告中公司经营业绩的反应产生显著影响。管理者想通过会计稳健性向外部投资者传递私人信息，但是采用过于稳健的财务报告可能会导致盈余达不到分析师的预测水平而给企业带来较高的成本，管理者会在这两者之间进行权衡，选择最优的决策。分析结果表明，如果管理者依据所掌握信息预测公司未来经营业绩较好，就会倾向于采用稳健的会计政策，如果管理者依据所掌握信息预测公司未来经营业绩较差，就倾向于不采用稳健的会计政策，这就会将企业未来经营业绩的信号传递给投资者。LaFond 和 Watts（2008）也证实企业会计稳健性具有传递信号的功能，可以向企业外部投资者传递企业经营状况的相关信息，使投资者获得更多有用的信息，引导投资者合理投资。Lara 等（2011）利用美国公司数据，研究发现条件稳健性与企业未来盈利能力确实存在显著的正相关关系，即会计稳健性能够提高企业未来盈利能力，向投资者传递好的信号。Hsu 等（2017）发现会计稳健性使负面消息的识别和传播更加迅速，使 CEO 更有可能及时地注意到问题并提前考虑解决对策，因此同时具备 CEO 过度自信和会计稳健性这两种特征的公司应该表现得更好，实证检验证实了这一预测，实行稳健会计和由过度自信的 CEO 经营的公司表现出更好的现金流绩效，给投资者传递出企业经营状况良好的信号。因此，管理者是否选择稳健地报告会计信息能够向市场传递信号。

我国资本市场上的投资者以散户为主，而且大多数投资者都是风险规避的，具有保守心理。而对于采用较高会计稳健性的公司，要求企业会计盈余能够及时反映企业的经济损失，也即发布的盈余信息比较可靠和保守，但是稳健的会计信息报告对于公司是有"成本"的，会计信息的稳健性能够作为有效的信号传递媒介，向投资者传递公司经营状况，并且稳健地报告会计信息对于质量差的公司来说成本十分高昂，以至于差公司最终放弃通过过于稳健地报告会计信息故意模仿质量好的公司的行为。所以投资者对稳健性较高的企业发布的新信息认可度更高，认为会计信息稳健性越高，则公司预期的经营业绩越好，这样的企业更能赢得投资者的信任，保守性偏差更弱，更能引起投资者的关注，对信息及时作出反应。

2.3.2　会计信息可比性与资产定价效率

投资者在作出投资决策之前，通常会根据自身掌握的相关信息，对公司的财务状况和未来发展进行评估，对同行业公司间进行比较，因此他们会选择一些可比性较高的公司作为参照。江轩宇和许年行（2015）从会计信息可比性的角度出发，研究了其对资本市场稳定性的影响，研究发现会计信息可比性的提高能够通过降低股价崩盘风险，提高资本市场的稳定性。进一步分析发现，会计稳健性对两者关系有显著的调节作用，在采用较高会计稳健性的公司中，股价崩盘风险受会计信息可比性的影响更加显著。袁振超和饶品贵等（2018）分析得出，会计信息可比性更高时，能够提高企业的投资效率，而且会计信息有着更高的可比性时，公司对于投资机会的敏感性指标也会相对较高。会计信息可比性的提高能够降低信息不对称程度，无论对于企业还是市场都可以发挥积极的作用，能够促进市场的有序运行，提高资源配置效率（Kim 等，2016）。聂萍和周欣（2019）

研究发现，企业会计信息可比性的提高对资本市场定价效率有显著的促进作用。而且，企业面临的外部环境和投资者的心理偏差会影响两者关系的显著性水平。若企业所处的外部环境不确定性较高，会计信息可比性对股票偏离内在价值的缓解作用更加显著；在投资者意见分歧度较大的企业中，会计信息可比性对股票偏离内在价值的缓解作用更加显著。可见，企业会计信息质量和投资者认知能力的提高有助于提升资产定价效率。会计信息可比性促使更多有用性信息融入股价，提高了股票价格对盈余信息的反应程度，使投资者根据自身掌握的相关信息，更加了解公司的财务状况，对未来发展的评估更加准确。

2.3.2.1　会计信息可比性与信息不对称

Armstrong 等（2010）研究发现，欧洲的上市公司在执行了国际财务报告准则之后，出现股票价格上涨的现象，而且股票价格的上涨又进一步导致更多的企业使用国际财务报告准则，出现这种现象的原因可能在于，通过实施国际财务报告准则，企业的会计信息可比性得到了显著的提高。在公司会计信息可比性较高时，管理层更倾向于向投资者提供有价值的会计信息，降低投资者的信息收集和处理成本。De Franco 等（2011）对会计信息可比性与分析师预测精度之间的关系进行研究，发现随着公司会计信息可比性的提高，公司的会计信息透明度不断提高，进而提高分析师用于预测的信息质量；分析师可通过对同行业公司间的对比，降低分析师盈余预测与企业发布盈余之间的差距。Barth（2013）指出若离开了会计信息可比性，企业管理层就有更大的可能性对盈余信息进行粉饰，提供的财务状况和经营业绩的相关信息可信度更低。Kim 等（2013）研究发现，会计信息可比性会减少由信息不对称造成的不确定性，使投资者更好地评估公司未来盈利能力。胥朝阳和刘睿智（2014）以我国上市公司为研究对象，研究发现虽然会计信息可比性的提高，使得各监管部门和外部投资者更有效地对管理层实施监管，但是管理层基于自身利益最大化的追求，仍可能不顾公司及股东的整体利益，采用更难被发现的真实盈余管理行为，损害公司利益。但是在公司处于更严格监管的环境中，这种盈余管理方式的转变会得到有效抑制。陈翔宇等（2015）基于企业管理层业绩预告的视角研究了会计信息可比性，他们发现业绩预告是企业向市场投资者传递企业未来业绩的信息渠道，而管理层对企业未来业绩的预测是否精准，很大程度上取决于其对所在行业未来前景发展的把握程度，而管理层对行业未来发展的把握离不开对同行业企业会计信息的收集与分析，因此较高的企业会计信息可比性，能够帮助管理层根据整个行业发展状况准确预测企业未来业绩。会计信息可比性使投资者在作出投资决策时获取更多真实可靠的相关信息，最终资本配置效率得以提升（Ozkan 等，2012）。Choi 等（2019）在分析之中提出，可比性能够提升企业以当期收益判断后续收益的能力，大幅度提升股价信息含量，帮助投资者更加理性地预判股票后续表现。此外，可比性的提高为投资者提供了更多与股价相关的高质量信息，提高股票价格对信息的反应程度。整体而言，可比性会影响投资者收集以及处理信息的成本。鲁威朝等（2019）研究发现，会计信息可比性更高时，能够使会计信息使用者在作出各类决策时最大限度地利用其他企业的信息，使得投资者对企业的认识更加深入和全面。显然，多数文献证实企业会计信息可比性的提高，能够为资本市场上的投资者提供更多的信息，进而通过投资者的交易行为使得信息反映到股价上，因此投资者掌握的信息数量和信息准确性对股票定价至关重要，而较高的会计信息可比性能够提高股价对更多有用信息的反应，进一步提高资本市场定价效率（袁振超和代冰彬，2017；袁媛等，2019）。所以较高的会计信息可比性能够帮助投资者更好地监督公司管理层，抑制盈余管理行为，提升企业会计信息的质量，有利于提高投资者对股票未来收益的预测准确性。

2.3.2.2 会计信息可比性与投资者认知度

可比性越高的会计信息，决策有用性越高。Firth 开创了信息传递研究的先河，他发现本公司发布的盈余信息并不能完全解释其股票价格的高低，投资者在作出投资决策之前对信息的需求并不局限于公司内部，同样需要外部其他企业的相关信息，公司与公司之间存在信息传递的现象。虽然已有研究表明其他公司信息对投资者决策是有用的，但这些信息的利用是有成本的，投资者是否去利用这些信息仍然需要考虑信息成本与收益之间的关系。Young 和 Zeng（2015）指出，投资者在对公司价值进行估价的过程，可能会利用其他可比性公司作为参照。

投资者认知能力是一种有限的资源（Pashler 等，2001；俞庆进和张兵，2012），投资者能够关注到的信息都是有限的，他们只会投资自己了解的证券，机构投资者关注度高的公司，通常有更高的股票换手率和更大的股票交易量，当前的价格已经较多地反映了公司的各种信息。不被市场和投资者广泛认知的股票，信息融入股价的速度较慢，就会加剧股价漂移现象（胡淑娟和黄晓莺，2014）。Foster（1981）发现公司公布的信息在一定程度上能够传递出行业发展趋势，同行业之间信息传递现象也存在于公司特质信息中，一个公司的信息披露无形中也增加了同行业其他公司的相关信息，这种相关性信息能够帮助投资者提高信息解读能力，进而提高市场效率（于李胜和王艳艳，2010）。当会计信息可比性较高时，企业投资者获取信息的渠道增加，通过对同行业相关信息的挖掘与分析，减少信息收集和处理成本，掌握更多高质量的会计信息（De Franco 等，2011）。当外部投资者在比较同行业内不同的公司时，对于会计信息可比性较低的公司，外部投资者除了利用现有的信息还需要进行主观的估计，而对于可比性较高的公司，投资者不需要过多地进行主观估计，因而可比性的提升能够使外部投资者更方便估计与比较公司业绩（Kim 等，2013），使外部投资者可以通过数字表面深入了解公司的真实经营状况，清楚了解各类指标变动的深层次原因（江轩宇等，2017），因此可比性的提升能够帮助外部投资者减少收集信息与加工信息的成本（Barth 等，2012），而使自身的投资决策更加接近最优的投资。可比性更高的财务信息可以对其他企业带来外部性的影响（Hail 等，2010），高可比的会计信息可以相互补充，提升各类盈余信息的含量，为资本市场提供相关增量数据，因此其具备一定的信息溢出效应（Fang 等，2016）。Young 和 Zeng（2015）发现信息使用者可以根据同行业内其他公司披露的信息对某公司的价值进行判断和估计，当公司的会计信息可比性较高时，其从资本市场公开披露的财务报告中得到的其他公司的信息就更加准确，从而作出的公司价值评估更加可靠。鲁威朝等（2019）也指出投资者在资本市场获取信息，以期更准确判断目标公司未来发展绩效的过程中，高可比的会计信息可以提高盈余信息在公司间相互传递的速度和效率，产生信息溢出效应，为投资者提供增量信息，公司间会计信息可比性越高，其外溢效应越明显（李青原和王露萌，2020）。当会计信息可比性较高时，投资者能够通过对同行业内其他公司的会计信息进行比较，获得更多有价值的信息，提高对未来股价预测的准确性（袁知柱和张小曼，2020）。即当公司的会计信息可比性较高时，表明其在资本市场上公开披露的会计信息更加可靠，投资者进行投资决策时所能依据的信息也更加真实、可靠。

综上所述，在资本市场中，投资者进行资产配置决策时需要依据所能掌握的所有相关信息，这些信息除了私有信息外，还常常需要获取更多相关可靠的公开信息来比较所面临的投资机会。公司的管理层基于自我利益最大化的动机通常会隐瞒部分信息，而较高的会计信息可比性能够使投资者根据公司在资本市场上公开披露的信息推断其盈利能力，帮助投资者作出更加有效的投资决策。而且，当会计信息可比性较高的时候，投资者根据市场其他公司信息能够提高对该公司的认知度，当资本市场上有关该公司的相关信息出现时，投资者对该信息的反应速度也更快，将信息反映在股价中。因此，会计信息可比性能够发挥信息溢出效应，提高资本市场上的投资者对公司的认知度，投资者对公司的认识越全面和深刻，越有利于盈余信息融入股价。

2.3.3　盈余持续性与资产定价效率

较高的企业盈余持续性能够提高资本市场定价效率。Ball 和 Brown（1968）最先研究了企业盈余信息是否会对企业股票的未来收益带来影响，他们发现企业发布的盈余信息能够对股票未来的超额收益提供解释，为后续的研究奠定了基础。会计盈余中不同组成部分的盈余信息含量是不同的，并且单个组成部分的信息含量对股票超额回报的解释力更强。王志台（2000）在已有研究的基础上，检验资本市场上的投资者能否区分会计盈余的不同组成部分，发现资本市场上投资者并没有足够的成熟度，他们对会计盈余不同部分的持续性并不了解，带来了资本市场上股票错误定价的现象（Richardson 等，2006）。Chen（2004）研究盈余持续性对股票超额收益的影响，发现投资者对盈余持续性较高企业的盈余反应不充分，反而投资者对盈余持续性较低企业的盈余反应过度。彭韶兵和黄益建（2008）基于盈余持续性的视角，研究了会计信息的可靠性对企业盈余质量的影响。结果发现，通过提高企业的会计信息可靠性，带来了企业盈余持续性水平的不断提高，同时，企业会计信息可靠性的提高也能促进盈余自相关系数和股票回报率的不断提升。张国清和赵景文（2008）对企业资产负债表项目中不同类别应计的可靠性进行区分，发现随着应计项目可靠性的增加，会计盈余的持续性也呈现出上升的趋势。马胜（2011）以我国上市公司数据作为研究样本，采用多种模型对盈余持续性与股价漂移之间的关系进行研究。研究发现，随着企业盈余持续性的提高，盈余公告后的股票超额收益越高，股价漂移现象越严重。杨棉之等（2017）验证了盈余持续性与未来股价崩盘风险之间的关系，并检验了公司治理水平在两者关系中的调节作用。研究发现，随着公司盈余持续性水平的提高，股价崩盘风险显著下降，两者的负相关关系在熊市的时候表现得更为明显。进一步检验发现，随着公司治理水平的提升，盈余持续性对股价崩盘风险的抑制作用有所减弱，说明公司治理水平与盈余持续性之间存在替代关系，公司治理水平的提升也能够提高盈余信息质量，减少信息不对称，降低股价崩盘风险。郑建明等（2018）也得出了同样的结论，发现股价崩盘风险随着企业盈余质量的提高而显著降低。李青原和张翔（2021）研究发现，在盈余信息质量较低的公司中，存在更加严重的盈余加速异象，一定程度上反映出低质量的盈余提高了投资者获取信息的成本，从而使投资者对盈余加速信息反应不足，带来了资产定价效率的低下。

2.3.3.1 盈余持续性与信息不对称

高质量的盈余信息有助于降低企业内外部之间的信息不对称程度，给外部投资者及利益相关者提供更多有价值的信息，从而可以实现更好地监督和治理（申慧慧和吴联生，2012）。Bushman 和 Smith（2001）基于盈余质量的视角，研究了其对企业投资效率产生的影响。结果证明，在盈余信息质量较高的企业中，外部投资者对管理层实施的监督更加有效，减少管理层的自利行为，提高企业的投资效率。李丹和廣宁（2009）实证检验了盈余持续性与分析师预测精度之间的关系，发现高盈余持续性的企业中，当前的盈余对未来盈余预测的有用性越强，提高了分析师的预测精度。黄欣然（2011）研究发现，高质量的盈余信息对企业管理层和外部投资者都会带来有利的影响。当盈余信息质量较高时，不仅可以帮助企业管理者发现真正有价值的投资项目，而且可以帮助外部投资者降低风险，更好地对公司实施监督，抑制企业管理层的自利行为。Fu 等（2012）研究了一定时间内，企业向外发布财务报告的次数对企业信息透明度和股权成本的影响，研究结果表明，企业发布的财务报告数量越多，对企业信息透明度的提高和股权融资成本的降低越显著，即企业向外部投资者发布的信息数量能够通过缓解信息不对称，降低企业的权益资本成本。刘慧龙等（2014）发现在资本市场上，企业通过年度报告将企业盈余信息发布到市场上，向投资者传递了具有相关性和可靠性的盈余信息，信息的传递可以缓解投资者面临的信息不对称，进一步抑制了企业的代理问题，并缓解了企业的融资约束。于连超等（2018）研究发现，盈余信息质量对企业的创新有显著的促进作用，进一步研究盈余信息质量对企业创新的影响路径发现，企业通过提高盈余信息质量，降低了其融资约束程度，帮助企业获得更多资金，对企业创新产生显著的促进作用。戴新民等（2018）通过对企业投资效率的研究发现，企业在资本市场上发布的盈余信息质量较高时，企业的信息不透明程度有所降低，吸引了更多的投资者，缓解了企业的融资约束问题。进一步考察股权融资成本在两者关系中发挥的作用，发现随着企业股权融资成本的提高，盈余信息质量的提高对投资效率的影响作用有所减弱。钱倩（2019）发现在会计盈余质量较差的企业中，往往存在比较严重的盈余管理和较高的信息不对称程度。王佳和张林（2020）研究发现，企业发布的盈余信息质量越高，外部投资者和监管机构对企业管理层的监管越有效，越能显著抑制管理层的机会主义行为，提高企业投资效率。

2.3.3.2　盈余持续性与投资者分歧

盈余信息的质量能够显著影响投资者对企业股票价格的反应，投资者对盈余持续性增长的公司股票价格反应更大。徐利娟（2012）证实了企业发布的盈余质量能够对投资者的投资行为产生显著影响，在盈余持续性较高的企业中，企业盈余质量的提高能够更显著地提升投资者的投资效率。马胜（2012）研究了盈余持续性与股票回报之间的关系，研究发现随着盈余持续性的不断提高，资本市场上股票的收益率也越来越高。肖华和张国清（2013）研究发现，随着内部控制水平的不断提高，上市公司的盈余持续性也不断提升，从而有利于外部投资者对公司价值进行合理评估，盈余持续性越高，公司价值越高，即两者之间为显著的正相关关系（Gaioa 和 Raposo，2011）。罗源培（2013）研究了盈余持续性与股票价格之间的关系，他们采用两种计量模型对两者关系进行实证检验，研究发现随着企业盈余持续性水平的不断提高，股票价格也呈现出上升的趋势。张静（2017）研究发现，如果企业盈余存在的波动越剧烈，投资者对该公司股票的分歧度就越大。而管理层可以通过盈余平滑降低企业盈余的波动水平，带来盈余持续性的提高，进而降低投资者对公司盈余预期的分歧度，有效缓解由投资者意见分歧带来的股票错误定价。

通过以上文献分析可以发现，盈余持续性越高，投资者根据上市公司当前盈余对未来盈余预测的差异性就越小，乐观投资者和悲观投资者之间分歧度较小，盈余信息能更快地融入股价，投资者对股票定价更加准确，从而使得股价漂移有所减弱。

2.4　借鉴与启示

综观上述国内外相关研究文献可知，目前有关盈余公告后股价漂移异象的研究是国内外资本市场领域里的研究热点及重点问题，主要是针对盈余公告后股价漂移的影响因素进行研究。通过对现有文献的梳理与总结，得到以下几个方面的启示。

第一，通过对会计信息质量与定价效率的文献进行较为全面的回顾与总结，发现已有研究得出会计信息质量对股价有正面影响。但是不同会计信息质量特征对资本市场定价效率影响结果尚不清楚，本书围绕会计稳健性、会计信息可比性和盈余持续性等不同的会计信息特征展开研究，检验了三者对股价漂移的影响路径，以期从新的视角完善国内已有的关于盈余公告后股价漂移现象的研究，是对已有文献的有益补充。

第二，以往对股价漂移形成机理的研究多数仅侧重研究有限理性内涵的某一方面，将投资者有限理性的不同特征相结合研究股价漂移形成机理的文献并不多见。而实际上会计信息质量不同侧面会对投资者有限理性的不同特征产生影响，应根据投资者有限理性的不同特征产生的条件，有区别地考察其对股价漂移的影响，有益于深层次挖掘股价漂移形成的内在机理，为提高我国股票市场有效性和资本市场定价效率提供理论依据。

第三，以往对股价漂移的研究，多数从投资者有限理性或会计信息质量的某一个视角进行分析。而现实的资本市场中投资者有限理性与信息不对称并不是两个单独的个体，它们在资本市场中共存并相互影响。因此单一视角的研究并不全面，应当将两者结合在一起，深入探究股价漂移的形成机理，一方面更全面地反映我国股票市场的股价漂移现实情况，另一方面可以拓展股价漂移的影响因素。本书将会计信息质量与投资者有限理性相结合研究股价漂移的形成机理，基于投资者投资决策过程中表现出的各种有限理性特征，从投资者有限理性的不同特征产生的条件着手，探寻会计信息质量的不同特征如何对资本市场上的股价漂移现象产生影响。

2.5　本章小结

关于盈余公告后股价漂移异象的研究始于 20 世纪 60 年代。海内外学者已从各个角度对该现象进行了充分的探索，证实了股价漂移的存在性，也进一步从各个角度研究了股价漂移的成因和影响因素，这些研究结果对传统经典金融理论"有效市场假说"提出了质疑。因此，这一异象逐渐成为理论界和学术界研究的热点问题。支持行为金融理论的学者多从投资者的有限理性特征出发，认为投资者对盈余信息的有限关注、认知不足和投资决策中的行为偏差是导致盈余公告后股价漂移产生的重要原因。本章对目前已取得的成果进行了归纳与总结。从会计信息质量的角度出发，研究其对盈余公告后股价漂移的影响。

第3章 概念界定与理论基础

证券市场盈余公告后股价漂移的发现与证实，对"有效市场假说"提出了严重的质疑。国外对该问题的研究最早始于20世纪80年代，基本是以发达国家上市公司股票作为研究对象，为后期的研究提供了很多有价值的成果。同时，随着行为金融理论的不断发展，基于投资者投资行为对股价漂移影响的研究越来越多，该视角的研究在理论研究和实证研究中也受到越来越多的关注。股票价格多大程度上反映其真实价值不仅取决于会计信息质量的高低，也与投资者有限理性的心理特征和行为特征息息相关。证券市场中投资者的有限理性会对股票价格产生影响，非完全理性行为会导致股票价格不能及时对信息作出反应，并导致在一定时间内朝同一个方向漂移。信息不对称理论则从会计信息质量带来的投资者未预期盈余大小的角度对股价漂移现象作出解释。低质量的会计信息影响投资者对企业未来盈余的预测准确性和投资者投资决策的正确性，进而影响资本市场定价效率。

本章主要涉及本书相关概念及有效市场理论、会计信息决策有用论、信息不对称理论及投资者有限理性等相关理论。本章包含三部分内容：一是对盈余公告后股价漂移和会计信息质量进行概念界定；二是对行为金融理论中的有效市场理论、会计信息决策有用论、信息不对称理论和投资者有限理性进行介绍；三是论述会计信息质量对盈余公告后股价漂移影响的理论分析。

3.1　概念界定

3.1.1　盈余公告后股价漂移

盈余公告后股价漂移是指上市公司盈余公告中盈余增长为正的公司，其股票价格在未来的一段时间内呈现出不断增长的趋势；而盈利增长为负的公司，其股票价格在未来的一段时间内呈现出不断下降的趋势。1968年，Ball 和 Brown 对盈余信息披露［-11，6］共18个月窗口期的有关资料进行研究，发现如果盈余公告中盈余变动为正，则未来股价变动的方向也为正。反之，如果盈余公告中盈余变动为负，则未来股价变动的方向也为负。本书首次用事件研究法证明了盈余公告中会计盈余信息具有决策有用性，同时提出了资本市场上的"盈余公告效应"概念。"盈余公告效应"被提出之后，学者们陆续对这一现象进行了研究，他们使用不同的数据和方法对该现象进行研究，都得到了与 Ball 和 Brown 相同的结论，这些相同的结论对传统金融理论提出了挑战，因而引起了理论界和学术界的广泛关注。

当盈余公告后股价漂移现象的事实被广泛接受后，学者们对此进行了大量的研究，主要分为以下三个阶段。第一阶段，股价漂移存在性的检验阶段（1968年至20世纪80年代初）。自盈余公告后股价漂移被提出之后，许多学者对这一现象的存在性进行了研究，具体包括对研究数据的细化（由年度数据细化到天的数据）、研究对象的变换（证明股价漂移的普遍性）、研究思路的深入（从定性到定量）和研究方法的扩展（指标度量的丰富化）等。第二阶段，对股价漂移的初步解释阶段（20世纪80年代初至90年代后期）。在证明了盈余公告后股价漂移的普遍性之后，学者们开始对股价漂移产生的原因感兴趣。这个阶段学者们主要通过两种理论来解释股价漂移异象。一种解释是因为资本资产定价模型计算超额收益存在偏误，使投资者不能正确作出调整；另一种解释是因为交易成本等的存在使得投资者对新信息的吸收存在滞后。第三阶段，行为金融理论的解释（20世纪后期至今）。随着行为金融的兴起，学者们开始从投资者有限理性的心理和行为特征方面对股价漂移现象进行解释，学者们基于投资者的不同反应提出了不同的心理偏差特征。基于投资者的过度反应提出了投资者过度自信心理偏差，基于投资者的反应不足提出了投资者自我归因心理偏差。投资者的过度自信心理使得投资者过度相信自己掌握的私人信息，而对盈余公告的信息信任不足，从而使盈余信息不能及时反映到股价中。而且，投资者拥有的私人信息中同质性信息越多，股价漂移程度越大。Gans（2001）研究了保守主义对股价漂移的影响，发现投资者的保守心理导致投资者对新信息反应不足，加剧了股价漂移现象。总之，行为金融理论兴起以后，学者们主要从投资者的各种有限理性心理特征及有限理性行为角度对股价漂移进行解释，认为投资者有限理性导致股价漂移的产生。

3.1.1.1　未预期盈余

在对股价漂移的研究中，未预期盈余的出现是股价漂移现象的前提，因此该变量的计算对股价漂移的研究至关重要。未预期盈余是指企业公告盈余与投资者预测盈余之间的差值。有学者将收入（Rees 和 Sivaramakrish-nan，2007）或现金流（Mohanram，2012）作为计算未预期盈余的基础。在大部分研究文献中，学者们主要以每股收益（ESP）为基础计算未预期盈余和标椎化未预期盈余。

第一种方法：SUE 模型，该模型由 Rendleman 等（1982）提出，由学者们推广并沿用至今。该方法是根据企业发布的前期盈余和当期盈余计算标准化未预期盈余。采用 SUE 方法计算未预期盈余，首先利用一个计量模型对当期盈余进行预测，其次以企业盈余公告中实际报告的盈余与模型预测盈余的差值作为未预期盈余，并将这些未预期盈余的标准化定义为标准化未预期盈余。

第二种方法：以分析师预测作为预期盈余的代理变量。Livnat 和 Mendenhall（2006）对未预期盈余的计算是采用分析师的盈余预测值减去企业公布的真实盈余，该方法为以分析师盈余预测计算的标准化未预期盈余（SUEAF）。学者们发现，使用 SUE 与 SUEAF 计算的股价漂移程度存在显著差异。

学者们对使用 SUE 与 SUEAF 计算的股价漂移为什么存在差异，以及这两种方法是否能够很好地反映未预期盈余的大小进行了大量的研究。例如，Brown 和 Rozeff（1978）研究认为，相对于通过时间序列方法对未预期盈余的预测，分析师的预测准确性更高。Livnat 和 Mendenhall（2006）进一步比较了通过分析师预测的未预期盈余计算的股价漂移和通过时间序列模型得出的未预期盈余计算的股价漂移。发现与时间序列模型计算的未预期盈余相比，采用分析师盈余预测计算的未预期盈余带来了更高的股价漂移程度。而且在研究中，他们排除了数据统计规则对两种测算方法的影响。此外，无论采用分析师预测的未预期盈余还是时间序列模型得出的未预期盈余，都不能精确反映出投资者对盈余的预测，因为投资者对未来盈余的预测与投资者的心理因素息息相关，而采用模型或分析师预测都不能完全等同于投资者的心理。

3.1.1.2 超额收益

对股票超额收益的度量主要有两种方法，分别是累计异常收益（CAR）和买入并持有收益（BHAR）。

在早期研究股价漂移的文献中，BHAR 是最主流的方法，BHAR 采用了复利，使用资本资产定价模型预测个股未来收益，公司盈余公告后股票超额收益的计算是以个股实际购买持有收益减去预期收益的差值作为代理

变量，以此衡量资本市场上的投资者对盈余公告信息的反应。但是 1998 年
Fama 指出，买入并持有收益计算出的超额收益会误导资本市场上的投资
者，如果说股票的异常超额收益主要集中在持有期的前期获得，持有期的
后期并没有获得超额收益，而采用买入并持有收益法的市场投资者会将前
半期获得的超额收益"平均"分配到持有股票的整个时间区间。而累计异
常收益 CAR 的运用最为广泛，这种方法相对于 BHAR 法更为简单，避免了
贝塔系数估计的不稳定性，该方法对股票超额收益的计算简便直接，即通
过对某一窗口期内的股票个股收益进行计算。

3.1.2　会计信息质量的定义及特征的选取

3.1.2.1　会计信息质量的定义

会计信息质量并没有严格统一的定义，从不同的方面考虑，会计信息
质量的定义存在一定的区别。基于会计信息需求者的视角，会计信息质量
是指其能在多大程度上满足内外部信息需求者对信息的需求。杨世忠
（2007）指出会计信息作为对决策有帮助的信息，可以帮助信息需求者更
好地了解企业的生产经营状况和对企业价值的合理估计，会计信息质量的
高低程度通常取决于会计信息需求者（外部投资者等利益相关者）占据主
导地位，还是会计信息供应者（企业内部管理层）占据主导地位。

已有研究多数从股票价格的角度，研究会计信息对资本市场带来的影
响。随着企业财务会计报告的目标由报告管理者责任转变为为利益相关者
提供决策有用的信息。资本市场上的投资者主要根据会计信息进行投资决
策，因此会计信息要能够为投资者提供有价值的信息。在非完全有效市场
下，证券市场上投资者面临各种不确定性因素，会计信息的主要作用是向
资本市场上的投资者提供与决策相关的信息，更有利于投资者对企业投资
价值的判断。

会计信息质量的衡量方式并不唯一，学者们往往根据自身的研究需求选取了不同的衡量方式。只有对会计信息需求者有用的信息才有意义，而会计信息质量的高低与信息的有用性息息相关，高质量的会计信息主要特征包含相关性、可靠性、可比性、及时性和可理解性等诸多指标。朱松（2013）、陈关亭等（2014）、崔云和董延安（2019）等学者采用稳健性作为会计信息质量的代理变量。朱松（2013）、王运陈等（2015）、彭爱武和张新民（2020）等采用盈余持续性作为会计信息质量的代理变量。花冯涛和王进波（2013）采用会计信息质量、会计稳健性指标、盈余平滑度指标在各期各变量的分位数进行简单的算术平均，得出衡量会计信息质量的综合指标。

3.1.2.2　会计信息质量特征的选取

考虑到投资者决策过程中对应的三个有限理性特征，本书选取了会计稳健性、会计信息可比性和盈余持续性等衡量会计信息质量。会计稳健性、会计信息可比性和盈余持续性是会计信息质量的不同侧面，本书选取此三个特征主要基于投资者决策过程中对应的三个有限理性特征。具体选择思路如下。

随着传统金融学中投资者完全理性假设受到质疑，投资者的有限理性特征受到了学术界的广泛关注。1955 年 Simon 首次在资本市场中运用了心理学，心理学的应用修正了传统金融理论中提出的"理性人"假说，首次对"有限理性"的定义界定进行了归纳，并分析了传统金融学提出的"理性"两种不同内在含义。第一层，投资者存在各种有限理性特征，对资本市场中的信息存在认知偏误。由于投资者决策过程是一系列心理活动的体现，在决策过程中会受到注意力有限性、认知缺陷和意见分歧的影响。首先，在信息关注过程中，由于投资者注意力的有限性可能会导致其对信息的关注度不足出现偏差；其次，在不同的认知风险下，由于投资者认知能力不足，也可能会出现系统或非系统性的偏差；最后，投资者决策过程的异质信念也会对其投资决策行为产生影响。所以，从信息输入到作出决策的过程中，投资者每个阶段都会表现出非完全理性的不同特征：投资者有限关注、投资者认知风险和投资者意见分歧。第二层，投资者的非完全理性行为也并不是完全随机发生的，可能是由于某些不可排除的系统性偏差带来的。在现实的资本市场中，投资者寻找套利机会和套利活动本身是存在成本的，即使投资者发现了资本市场上的错误定价现象也不可能进行零成本和零风险的纠正。当资本市场上的投资者非理性导致股票的错误定价时，在存在套利可能性的情况下，套利的投资者也会综合考虑进行套利可能带来的超额回报是否会大于套利活动产生的成本，如果前者小于后者，套利者就不可能通过套利活动进行套利，从而非理性的错误定价也不会被纠正，非理性的错误定价可能会长期存在，而此时的股价将不能反映股票的内在价值。由前文分析可知，投资者任一阶段的决策行为都可能受到非理性因素的影响，作出有偏的投资活动（刘博，2011），而具体到投资者对企业会计信息的反应过程，往往会产生因为注意力的有限性带来的认知偏差、由于认知能力缺陷带来的认知偏差和由于异质性带来的意见分歧认知偏差等，在此三个不同认知偏差的共同作用下，带来了投资者的行为偏差，导致投资者作出有偏的投资决策行为，并最终影响信息融入股票价格中的程度和速度。

投资者依据企业会计信息作出投资决策的过程需要经过信息输入、信息加工和信息决策三个阶段，信息输入阶段的心理偏差表现为投资者有限关注，信息加工阶段的心理偏差表现为投资者有限认知，信息决策阶段的心理偏差表现为投资者分歧。由于受到此三个阶段心理偏差的影响，直接导致了资本市场上股价漂移等异象的存在。股价漂移现象不仅会受到投资者决策过程中各种心理偏差的影响，还会受到投资者面临的各种内外部环境的影响。在资本市场上，会计信息是投资者作出投资决策所依据的最为重要的信息。因此，本书从会计信息生成出发，研究其对股价漂移产生影响的内在机理。如图 3 - 1 所示。

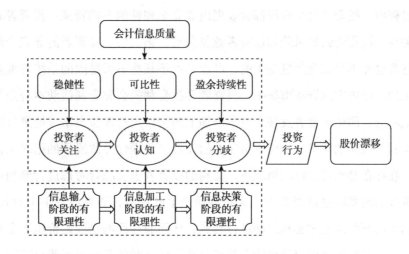

图 3 - 1 会计信息质量、投资者有限理性与股价漂移关系的内在机理

会计信息的不同特征：会计稳健性、会计信息可比性和盈余持续性，分别能对投资者投资决策三个阶段中有限理性心理偏差产生影响，使其投资决策偏离最优，产生系统性偏差，从而导致股价漂移现象。会计信息的不同特征对投资者有限理性特征的具体影响表现为：在信息输入过程中，投资者表现出的有限理性特征是投资者有限关注，投资者有限注意力会对股价漂移产生重要影响，而由于投资者的保守心理，会对稳健性较高的公司有更高的关注度，即会计稳健性为投资者关注的提高提供了条件；在信息加工过程中，投资者表现出的有限理性偏差是投资者有限认知，而会计信息可比性通过发挥信息溢出效应，提高投资者认知度，即会计信息可比性为投资者认知度的提高提供了条件；在信息决策过程中，投资者表现出的有限理性偏差是投资者分歧度，而盈余持续性较高，未来盈余与当期盈余相关性越强，使得投资者对未来盈余预测更加准确与一致，降低投资者分歧度，即盈余持续性为投资者意见分歧的降低提供了条件。

（1）信息输入过程：会计稳健性、投资者关注与股价漂移

许多心理学研究的结果表明，人类大脑处理信息的容量是有限的，对某个信息的关注必然会将认知资源从其他信息中转移出来。注意力的稀缺也就意味着人们只能有选择地将注意力或者意识分配到市场上所有信息中的一部分或者一个来源上。在资本市场上，投资者时时面临各种各样的信息，而认知局限使得注意力的分布在投资者决策过程中成为一个重要的影响因素。来自多种渠道的大量信息会分散投资者的注意力，受到有限注意力约束的投资者只能选取部分市场信息进行处理。因此，在现实中，传统金融理论认为投资者能够处理所有新信息，并将其快速反映到所有资产价格中的假设并不成立，投资者注意力的稀缺将会影响资产定价的过程。而会计稳健性具有信号传递作用，根据信息经济学，"市场中拥有信息较多的一方愿意在合约中引入或接受一定程度的扭曲，以此作为信号，向信息较少的一方表明自己的类型"。更准确地说，为了向投资者展示自己有吸引力的发展前景，好的借款人愿意引入一定程度有成本的扭曲，而前提是对差的贷款人而言，这一有成本的扭曲是有巨大代价的。根据上述信息经济学命题，只有在稳健地报告会计信息对于公司是有"成本"的前提下，会计信息的稳健性才能够为投资者传递有效的信号，并且采取稳健的会计政策对信息质量差的公司会产生巨大的成本，以至于差的公司会选择放弃通过过于稳健的会计政策去报告会计信息，即稳健会计信息具有信号传递功能。

在信息输入过程中，会计信息可靠性越高，越能够提高投资者获取信息的质量，提高投资者对该类信息的关注度，从而大幅度降低投资者为减少投资失败而进行信息搜寻的成本，提高投资者对公司未来盈余预期的准确性，把握正确的投资机会，减少投资失误带来的损失。而会计稳健性可以通过提供更加保守的盈余信息，降低投资者的保守心理，提高投资者对企业的关注度，从而缓解由投资者有限关注带来的股价漂移现象。

（2）信息加工过程：会计信息可比性、投资者认知与股价漂移

Merton 在 1987 年首次提出了投资者认知风险的定义，他发现，资本市场上的投资者对信息的认知并不是零成本的。若对某公司信息的认知成本过高时，投资者可能会降低对这类公司的认知动机，从而降低对这类公司的认知程度，随着认知程度的降低，投资者对股票投资的风险就越大。由此可见，投资者在进行投资的时候，倾向于选择自己熟悉的股票，若对某公司的信息进行认知付出的成本较低时，投资者可能会提高对这类公司的认知动机，该类公司的信息很容易被投资者获取，从而提高对该类公司的认知程度，即投资者认知风险越低，当资本市场上有关于该公司的相关信息出现时，投资者对该信息的反应速度也更快，将信息及时反映在股价中。反之，若对某公司的信息进行认知付出的成本较高时，投资者对公司的认知必须要付出很多的时间和精力，当资本市场上有关于该公司的相关信息出现时，投资者对该信息的反应速度较慢，信息不能及时反映在股价中。

实际上，Merton（1987）提出的投资者认知风险显著受到三个因素的影响，分别是公司规模、异质波动率和公司股东人数。

第一，公司规模。一般来讲，在公司规模较大的情况下，企业可能存在更严重的两权分离问题，两权分离带来的代理问题使得外部投资者获取公司全面信息的难度增大，对公司发展现状及未来发展前景的把握难度增大，从而显著提高了投资者对企业的认知风险。

第二，异质波动率。在市场风险一定的情况下，公司的异质波动率越大，说明公司可能面对更高的特质风险，从而提高了投资者的认知风险。

第三，公司股东人数。在公司股东人数较少的情况下，关注该公司信息的投资者也较少，从而导致市场上对该公司的相关信息挖掘不够，投资者对其认知度也降低，从而提高了投资者的认知风险。

从以上分析可知，公司规模越大，投资者认知风险越大；异质波动率

越大，投资者认知风险越大；公司股东人数越多，投资者认知风险越低。除以上三个因素外，投资者认知风险还能反映投资者对公司信息的理解程度，如果投资者对股票的认知程度高，股票当前的价格对公司相关信息的反应程度就更高。相反地，如果投资者对股票的认知程度低，股票当前的价格对公司相关信息的反应程度就更低。

在信息加工过程中，由于投资者先天认知资源的有限性，会对信息认知不足。会计信息可比性能够为投资者提供更多的企业相关信息，使得投资者对公司的认识更加全面和深刻，越有利于盈余信息融入股价。由于投资者认知能力的有限性，资本市场上信息数量众多，投资者不可能对所有信息都有完全的认知，投资者对股票的认知程度会影响股价反应信息的速度，被越多投资者了解的股票，信息反映到股价的速度越及时。上市公司会计信息可比性越高，就越能减少投资者认知成本，参与该股票交易活动中的投资者越多，盈余信息反映到股价上的速度越快，缓解由于投资者对盈余信息认知不足带来的股价漂移现象。

（3）信息决策过程：盈余持续性、投资者分歧与股价漂移

现实生活中的每一个人都存在自己独有的特征，而在心理学上人与人之间的差异被称为异质。人性具有多样性和复杂性的特点，人在成长的过程中，不同时期和不同环境下展现的人性都有差异，这也是个体之间广泛存在异质性的原因。1879 年，心理学家 Wunde 发现，即使面对完全相同的事件，不同的人也会存在不一样的反应，没有任何两个人是完全一样的。

异质特征表现在两方面：一方面是不同个体之间的异质，不管是否面对相同的信息，每个人给出的反应和结论都不可能完全一致，进而带来有差异的行为方式；另一方面是同一个体在不同情况下的异质。即在不同的环境下，同一个体对相同的信息给出的反应和结论都不可能完全一致，进而带来有差异的行为方式。由于投资者具有异质性，因此他们处理信息的能力不同、思维模式也存在差异，因此在对事物的认知水平上也不可能完

全一致，从而可知，投资者异质信念的形成离不开其有限理性的心理特征。首先，个体的差异性导致每个个体的先验信念存在不一致性，对信息的收集能力存在差异，即使获得相同的信息，每个人对信息的关注程度也不一致；其次，现实资本市场上，信息传播并不是一蹴而就的，是一种渐进式的传播，而且在信息传播的过程中会有各式各样的噪声进入到信息中，影响投资者对信息的判断；最后，现实资本市场上并不存在完全理性的投资者，在根据先验信念对资本市场信息调整预期的过程中，每一个投资者作出的调整都是不一致的，因此不同个体之间的后验信念也存在异质性。

在信息决策过程中，由于投资者的异质性，即使他们在同一时间获得完全一致的信息，不同的投资者也会作出不同的投资行为。盈余持续性越高，上市公司今年发布的盈余持续到下一年度再发生的可能性也越高，投资者根据当前盈余信息对上市公司未来盈余的预测差异性就越小，投资者之间意见分歧度较小，越有利于信息融入股价。即盈余持续性越高，越能够降低由投资者意见分歧带来的股价漂移现象。

3.1.2.3 会计稳健性

中国会计准则委员会在 2006 年颁布的《企业会计准则》，将会计稳健性定义为"企业对交易或者事项进行会计确认、计量和报告应当保持应有的谨慎、不应高估资产或者收益、低估负债或者费用"。较高的会计稳健性可以发挥治理作用，有效抑制企业管理者盈余管理的动机，从而降低了信息不对称程度（Ball 等，2005）。已有文献对会计稳健性的度量主要分为三类：一是 Basu 模型，二是 ACF 模型，三是 CSore 模型。

（1）Basu 模型

1997 年 Basu 首次提出了 Basu 模型，通过盈余—股票报酬计量法的反回归方程计算会计稳健性，通过分行业和年度回归求系数，具体模型见公

式 （3 -1）。

$$EPS_{i,t}/P_{i,t} = \alpha_0 + \alpha_1 D_{i,t} + \alpha_2 R_{i,t} + \alpha_3 D_{i,t} \times R_{i,t} + \varepsilon_{i,t} \quad (3-1)$$

其中，$EPS_{i,t}$ 代表每股收益；$P_{i,t}$ 代表 t 年期初股票价格，用 t 年 4 月最后一个交易日的股票收盘价表示；$R_{i,t}$ 代表股票回报率，t 年 5 月至次年 4 月共 12 个月买入持有收益率；$D_{i,t}$ 为虚拟变量，$R < 0$ 时，取值为 1，反之为 0。系数 α_2 代表会计盈余对"好消息"反应的及时性；系数 α_3 代表会计盈余确认"坏消息"较之确认"好消息"的及时性；$\alpha_2 + \alpha_3$ 代表会计盈余对"坏消息"反应的及时性。

之后，Basu 对上述模型又加以改进。具体模型如公式 （3 -2） 所示。

$$\Delta EPS_{i,t}/P_{i,t-1} = \alpha_0 + \alpha_1 D_{i,t} + \alpha_2 \Delta EPS_{i,t-1}/P_{i,t-2} + \alpha_3 D_{i,t}$$
$$\times \Delta EPS_{i,t-1}/P_{i,t-2} + \varepsilon_{i,t} \quad (3-2)$$

其中，$\Delta EPS_{i,t}$ 代表 i 公司当年与上一年每股收益的增加值；$\Delta EPS_{i,t-1}$ 代表 i 公司上一年与之前第二年每股收益的增加值；$P_{i,t-1}$ 代表 i 公司当年度期初的股票价格；$D_{i,t}$ 为虚拟变量，$P < 0$ 时，取值为 1，反之为 0；这一模型中，α_2、α_3 与 $\alpha_2 + \alpha_3$ 的含义与公式 （3 -1） 中相同。

（2） ACF 模型

2006 年 Ray Ball 和 Lakshmanan Shivakumar 首次提出 ACF 模型，用来计算公司会计稳健性，计算模型如公式 （3 -3） 所示。

$$ACC_{i,t} = \alpha_0 + \alpha_1 D_{i,t} + \alpha_2 CFO_{i,t} + \alpha_3 D_{i,t} \times CFO_{i,t} + \varepsilon_{i,t} \quad (3-3)$$

其中，$ACC_{i,t}$ 代表应计项目总额；$CFO_{i,t}$ 代表经营活动现金流量净额；$D_{i,t}$ 为虚拟变量，$CFO_{i,t} < 0$ 时取 1，反之取 0；系数 α_2 代表应计项目与正的经营性现金流的关系；系数 α_3 代表会计稳健性系数，$\alpha_3 > 0$ 时，会计稳健性存在。$\alpha_2 + \alpha_3$ 代表应计项目与负的经营性现金流的关系。

（3） CSore 模型

CSore 模型是由 Khan 和 Watts （2009） 提出的，使用 Basu 模型扩展后的模型来计算公司层面的会计稳健性，将影响会计稳健性的三个主要因素融入到模型当中，更加有说服力，也更加严谨。CScore 为正指标，其数值越大，代表公司会计稳健性越大。

$$
\begin{aligned}
EPS_{i,t}/P_{i,t-1} = &\ \beta_0 + \beta_1 Size_{i,t} + \beta_2 MB_{i,t} + \beta_3 Lev_{i,t} \\
&+ D_{i,t}(\theta_0 + \theta_1 Size_{i,t} + \theta_2 MB_{i,t} + \theta_3 Lev_{i,t}) \\
&+ R_{i,t}(\gamma_0 + \theta_1 Size_{i,t} + \theta_2 MB_{i,t} + \theta_3 Lev_{i,t}) \\
&+ D_{i,t} \times R_{i,t}(\varphi_0 + \varphi_1 Size_{i,t} + \varphi_2 MB_{i,t} + \varphi_3 Lev_{i,t}) + \varepsilon_{i,t}
\end{aligned}
\tag{3-4}
$$

其中，$Size_{i,t}$ 为总资产的自然对数；$MB_{i,t}$ 为权益的市场价值与账面价值的比率；$Lev_{i,t}$ 为债务权益比率；$R_{i,t}$ 为市场调整的年个股回报率；$D_{i,t}$ 为虚拟变量，当 $R_{i,t} < 0$ 时，$D = 1$，当 $R_{i,t} > 0$ 时，$D_{i,t} = 0$。对公式（3-4）进行回归，获得回归系数之后，根据公式（3-5）计算稳健性指标 CScore：

$$
CScore = \varphi_0 + \varphi_1 Size_{i,t} + \varphi_2 MB_{i,t} + \varphi_3 Lev_{i,t}
\tag{3-5}
$$

在以往对稳健性的研究中，CScore 模型的应用频率很高，本书也将采用 CSore 模型对会计稳健性进行计算。

3.1.2.4 会计信息可比性

美国财务会计准则委员会（FASB）（1980）也曾明确指明："比较的目的是发现相似和不同之处。若以最宽泛的术语对可比性进行定义，那么可比的前提是具有共同的特征，比较则是对这些共同特征的一种量化处理。通常情况下，如果不同企业使用不相似的投入和不相似的程序，运用成本和收入或资产和负债分类制度也是不同的，那么就认为它们之间的信息不可比。为此，如果能将这些不同或不一致的地方采用统一的处理方式，就会使得结果具有可比性"。只有当会计方法一致时，才可能进行公司的纵向可比和横向可比。韩国栋（2013）发现会计信息可比性能够帮助投资者辨别不同企业之间相同经济项目的相同点及不同经济项目的不同点，从而使投资者作出更合理的投资决策。已有文献对会计信息可比性的度量主要分为以下两类。

（1）De Franco 等（2011）建立了会计信息可比性的计算方法，之后很多学者按照该方法对会计信息可比性进行了研究，同时也验证了该方法的合理性（Kim 等，2016；Sohn，2016；谢盛纹和刘杨晖，2016）。

第一，对两个要比较企业的测算系统进行估计。利用公司 i 第 t 年前连续 16 个季度的季度利润及股票收益率等数据测算出企业的测算系统，具体模型为公式（3-6）：

$$Earnings_{i,t} = \alpha_i + \beta_i Return_{i,t} + \varepsilon_{i,t} \qquad (3-6)$$

其中，$Earnings_{i,t}$ 为公司 i 第 t 年季度净利润与季度初权益市场价值的比值；$Return_{i,t}$ 为公司 i 第 t 年季度收益率。

第二，假设公司 i 与公司 j 发生了同样的经济业务，公式（3-7）表示在期间 t，依据公司 i 的会计系统计算的预期盈余，公式（3-8）表示在期间 t，依据公司 j 的会计系统计算的预期盈余。具体计算模型为公式（3-7）和公式（3-8）：

$$E\left(Earnings\right)_{i,i,t} = \hat{\alpha}_i + \hat{\beta}_i Return_{i,t} \qquad (3-7)$$

$$E\left(Earnings\right)_{i,j,t} = \hat{\alpha}_j + \hat{\beta}_j Return_{i,t} \qquad (3-8)$$

因此，公司 i 和公司 j 的会计信息可比性的计算见公式（3-9）：

$$CompAcct_{i,j,t} = -\frac{1}{16} \sum_{t=15}^{t} \left| E\left(Earnings\right)_{i,i,t} - E\left(Earnings\right)_{i,j,t} \right|$$

$$(3-9)$$

利用公式（3-9），首先计算出公司 i 与同行业其他公司 j 的会计信息可比性，然后将计算的可比性按照降序的方法依次排列，取该公司同行业所有公司的平均值作为公司 i 的会计信息可比性的测度值，其值越大，说明该公司的会计信息可比性越强。

（2）在 Defond 等（2011）模型的基础上加入股票收益虚拟变量与股票收益交叉项，用公司 i 第 t 年前连续 16 个季度的数据估计回归模型：

$$Earnings_{i,t} = \alpha_i + \beta_i Return_{i,t} + c_i Neg_{i,t} + d_i Neg_{i,t} \times Return_{i,t} + \varepsilon_{i,t}$$

$$(3 - 10)$$

其中，$Earnings_{i,t}$ 与 $Return_{i,t}$ 的定义同公式（3 - 6）；$Neg_{i,t}$ 为哑变量，如果 $Return_{i,t}$ 为负，则等于1，否则等于0。为计算会计信息可比性的大小，假定两个被比较公司的经济业务相同（用 $Return_{i,t}$ 表示），然后，分别计算公司 i 和公司 j 的预期盈余，具体见公式（3 - 11）和公式（3 - 12）：

$$E(Earnings)_{i,i,t} = \hat{\alpha}_i + \hat{\beta}_i Return_{i,t} + \hat{c}_i Neg_{i,t} + \hat{d}_i Return_{i,t} \times Neg_{i,t}$$

$$(3 - 11)$$

$$E(Earnings)_{i,j,t} = \hat{\alpha}_j + \hat{\beta}_j Return_{i,t} + \hat{c}_j Neg_{i,t} + \hat{d}_j Return_{i,t} \times Neg_{i,t}$$

$$(3 - 12)$$

公式（3 - 11）表示在期间 t，依据公司 i 的会计系统计算的预期盈余，公式（3 - 12）表示在期间 t，依据公司 j 的会计系统计算的预期盈余。公司 i 和公司 j 的会计信息可比性的计算见公式（3 - 13）：

$$CompAcct_{i,j,t} = -\frac{1}{16} \sum_{t=15}^{t} \left| E(Earnings)_{i,i,t} - E(Earnings)_{i,j,t} \right|$$

$$(3 - 13)$$

利用公式（3 - 13），计算出公司 i 与同行业其他公司的会计信息可比性，然后将计算的可比性按照降序的方法依次排列，取该公司同行业所有公司的平均值作为公司 i 的会计信息可比性的测度值，其值越大，说明会计信息可比性越强。由于公司对好消息与坏消息（即收益与损失）的确认具有不对称性，企业会计系统对坏消息比好消息的确认更及时，所以本书采用第二种方法衡量会计信息可比性。

3.1.2.5 盈余持续性

盈余持续性是指引起企业当期盈余变化的交易或者事项，在未来能够持续多长时间。由于研究期间、研究对象及研究背景的差异，不同学者对盈余持续性的理解也存在非一致性。已有文献大多从盈余的稳定性和盈余增长性两个角度来研究盈余持续性。第一，盈余的稳定性视角。盈余的稳定性是盈余波动性的反面，指的是公司的盈余水平在一段时期之内保持平稳，不存在剧烈的波动。因此，盈余的稳定性能反映盈余的持续性，盈余的稳定性越高，盈余的持续性也就越高。比如，假设企业的盈利能力很强，但是盈余缺乏稳定性，说明盈余持续性较弱、盈余质量较低，也反映出了企业经营状况较差。第二，盈余的增长性视角。盈余的增长性是指公司盈余水平是否存在一个稳定的增长趋势。如果公司在一段时间内的盈余都呈现出稳定的增加，就说明该公司经营状况良好，有较强的盈余增长性。如果公司的盈余项目值增长率为正，就能够说明此公司的获利增长性好，而且如果正值越大，说明获利增长性越好。

盈余持续性作为度量盈余质量的重要标准，目前已有相关研究对盈余持续性的定义主要包括三种。第一种是从盈余时间序列特征的角度出发，认为盈余持续性是指企业当前盈余对企业后期收益的影响。第二种是从盈余自相关性的角度出发，认为盈余持续性是指前后期盈余之间相关性的大小。第三种是从盈余组成部分的角度出发，通过盈余不同组成部分的特征判断其持续到后期的可能性，认为盈余持续性是指当期盈余能在多大程度上持续到后期。盈余持续性具体是指企业当期已经实现的盈余变动可在未来延续的时间长短及稳定程度，盈余持续性直接影响到投资者对未来盈余预期的准确性。近年来，对盈余持续性的研究表明，会计盈余信息对于企业未来的盈利情况、业绩评价方案的制订及管理层会计政策的选择原则及后果等方面都具有重要的意义。若公司拥有持续性较高的会计盈余，则能够说明该公司具有较高的管理水平和较稳定的经营状况。已有文献对持续性的度量主要分为以下两类。

（1）通过分析财务报表中各种信息判断盈余持续性的高低

Lev 和 Thiagarajan（1993）通过对财务表中信息的研究，发现财务报表中的信息对盈余持续性存在显著的影响，与盈余持续性的其他衡量方式相比，财务报表中信息与盈余持续性之间的相关关系更为显著。Cheng 等（1996）也采用财务报表中的数据计算盈余持续性。

（2）线性一阶自回归模型

Freeman 等（1982）首创的线性一阶自回归模型估计盈余的持续性，现已成为国际上居主导地位的方法。该方法是通过统计方法计算回归系数，作为盈余持续性大小的代表。借鉴 Frankel 和 Litov（2009）用 ROA（营业利润/平均总资产）的一阶自回归模型估算盈余持续性。基本模型如下：

$$ROA_{i,t} = \beta_0 + \beta_1 ROA_{i,t-1} + Ind + Year + \varepsilon_{i,t} \qquad (3-14)$$

公式（3-14）中回归系数 β_1 代表 $t-1$ 年的 ROA 对 t 年的 ROA 预测程度的大小，若 β_1 为正，则说明本年的盈余对下一年的盈余具有预测能力，回归系数 β_1 的值越大，说明预测能力越好，该公司的盈余持续性越高。

本书盈余持续性的计算方法采用一阶自回归模型。

3.2　理论基础

3.2.1　有效市场理论

资本市场是否有效是研究资本市场上各种异象首要解决的问题，也是最基础的问题。1970 年，Fama 提出了有效市场假说，有效市场假说为现代金融学理论奠定了坚实的基础。

有效市场理论认为，信息能够快速传播，所有信息都会及时反映到股价中。因此，投资者不能利用现有信息获得超额回报，个人投资者及机构投资者都不可能根据投资组合持续获得超过市场平均水平的收益。1965 年 Fama 将"有效市场"定义为：在资本市场上，存在大量追求自身利益最大化的理性投资者，每个投资者都尽力用资本市场上的信息对股票未来的盈余进行预测，而且市场上的任何信息都是可以被投资者们零成本地获取。通常，投资者在有效市场内的相互竞争会加快信息反映到股价的速度。有效市场定义的提出具有非常重要的意义，为后期金融领域的实证研究提供了理论基础。同时，Shleifer（2000）认为资本市场的有效性存在三条假设。一是市场上的投资者绝大部分是理性投资者，他们追求利润最大化，并对股价进行合理估计。所有市场参与者都能根据市场信息的变化及时调整对股票的未来预期，并调整投资策略。二是即使存在部分非理性投资者，但在整体上交易的随机性使得非理性投资者的非理性行为表现得并不明显。假设资本市场上所有参与者中，既有理性的投资者，也有非理性的投资者。但是只要每个投资者的交易行为都是不相关的，他们的行为独立地对股票价格产生影响，那么这些非理性的投资者带来的非理性行为就会保持平衡，此时的股票价格仍然与其内在价值保持一致，资本市场是有效的。三是相互之间无法抵消的非理性投资部分也会通过理性套利者的套利行为，使得股价回归其基本价值。按照 Shleifer 的说法，市场还是由理性投资者决定的，即使资本市场上存在非理性的投资者，而且他们的非理性行为是独立的、随机的，资本市场上的理性投资者会发现市场上存在的股票价格偏离内在价值的现象，并采取行动进行套利，从而使股票价格回归基本价值。只要资本市场满足以上三个假说中的至少一个，有效资本市场假说就是成立的。但是现实的资本市场基本上不可能符合三条假设中的任何一条。而且，随着资本市场上越来越多的"异象"被发现，给有效资本市场假说带来了极大的挑战。后来，Fama 进一步根据市场有效性的强弱程度将市场分为弱式、半强式和强式有效三种形式。

第一种，弱式有效市场。在该市场中，股票的所有历史信息都能由市场价格反映出来，且投资者可以通过分析发现被低估的股票并据此获得超额回报，然而却不能通过对当前或过去的信息合理预期而获得超额回报。

在弱式有效市场中，股价中只包含了资本市场上的历史信息，投资者无论采用任何方法都不可能根据历史信息获得超额回报，因为完全披露的历史信息对目前的股价和后期的股价毫无意义，该信息已被投资者完全使用。因此，资本市场上的投资者通过对已发布历史信息的分析不能获得超额回报。

第二种，半强式有效市场。在该市场中，股票的所有公开信息都会在市场价格中反映出来，然而部分投资者还是可以从私人信息中获取超额收益。在这样的资本市场中，股票价格中不仅包含了资本市场上所有的历史信息，还包含了所有公开的与股票相关的信息。投资者无论采用任何方法都不可能依据资本市场上的历史信息和已被公开的信息获得超额回报。在半强式有效市场中，企业对其公司的财务报表和附表等信息进行公布。除此之外，政府等相关机构也会发布与股票价格相关的一些信息，但是这些信息都已经包含在股票价格中，资本市场上的投资者只能通过取得企业未公开的内幕信息来获得超额回报。

第三种，强式有效市场。在该市场中，与股票价格相关的所有信息都会在股票价格中反映出来，投资者无论采用任何方法都不可能根据任何信息获得超额回报。在这样的资本市场中，股票价格中不仅包含了资本市场上所有的历史信息和所有公开的与股票相关的信息，还包含了公司所有的内幕信息。因此，资本市场上的投资者通过所有已发布的历史信息、公开信息和内幕信息都不能获得超额回报。

由于我国资本市场不够完善，市场上存在有限理性的投资者，管理者为了自身利益择机披露公司信息等，使得市场信息无法快速、完整且充分地反映股票价值，因此我国资本市场属于弱式有效市场。在弱势有效市场中，市场信息并不是完全的，这与 1987 年 Merton 提出的投资者认知风险定义的假设前提是一致的，他认为只有在不完全信息的市场上，投资者在辨识公司信息过程中才需要付出一定的认知成本。在这种情况下，投资者会比较喜欢投资自己熟悉的股票，来获得超额收益，而不是进行市场有效组合。

3.2.2　会计信息决策有用论

决策有用性是指企业财务报告信息能够改变财务报告使用者的相关信念和行为。20 世纪七八十年代，会计学领域对于会计目标存在受托责任观和决策有用观两种不同的观点。其中，受托责任观最先出现，由于企业所有权和经营权的分离，委托方需要受托方汇报其受托责任的履行过程及结果等。然而随着时代的不断发展与进步，信息需求者对信息的需求已经不局限于管理者提供的企业经营状况信息，他们需求的会计信息还应该能够反映企业未来的发展趋势，在这样的需求下，决策有用观替代了受托责任观。一方面，决策有用观要求企业会计信息不仅有助于委托方了解受托方责任履职情况，而且有助于投资者作出合理的经济决策，所以决策有用观对会计信息有了更高层次的要求。另一方面，决策有用观要求会计信息具有相关性、可靠性、可比性和可理解性等特征，不仅能够影响企业会计方法的选择，也能够帮助信息使用者进行经营决策。作为决策有用性的重要代表者，Beaver 提出有用性的主要表现是：有助于缔约和投资决策。决策有用观中有信息观和计量观两种观点。在市场有效的前提下，会计信息会影响投资者对企业未来股利支付的预期，进而影响投资决策和股票价格。信息观以市场有效为条件，但现实的资本市场并不满足该条件，诸如股价漂移现象等市场异象普遍存在。计量观就是以公允价值为基础对会计信息进行确认和计量。因为计量观要同时研究会计信息有用性和有用程度，符合人们对会计信息相关性的需求。因而要提高会计数字的信息含量，使会计信息能够为信息需求者提供各种相关的、有价值的信息，为资本市场投资者和各利益相关者提供更有用的会计信息。根据会计信息的决策有用性，会计信息的使用者不仅要关注信息的内容，还要关注信息的真实性和可靠性。

3.2.3　信息不对称理论

在交易过程中，对商品信息了解较多的人员属于信息优势方，对商品信息了解较少的人员属于信息劣势方，信息不对称理论应运而生。最初的信息不对称出现在古典经济学中，信息的充分性和对称性是古典经济学成立的两个根本。比如，经济学家亚当·斯密在其《国富论》提出"看不见的手"的作用，如果市场上的信息满足充分性和对称性，即买卖双方得到的信息是完全的和一致的，在这样的条件下作出的决策是正确的，资源的配置是有效的。但是，现实的市场并非如此，市场上的信息并不是充分的和对称的，不能满足古典经济学成立的两个根本。而且，随着古典经济学的不断发展，逐渐趋于成熟，越来越多的学者对其假设产生质疑。

信息不对称理论指出在进行商品交易的过程中，如果两方对商品信息了解程度不一致，在此条件下进行的买卖交易就不具有公平性，信息优势方可能会从中获利。由于所处位置的差异，资本市场上的参与者获得的信息并不一致，处理信息的能力各有不同。公司管理层直接参与公司日常经营管理，掌握与企业相关的全部信息，而外部投资者处于信息劣势地位，获得的信息是不充分的，信息不对称会引发代理冲突。资本市场中各利益主体是不同的，他们搜寻信息的目的和对信息的处理能力都存在差异，所以他们所获取的信息种类和数量也会不同，因而对不同的市场参与者而言就会存在信息不对称，这是不可避免的。由于公司委托人并不直接参与公司日常管理，因此其无法获得有关公司的所有信息，但公司代理人参与公司日常经营管理，他们了解企业经营的所有信息。因此，基于对自身利益最大化的需求，企业管理者可能会基于自身的信息优势地位，牟取私利，从而损害了信息劣势方的各种利益，由此产生了利益冲突，而企业所有者与经营者之间的冲突是最基本的利益冲突。这种利益冲突为企业管理者谋取私利提供了可能性。

在现实的市场上，这种信息不对称现象随处可见，而且还会带来一连串不良后果，如"逆向选择"和"道德风险"。

第一种：企业和外部各利益相关者之间的信息不对称——"逆向选择"。

对于企业来讲，管理层和外部利益相关者所处的地位并不一样。因此，两者所掌握的公司相关信息差异很大，带来了严重的信息不对称现象。企业外部利益相关者所获的信息是公司对外披露的信息，他们对公司未对外披露的相关信息并不了解。即使企业及时并全面地对企业信息进行了披露，仍然存在部分利益相关者无法完全了解公司经营现状，从而产生"信息理解障碍"。因此，信息不对称现象是普遍存在的。相对于外部利益相关者，企业处于信息优势地位，这种信息不对称带来了资本市场上的"逆向选择"问题。上市公司与外界的信息不对称，为其通过寻租损害利益相关者利益，谋取非生产性利益提供了可能性。企业管理者可能会基于自身的信息优势地位，谋取利益，从而造成投资者利益的损失。比如，通过对企业盈余信息的操纵，为投资者提供透明度较低的会计信息，导致投资者作出不合理的投资决策。

第二种：企业所有者与管理者之间的信息不对称——"道德风险"。

企业所有权与经营权的相互分立，是企业所有者与管理者之间信息不对称产生的主要原因，企业所有者与管理者为监督者与经营者的关系。管理层为公司的日常经营者，掌握着公司各项日常经营活动的真实运营情况，清楚了解与企业相关的各种信息即企业未来发展情况，因此相对于企业的所有者，管理层处于信息优势地位，这种信息优势为其追求自身利益最大化的私利行为提供了可能性，因此带来了"道德风险"问题。同时所有权的分离导致企业所有者不可能完全了解到管理者的努力程度和工作效率，这也为管理者偷懒或将公司不良状况的产生归结为一些不可控因素提供了可能。显然，"道德风险"可能会严重影响到投资者和整个市场经济的有效运行。

因此，信息不对称可能会严重影响资本市场的正常运行，带来定价效率的低下。一方面，资本市场上的投资者不参与企业的日常经营活动，为信息获取的不利方，他们通常是通过资本市场获取信息，如果企业发布的信息透明度较低，那么投资者依据该类信息做出的投资决策就更大地偏离了最优投资决策，给投资者带来了损失。另一方面，如果投资者对企业管理者并不信任，那么为了降低投资失败可能带来的损失，他们可能会对企业提出更高的资本回报，导致公司付出更高的融资费用。

3.2.4 投资者有限理性

传统金融学假设资本市场上的投资者是完全理性的。从不同的方面来讲，该假设中的"理性"具有两层含义：一是投资者作出的投资决策是完全理性的，投资者追求的是既定条件下获得最大的自身利益，根据其所掌握的与股票价值相关的所有信息，理性的投资者能够对市场准确估计，作出正确的投资决策；二是即使投资者不是完全理性的，但这种非完全理性行为是随机的，市场上存在套利者来降低市场的波动。所以有效市场成立的重要条件之一就是市场上投资者的行为是理性的，因为股票价格是否能够正确反映其内在价值与理性的投资决策息息相关，理性的投资者通常能够达到对事物深层次的认识，从而作正确的投资决策。

"理性经济人"是由经济学家 Vilfredo Pareto 提出来的。"理性经济人"具有以下四个方面的特征。

第一，"经济人"都是完全功利化的人，其追求的目标就是获得最大的个人利益。亚当·斯密在其《国富论》中描述"经济人"含义时指出："所有人都在尽力使用其所拥有的资本，使得其资本效用发挥到最大，为其创造最大的价值。通常情况下，他们并不关心其行为是否能够为整个社会带来福利，也并不关心能够为社会带来多大的福利，他们是以个人的意愿和利益作为追求的目标。"

第二，"经济人"做出的行为都是理性的，他们拥有丰富的知识储备和较强的分析能力。由于"经济人"不仅拥有完全的信息，而且能够根据信息作出理性的决策行为。他们根据实际情况，清楚知道自己目前有哪些选择，也清楚了解可供选择的策略可能带来的后果，并能根据某些评判标准从中甄别出最优的投资决策；同时在理性制定和作出决策的整个过程中，不考虑时间成本和其他成本，即交易成本为零。

第三，"经济人"行为的目的是追求物质利益最大化。商品消费者追求的是产品效用的最大化，商品生产者追求的生产商品带来利润的最大化，生产要素提供者追求的是提供劳动等生产要素带来收入的最大化。

第四，虽然"经济人"追求的是自身利益的最大化，但是只要有良好的制度保证和合理的制度安排，个人在实施追求自身利益最大化的同时，会有效地增进整个社会的公共利益。

根据传统金融理论的有效市场假说，市场上的投资者具有完全理性，目的都是追求最大化的个人利益，他们具有相同的分析和处理信息的能力，对相同的信息具有相同的解释，市场信息的获得成本为零，即所有信息的获取均不耗费成本，所有信息都是公开的，资本市场参与者能在同一时刻获得相同的信息。新信息对股价的影响是快速且及时的，市场竞争驱使股价迅速充分反映新信息。因此，在这样的假说下，资本市场上所有投资者是不可能通过对新信息的利用获取超额收益的，所有投资者都只能得到市场平均收益。依据传统金融理论，有效资本市场不应该存在"异象"，因为一旦市场上出现与股价相关的任何信息，该消息都会立刻被投资者接收，他们对公司股票价值作出合理地判断并快速地采取行动，使得信息迅速反映到股价中，市场上只会存在短时间的套利机会，没有人能够据此获得高于市场平均的超额利润。但是，大量的实证检验结果表明，在现实资本市场上各种"异象"普遍存在。随着行为金融理论的兴起和研究的不断深入，投资者是完全理性的观点受到了越来越多的质疑。

"理性经济人"对信息的要求是信息传递的及时性和完全性，对投资者的要求是资本市场上所有投资者具有相同的信息处理能力。但是普通的投资者大都不能满足上述条件，对事物认知过程中存在明显的认知偏差。1955 年 Simon 提出了"有限理性"的概念。行为金融理论进一步将 Simon 的有限理性拓展为广义的有限理性，认为投资者的有限理性主要表现在以下几个方面：第一，投资者具有有限的信息处理能力，即 Simon 的有限理性；第二，为节约信息收集成本，人们作出决策时往往依赖直觉；第三，由于有限的信息处理能力和依赖直觉的决策以及一些其他因素的影响，人们在认识事物的过程中不可避免地会出现认知偏差。投资者有限理性被提出之后，大量学者研究了投资者有限理性表现出的各种心理和行为特征。由于有限理性的存在，市场上的投资者对与股价相关的信息存在有限的认知，投资者从接收信息到作出投资决策的过程中会受到各种有限理性特征的影响，从而可能会出现系统性的认知偏差，比如，会受到注意力有限性、认知能力有限性和异质信念的干扰。所以，投资者在投资决策过程中表现出三种有限理性的典型特征：投资者有限关注、投资者认知不足和投资者意见分歧。投资者的有限理性特征使得其在决策过程中不能选择最优的投资决策，无法达到预期的理想效果和效用最大化。

3.3　会计信息质量对盈余公告后股价漂移的影响分析

盈余公告后股价漂移的产生是一系列主客观因素共同作用的结果。已有研究发现资本市场上不仅存在信息不对称现象，资本市场上的投资者也是非完全理性的，他们能够带来股价漂移现象的产生。

过去的研究发现股价漂移现象总是和未预期盈余联系在一起，股价漂移会随着未预期盈余的出现而出现，股价漂移现象始于未预期盈余。在企业公布盈余信息之前，投资者根据其所掌握的信息对企业有一个预期盈余，盈余公告的盈余与投资者预期盈余的差即为投资者未预期盈余，显然该值的大小很大程度上取决于投资者对企业未来盈余预测的准确性，而投资者对盈余预测的准确性取决于其掌握的会计信息质量的高低。在会计信息质量较低的情况下，投资者不能准确预测企业盈余的未来发展情况，预期盈余和真实盈余之间的差距变大，股价漂移现象越严重。会计信息质量对股价漂移的影响通过两条路径：第一，会计信息质量通过影响未预期盈余直接对股价漂移产生影响；第二，会计信息质量通过影响投资者有限理性带来未预期盈余的变动，间接影响股价漂移。具体影响路径如图 3-2 所示。

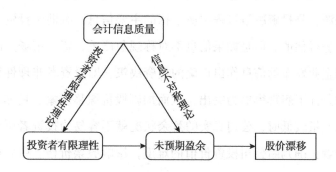

图 3-2　会计信息质量与盈余公告后股价漂移

从行为金融理论出发研究其对投资者决策行为的影响，通常都是通过心理学的一些观点作为理论支撑。通过对资本市场上投资者表现出的各种偏差进行分析，以期发现在不同的市场环境下，不同投资者的投资决策行为有何差异，通过对这些异同的分析，建立一种正确的模型来反映市场上投资者的实际决策行为。学者们主要从以下几个方面对行为金融理论进行描述：一是行为金融理论利用了市场投资者的偏好、认知与信念，将社会心理学、经典经济学的研究成果同金融学等学科融合在一起，为金融市场中所面临的各种问题提供合理的解释；二是基于传统金融理论，市场出现了一些无法解释的"异象"，行为金融理论是为了更好地对金融市场中真实存在的一些现象进行解释；三是行为金融理论通过对市场投资者在决策过程中各种心理特征的研究，解释了投资者作出有偏投资决策的成因。

基于主观因素，资本市场上的投资者存在各种有限理性的心理偏差，而且投资者从接收信息到处理信息的过程中，都会受不同种心理偏差的影响。而已有对股价漂移现象的研究，学者们多从行为金融理论的角度进行解释，认为投资者有限理性是股价漂移产生的主观原因。

基于客观因素，资本市场上的信息不对称不仅能够加剧投资者的非理性行为，也能够显著影响资本市场定价效率。在进行投资决策之前，投资者会先对收集的所有信息进行分析和处理，而会计信息是资本市场上重要的信息来源，是投资决策过程中所依据的主要信息，有助于投资者更准确地对资产进行估值。但是如果信息不对称现象严重，资本市场上的投资者难以根据企业发布的信息作出正确的投资决策，即投资者非理性行为在信息不对称条件下表现得更为突出，从而加剧股价漂移现象。具体而言，在会计信息质量较低时，公司真实的盈余状况就不容易为投资者所获知，增加了投资者正确判断公司投资价值的难度，影响股票价格。由此可见，会计信息质量的提高能够有效缓解由于投资者有限理性带来的股价漂移现象，从而实现整个社会资源的优化配置。

已有研究认为投资者有限理性的存在是股价漂移产生的主观因素，而投资者有限理性产生的客观因素是信息不对称，信息不对称也是股价漂移产生的必要条件。投资者对会计信息的处理过程决定了投资者的投资决策行为。投资者依据会计信息做出投资决策的过程需要经过信息输入、信息加工和信息决策三个阶段，信息输入阶段的心理偏差表现为投资者有限关注，信息加工阶段的心理偏差表现为投资者有限认知，信息决策阶段的心理偏差表现为投资者意见分歧。由于受到此三个阶段心理偏差的影响，直接导致了资本市场上股价漂移"异象"的存在。

3.4　本章小结

在已有研究的基础上，首先，对盈余公告后股价漂移的存在及影响因素进行介绍，对会计信息质量作出概念界定。其次，介绍了有效市场理论、会计信息决策有用论、投资者有限理性理论和信息不对称理论。最后，进行了会计信息质量对盈余公告后股价漂移影响的理论分析。行为金融理论认为，资本市场上不存在完全理性的投资者，在投资决策过程中，存在各种有限理性的心理偏差，包括投资者有限注意力、投资者有限认知和投资者意见分歧等，投资者各种行为偏差最终带来了股价漂移现象；信息不对称理论认为，在现实的资本市场上，由于信息的不完全性，导致有限理性的投资者所作出的投资决策并不能及时有效地反映资本市场上的所有信息，股价也不能反映其真实价值。而由于资本市场的非完全有效性，并不存在绝对的完全信息的市场状态，信息不对称现象广泛存在。而信息不对称很大程度上取决于会计信息质量的高低，会计信息质量较低的情况下，信息不对称程度较高，投资者据此作出的投资决策就会面临较高的投资失败风险。

在我国现实的资本市场上，广泛存在投资者有限理性与信息不对称现象，而且两者并不是完全独立的，它们的共同作用导致资本市场定价效率低下。高质量的会计信息不仅能够为投资者提供更多有用的信息，有助于投资者对管理层的监督，减少管理者的机会主义行为，降低公司内外部之间的信息不对称程度，而且能够降低投资者投资过程中的各种心理偏差，有效缓解由于投资者有限理性的心理偏差带来的股价漂移现象。

第4章 盈余公告后股价漂移的理论分析模型

资本市场上，除了公司公布的盈余信息之外，还存在很多潜在的不易被观测的各种信息，这些信息流共同决定了资产的交易量，带来资产价格的波动。在股票交易活动中，信息的传播速度和资本市场的有效程度息息相关。基于信息的传播过程，无论是私人消息还是经正式披露的公开信息，投资者获取信息的过程都是渐进的，由于不同信息发布的时间不同，传播速度也存在差异，而且不同投资者获取信息的渠道也不完全一致。因此，证券市场上的信息存在一个逐渐被认知的过程，不同的投资者在同一时间可能只能获得信息的不同部分，投资者之间的信息是不对称的。本章基于理论模型的视角，介绍了会计信息质量、投资者有限理性与股价漂移的相关基础理论及模型，从投资者心理和行为的角度，初步分析会计信息对投资者有限理性和股价漂移的影响，并进一步考虑公司盈余信息质量和投资者认知度等因素在盈余公告后股价漂移"异象"期间的作用，试图构建一个更全面的理论分析模型，对盈余公告后股价漂移的内在机理进行深入分析。

4.1 盈余公告后股价漂移的理论模型

对证券市场的研究一直是值得关注的热点问题，学者们经过大量地研究发现资本市场上的投资者对股价存在两种现象：反应过度和反应不足。
短期内，股票价格对信息的吸收缓慢，表现为反应不足；长期内，股票价
格对信息完全吸收之后，还会在原来的发展趋势上继续增加或下降，即存
在反应过度的现象，但随着时间的推移，股票价格最终会回归均值。为什
么投资者会对信息存在反应不足和反应过度的现象呢？学者们对此开展了
大量的研究。部分学者从投资者存在的各种心理偏差角度对此进行解释，
他们认为投资者对资本市场上信息的反应会受到各种心理偏差的影响，投
资者对盈余信息的保守性心理偏差带来了其对信息的反应不足，投资者对
信息的过度自信和代表性启发式偏差带来了其对信息的反应过度。

　　BSV 模型是对投资者过度反应行为的解释，DHS 模型是对投资者反应
不足行为的解释，随着以两类行为模型为基础对投资者行为研究的不断增
多，行为金融理论也得到了快速的发展。还有部分非传统金融学者认为股
价漂移是企业发布的信息对投资者投资行为的影响带来的。从某种意义上
来看，盈余公告后股价漂移异象是投资者对于股价的意见分歧带来的。因
为投资者获取信息的过程是渐进式的，该信息获取过程中的意见分歧导致
了投资者之间有差异的交易行为，带来了盈余公告后的股价漂移现象。
Hong 和 Stein（1999）的 DHS 模型为描述这一股价漂移现象的驱动机理提
供了解释。

4.1.1　BSV 模型

　　该模型建立在投资者保守主义和代表性启发式偏差的心理学基础之
上，如果企业的收益变动是偶发性的，并不经常发生，投资者对这样的收
益变动存在反应不足的现象，而如果企业的收益是连续一个方向变动的
（比如，连续几期增加或连续几期下降），投资者对这样的收益变动存在反
应过度的现象。具体来说，企业存在的偶尔一次的收益变动不会对具有保
守性心理偏差的投资者带来显著的影响，即存在反应不足的现象；具有启

发式偏差的投资者则认为股票的收益与股价变动的方向是一致的，应当根据收益的变动及时作出投资策略的调整，导致投资者对于市场收益变化的反应过度，即存在反应过度的现象。

4.1.1.1 BSV 模型依赖的心理学基础

（1）保守性偏差

BSV 模型以保守性偏差作为心理学基础，是因为资本市场上投资者对股票的反应不足行为可以通过保守性偏差进行解释。Edwards（1968）研究发现，在特定情形下，投资者对新发布的信息或收集的信息并不会及时地作出反应，表现为反应不足，因为新信息刚发布的时候他们并不能确定数据的可持续性，数据有可能是一时的，此时投资者存在的保守性心理偏差就会导致其对信息的反应不足现象。投资者的保守主义偏差可能导致其并不会关注公司发布的收益报告的完整信息，因为他们认为收益报告中的收益信息可能是由很多暂时性因素引起的，因此他们可能会更加相信自己对公司收益的估计，而不会根据公告的盈余信息作出及时且充分的反应，保守主义对反应不足有一定的解释力。

（2）代表性启发式偏差

BSV 模型以代表性启发式偏差作为心理学基础，是因为资本市场上的投资者对股票价格过度反应行为可以通过代表性启发式偏差进行解释。Tversky 和 Kahneman（1974）研究发现，对于随机变动的股价，具有代表性启发式偏差的投资者倾向于寻找股票价格变动的某种趋势，并基于这种趋势对股票未来的发展作出预测并进行投资，最终导致其过度反应的行为。

4.1.1.2 BSV 模型

在 BSV 模型中，投资者并没有意识到收益的变动是没有规律可循的这一关键问题，他们认为收益的变动可能存在两种方式。第一种可能性是收益是均值回归的，第二种可能性是收益具有某种同方向变动的趋势，收益的这两种变动方式分别对应了两个不同的模型。在模型1中，下一时期的收益变化可能跟当期的收益变动是相反的，即如果当期的收益变动是正的，那么下个时期的收益变动可能是负的；反之，即如果当期的收益变动是负的，那么下个时期的收益变动可能是正的。在模型2中，下一时期的收益变化可能跟当期的收益变动是相同的，即如果当期的收益变动是正的，那么下个时期的收益变动可能是正的，反之，即如果当期的收益变动是负的，那么下个时期的收益变动可能是负的。该模型假设 t 时期的收益 N_t 为 $t-1$ 期的收益 N_{t-1} 加上 t 期的收益变动 y_t（取值可能为 $+y$ 或 $-y$），即 $N_t = N_{t-1} + y_t$。投资者认为 t 期收益的变动 y_t 的值依赖模型1或模型2。模型1或模型2的转换模型如表4-1所示。

表4-1　　　　　　　　　　　　转移矩阵

模型1（均值回归）	$y_{t+1} = y$	$y_{t+1} = -y$	模型2（趋势）	$y_{t+1} = y$	$y_{t+1} = -y$
$y_t = y$	π_L	$1 - \pi_L$	$y_t = y$	π_H	$1 - \pi_H$
$y_t = -y$	$1 - \pi_L$	π_L	$y_t = -y$	$1 - \pi_H$	π_H

两个转移模型的关键区别是 π_L 小，π_H 大，π_L 在0到0.5之间，π_H 在0.5到1之间。即基于模型1，如果 t 时期的收益变化是正的，那么 $t+1$ 时期也存在正的收益变化的可能性很小，更可能出现负的收益变化，反之，如果 t 时期的收益变化是负的，那么 $t+1$ 时期也存在负的收益变化的可能性很小，更可能出现正的收益变化；而基于模型1，如果 t 时期的收益变化是正的，那么 $t+1$ 时期存在负的收益变化的可能性很小，更可能出现正的收益变化，反之，如果 t 时期的收益变化是负的，那么 $t+1$ 时期存在正的收益变化的可能性很小，更可能出现负的收益变化。投资者相信他们清楚地知道参数 π_L 和 π_H 的大小。参数 λ_1 表示股票收益的变动模式从模型1变成模型2的概率；参数 λ_2 表示股票收益的变动模式从模型2变成模型

1 的概率。

学者们对两个模型中用到的参数 π_L、π_H、λ_1 和 λ_2 进行了取值检验，以选取合理的取值范围，使得他们同时满足投资者对信息的反应过度和反应不足两种情况。从 $\lambda_1 = 0.1$、$\lambda_2 = 0.3$ 开始，将 λ 的取值控制在较小的范围内，以保证股票收益变动从一个模型转换到另一个模型并不会经常出现，$\lambda_1 > \lambda_2$ 表示资本市场上收益变动的方式符合模型 1 的情况较多。如果参数 π_L 和 π_H 同时取较大值或较小值时，也不能同时满足反应过度和反应不足两种情况。

4.1.2 DHS 模型

DHS 模型是建立在投资者存在过度自信心理偏差和自我归因心理偏差的基础之上。过度自信心理偏差是指，如果投资者依据私人关系获得了部分私有信息，他们就会过度相信私有信息的真实性，而对资本市场上公开发布的信息信任不足，从而导致对公开信息反应不足的现象；自我归因心理偏差是指股票市场上的投资者往往将好的结果归因于自己的能力，因此好的结果会强化投资者的过度自信心理，导致投资者不会根据市场新发布的盈余信息调整投资策略，或者调整的过程比较缓慢。

4.1.2.1 DHS 模型依赖的心理学基础

（1）过度自信偏差

DHS 模型之所以以投资者的过度自信偏差作为心理学基础，是因为投资者对资本市场上的信息存在的反应过度和反应不足现象均可由该心理偏差进行解释。假设资本市场上投资者进行的股票交易是基于其获得的私人信息，而且在进行股票买卖之后，在市场上得到和他私人信息一致的公开信息时，投资者就会更加坚信其所获得的信息来源是可靠的，表现为自信心的不断增强；如果投资者依据私人信息进行股票买卖之后，在市场上得

到和他私人信息相反的公开信息，投资者的自信心也不会减少，他并不会
认为错误的投资是自身的问题，而是归咎于不可控的外界因素。过度自信
导致盈余信息发布之后的短期内，投资者对信息的反应不足现象和盈余信
息发布之后的长期内，投资者对信息的反应过度现象。

（2）自我归因偏差

DHS 模型以投资者的自我归因偏差作为心理学基础，是因为投资者对
信息的反应过度和反应不足现象可以由自我归因偏差进行解释。自我归因
偏差是指投资者对自身的能力有过高的估计，如果事件带来了正面的反
馈，投资者就会将其归结于自身的能力；相反，如果事件带来了负面的反
馈，投资者就会将其归因于外部不可控的因素，不会认为是自己的预测出
现误差。例如，当市场公开信息印证了投资者投资决策的正确性时，投资
者就会将其归结为自身预测能力强；当市场公开信息印证了投资者投资决
策的错误性时，投资者就会将其归结为外界因素的影响，并不是自己的能
力不足。如果刚开始投资者对其自身能力存在正确的认识，而资本市场上
的公开信息印证了投资者投资行为的正确性，可能会带来投资者的过度反
应。投资者这样的过度反应导致证券价格动量，但是随着信息不断进入市
场，股票价格终将回归到基本价值，带来股票价格的反转。

4.1.2.2　DHS 模型

DHS 模型说明，投资者过于相信自己掌握的私有信息，对该类信息存
在反应过度现象；而对资本市场上公开发布的信息信任不足，对该类信息
存在反应不足现象。而且，如果投资者获得的私人信息是一个利好信息，
那么在过度自信心理的驱使下，投资者就会展开买入股票的行为，从而导
致股票价格向上偏离其内在价值；如果投资者获得的私人信息为坏信息，
投资者的过度自信将驱使其大量卖出股票，导致股票价格过度向下偏离其
内在价值。如果盈余信息在资本市场上公开发布时，证实了投资者获得的

私人信息的真实性，过度自信投资者会进一步采取行动，带来过度反应。而且当信息公布后，如果股价出现了高估或低估，投资者都会对其进行调整，使得股价回归内在价值。但是这个价格回归均值的过程比前期的过度反应过程要漫长得多。

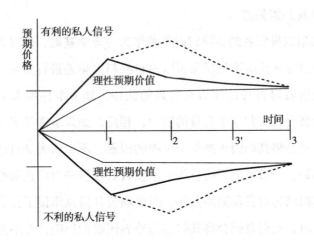

图 4 - 1　过度自信投资者决定的价格函数

（1）自信不变时的预期价格走势

图 4 - 1 为股价回归内在价值的过程（基于 DHS 模型）。图中粗实线表示存在过度自信心理偏差的投资者对股票价格的预期，细实线则表示完全理性的投资者决定的股票价格未来走势。在时间点 1，存在过度自信心理偏差的投资者通过私人渠道得到了一个信息，而过度自信的心理偏差驱使其对这个信息产生过度反应，进而导致股票价格偏离其内在价值。在时间 2 的时间点上，投资者获得了有噪声的公开信息，偏离正常价格的部分被慢慢修正。在时间点 3，投资者获取了确定的公开信息，随后股票价格回归正常的价格水平。时间 1 之前，粗实线对应的部分表现为投资者对其获得的私人信息"过度反应阶段"，时间 1 之后的部分表现为投资者对股票价格的"修正阶段"，图中可以看出对股价修正的过程要远大于过度反应的过程。

（2）自信依赖行为结果时的预期价格走势

以上对股票价格未来发展趋势分析的前提条件是过度自信的投资者自信水平固定。而实际上，投资者的自信水平是不断变化的，其自身某些行为带来的结果可以影响自信水平的高低。如果在模型中将投资者的自我归因偏差考虑进去，股价的走势就是图 4 - 1 中的虚线部分。如前所述，由于投资者的自我归因心理偏差，如果市场上的公开信息验证了私人信息的真实性，就会进一步提高投资者的信心，强化过度反应。所以在时间 1，当投资者在资本市场上获得了有噪声的公开信息时，由于投资者自我归因偏差的影响，导致股票价格不但没有回归均值，反而更进一步偏离了其内在价值，直到后期获得了确定的公开信息，股票价格才缓慢回归到内在价值。

4.1.3 基于渐进信息的意见分歧模型

4.1.3.1 意见分歧模型形成渠道

传统的资产定价理论有两个前提条件，一是市场上所有投资者都可零成本且同时获得所有信息；二是所有投资者处理信息的方式（先验信念）完全一致。而在现实资本市场上，这两个前提条件不可能满足。Hong 和 Stein（2007）从这两个前提条件出发，归纳出投资者对信息产生意见分歧的三个原因：信息的渐进传播、投资者对信息的有限注意以及投资者的先验异质信念。

（1）渐进信息流

Hong 和 Stein（1999）的研究中发现资本市场上投资者获取的信息是缓慢传播的，信息并不会同时被所有的投资者所接收，它被接收的速度和程度会受到各种因素的影响，导致部分投资者提前获得了企业盈余等相关信息。如果投资者获得的信息是"好消息"，并且依据信息推测未来股票价格会上涨，就会调高他们对股票的估值，而没获得信息的投资者不会对股价的预期作出调整。这种情况将会使两类投资者对股价的预期不一致，最终导致两类投资者之间的股票交易行为。如果投资者获得的信息是"坏消息"，并且依据信息推测未来股票价格会下降，就会调低他们对股票的估值，将股票卖给没有获得信息的投资者，同样带来股票的交易行为。Hou 在 2007 年有关领先—滞后效应的经验研究也为投资者获取信息过程的缓慢性提供了经验证据。

（2）投资者有限注意

2006 年学者 Peng 和 Xiong 提出了投资者的有限注意，认为资本市场上所有公开的信息中，投资者只能关注到其中的部分信息，而且不同投资者关注到的信息集并不完全一样。如果市场上的投资者关注到了公开信息中的不同部分，他们对股价未来的预期也会不一致。投资者有限注意理论认为，信息的传播渠道能够显著影响到投资者的注意力，对于同样的信息，披露方式不同就会带来投资者不同的反应程度，那些通过更加"吸引眼球"的方式传递的信息会引起更大的股价变动和交易量反应。

（3）投资者先验异质信念

先验异质信念认为，即使所有投资者面对的信息完全一致，那么他们对信息可能带来的未来股价变动也会产生分歧。Harris 和 Raviv（1993）指出投资者对股价变动产生分歧，是因为不同投资者运用不同的模型对其获得的信息进行分析和处理。假设某公司披露公司的每股收益增长了 10%，对于没有预期公司每股收益增长的投资者来说，这一信息是"好消息"（如果他们认为此收益增长会持续下去，那么他们会将股票价值的估值提高 10%，而如果他们认为此收益是暂时的，并不会长久持续，那么他们对股票价值的估值可能不会变或者提高幅度小于 10%）。对于预期公司收益增长 20% 的投资者来说，这一信息是"坏消息"，他们对公司股票价值的评估会调低。由此可见，不同类型投资者对相同信息的信念调整也存在差异。

以上三种意见分歧形成渠道都是以投资者有限理性为假设条件的，他们在投资过程中，要么没有意识到自己所处的信息劣势地位，要么存在过度自信心理偏差，过于相信自己所掌握的私人信息。本书中所指的意见分歧模型属狭义的异质信念模型，在此模型中，假设投资者是有限理性的，他们只能获得所有信息中的部分信息。

4.1.3.2 意见分歧模型

为了更深刻地反映盈余公告后股价漂移现象的影响因素，本章首先对意见分歧模型进行介绍，在该模型中，Hong 和 Stein 将投资者分为两种，第一类投资者为只依靠企业发布信息中的财务信息去投资的信息观察者，第二类投资者为只依靠前期股票价格的变动去买卖股票的动量交易者。因为交易所依据的信息不同，带来了两类投资者的意见分歧。

在建立模型的第一步，Hong 和 Stein（1999）假设资本市场上只存在信息观察者，在时刻 j，企业在资本市场上发布了盈余信息，信息观察者通常会按照企业发布的盈余信息进行股票的买卖行为，为了方便模型的建立，假定投资者只关注与股票红利相关的财务信息，用字母 D 进行表示。假设企业会在时刻 T 为投资者发放股票红利，市场上的信息观察者会依据企业发布的盈余信息，对股票未来红利的价值进行估计并进行股票交易。对资本市场上的信息观察者，股票未来红利 D_T 由公式（4-1）决定：

$$D_T = D_0 + \sum_{j=0}^{T} \varepsilon_j \qquad (4-1)$$

公式（4-1）中，D_0 表示投资者已知的股票红利的价值，而 ε_j 则表示在 j 时刻，资本市场上发布的盈余信息中有关红利的财务信息，它是一个独立的随机变量，ε_j 服从期望值为 0、方差为 σ^2 的正态分布。随着资本市场上信息的逐渐传播，投资者对股票红利的估值已知的部分越来越多，可以将公式（4-1）表示为：

$$D_T = D_{t-1} + \sum_{j=t}^{T} \varepsilon_j \qquad (4-2)$$

公式（4-2）中，D_{t-1} 是所有已知的信息，将公式（4-2）稍加修改就可以得到：

$$D_t = D_{t-1} + \varepsilon_j \qquad (4-3)$$

从公式（4-3）可以看出，相对于时刻 t 的前一期来讲，时刻 t 投资者对股票未来红利的估值变动只能由新增的信息来反映。此外，当投资者在资本市场上获取的新信息为"好消息"时，投资者对股票未来红利的预测值会增高，当投资者在资本市场上获取的新信息为"坏消息"时，投资者对股票未来红利的预测值会降低。

为了更好地反映出信息在资本市场上的渐进传播过程，在 Hong 和 Stein（1999）的研究中，其将市场上所有的信息观察者分为 z 个相互独立的部分，同时将每个时刻市场上发布的信息也分为 z 相互独立的部分，而且每个部分都具有相同的方差 σ^2/z，那么 $\varepsilon_j = \varepsilon_j^1 + \varepsilon_j^2 + \cdots + \varepsilon_j^z$。在这样的假设条件下，$t$ 时刻资本市场上的新信息 ε_{t+z-1} 被分成了 z 个相互独立部分并在 z 个相互独立的投资者群体内进行传播，而在时刻 t，新信息 ε_{t+z-1} 的各部分分别被 z 个相互独立的投资者群体中的一个群体观察到。而随着信息的渐进流动，到了时刻 $t+1$，新信息的每个相互独立的部分都会被 $2/z$ 的投资者群体获取。这个信息流动的过程一直持续到时刻 $t+z-1$，信息观察者的 z 个独立的群体都获取完整的信息。因此，该模型能够说明，即使信息的传播需要经过一个缓慢的过程，但最终所有的投资者都会获得完整并相同的信息。此时，投资者对股票红利估值的变化可以用公式（4-4）表示：

$$D_t = D_{t-1} + \{(z-1)\varepsilon_{t+1} + (z-2)\varepsilon_{t+2} + \cdots + \varepsilon_{t+z-1}\}/z \quad (4-4)$$

在时刻 t，信息流只进行到 $1/z$ 阶段，信息观察者只观测到部分新信息，并据此对红利估值，随着信息的不断流动，信息观察者用于红利估值的信息越来越多，一直到时刻 $t+z-1$，红利的估值中才包含了完整的新信息。

如果信息观察者对股票的需求是由他们对红利的估值决定的，那么，只要确定了资本市场上股票的供应量，就能够得到股票的价格模型。在信息逐渐被信息观察者获取的过程中，假设他们具有固定不变的效用函数，完全一致的风险厌恶参数，资本市场上的股票供应量为 Q。在每个时刻 t，信息观察者都会依据资本市场上的新信息对股票进行交易，并持有到分红日 T。而且信息观察者对股票未来红利 D_T 的估计只根据当时发布的盈余信息。那么，基于这些前提假设，t 时刻的股票价格可以表示为公式 (4-5)：

$$P_t = D_t - \theta Q$$
$$= D_{t-1} + \{(z-1)\varepsilon_{t+1} + (z-2)\varepsilon_{t+2} + \cdots +$$
$$\varepsilon_{t+z-1}\}/z - \theta Q \qquad (4-5)$$

其中，θ 是信息观察者风险厌恶的函数，将该指标标准化处理，取值为 1。

在这个基于信息渐进流动的定价模型中，资本市场上信息的传播速度或者信息渐进流动的速度可以用参数 z 表示，z 值越大代表信息渐进流动的过程越长，传播速度越慢。因此，资本市场上的投资者根据信息进行交易的行为越迟缓，股价回归内在价值的时间就越长，股票定价公式 (4-5) 从信息传播速度的角度对股价漂移产生的原因进行了初步解释。但是，由于信息观察者只关注财务信息，对股价变化并不敏感，因此在信息传播完成之后，信息观察者并不会对股价变动产生任何影响，因此为了更好地解释在信息传递完成之后的股价变动情况，在模型中应该加入其他类型的投资者。

接下来，Hong 和 Stein（1999）在建模的第二阶段引入了另一种类型的交易群体（动量交易者）。

动量投资者只依靠股票价格的变动进行交易。这样一来，即使是同一个信息流动过程，因为股票交易依赖的信息方式不同，信息观察者与动量交易者也会产生意见分歧。动量交易者与信息观察者有相同的效用函数。假设在每个时刻 t，根据股票价格的变动情况，都会有动量交易者进入市场，实施股票买入行为。动量交易者与信息观察者进行交易一般采用市价委托的方式。

在 t 时刻，资本市场上的动量交易者对未来股价变动都有一个预期，即 $(P_{t+j} - P_t)$，并根据 $(P_{t+j} - P_t)$ 的大小来决定自己的股票交易行为。而动量交易者是根据股票历史价格的变动对股票未来的股价进行预测，即动量交易者对未来的股价变动预测只需要一个变量：过去 k 期的连续股价变化 $(P_{t-1} - P_{t-k-1})$，这里的 k 只代表期限长短，它的大小并不重要，可以设 $k = 1$，那么 $(P_{t-1} - P_{t-2}) = \Delta P_{t-1}$，就是 t 时刻预测的未来股价的变动量。同样地，为了研究的方便，本书假设 $k = 1$，即动量交易者只会根据前期股价变动预测后期的股价变动，那么，t 时刻进入市场的这批动量交易者，在 t 时刻的委托量 F_t 可以表示为公式（4-6）：

$$F_t = A + \varphi \Delta P_{t-1} \qquad (4-6)$$

其中，A 为常数，φ 衡量动量交易者当期股票买入量受前期股票价格变动的影响程度。在公式（4-6）中，所有的动量投资者的 φ 值是一样的。

依据动量交易者的交易特性可以得出 φ 为大于 0 的数，也即前期股票价格变动 $P_{t+j} - P_t$ 的值越大，动量交易者交易积极性越高，当期的买入委托量 F_t 的值就越大。此外，Hong 和 Stein（1999）指出 φ 的值小于 1，φ 反映了前期股价变化对未来股价变化预期的影响。φ 值越大，说明信息观察者与动量交易者对股价未来变动的分歧越大。

市场上信息观察者并不会根据股票价格变动调整未来股价预期，他们认为动量交易者带来的新增买入量并没有任何信息含量，但是在资本市场上股票供应量固定的情况下，动量交易者对股票的买入减少了可供信息观察者购买的股票数量。假定在 t 时刻，资本市场有 j 批动量交易者依据股票

价格的变动情况进入市场并实施了股票的买入行为，导致信息观察者可以
购买的股票数量下降至 S_t，S_t 可以表示为公式 (4-7)：

$$S_t = Q - \sum_{i=1}^{j} F_{t+1-i} \qquad (4-7)$$

将公式 (4-6) 代入公式 (4-7)，得到公式 (4-8)：

$$S_t = Q - jA - \sum_{i=1}^{j} \varphi \Delta P_{t-i} \qquad (4-8)$$

那么，在信息观察者的股票定价模型 (4-5) 中加入动量交易者之
后，该模型可以表示为公式 (4-9)：

$$
\begin{aligned}
P_t &= D_t - \theta Q \\
&= D_{t-1} + \{(z-1)\varepsilon_{t+1} + (z-2)\varepsilon_{t+2} + \cdots + \\
&\quad \varepsilon_{t+z-1}\}/z - Q + jA + \sum_{i=1}^{j} \varphi \Delta P_{t-i} \qquad (4-9)
\end{aligned}
$$

公式 (4-9) 就是假设资本市场上存在两类投资者：信息观察者和动
量交易者，这两类投资者的投资行为共同决定股价模型。

依据公式 (4-9)，可以初步尝试解释盈余公告后股价漂移异象的形
成原因：企业发布的盈余公告包含新的财务信息，资本市场上的信息观察
者收到该信息，并据此对股票的未来红利进行预测，进而采取相应的投资
策略，如果企业公告发布的是好消息，他们会采取买入股票的行为；相
反，如果企业公告发布的是坏消息，他们会采取卖出股票的行为，投资者
的买卖行为带来了股票价格短期内的变动，投资者的投资行为也在一定程
度上反映了盈余公告中财务信息的决策有用性。然而，并不是所有投资者
都会在公司盈余公告发布的时候进行股票的交易行为，资本市场上部分投
资者并不会关注企业发布的财务信息（如动量交易者），因此他们不会根
据盈余信息采取股票买卖的行动，他们只关注股价变动的相关信息。而当
信息观察者获得企业相关的财务信息，他们会根据信息进行股票买卖行
为，投资者的股票交易行为就会带来股票价格的变动，而股票价格的变动

会被市场上的动量交易者关注到，并根据股价变动方向，股价变动的幅度进行股票的买卖行为，从而导致股票价格继续按照前期的变动趋势不断上升或者下降。因此，盈余公告中发布好消息的公司，股票价格呈现出持续上涨的趋势，盈余公告中发布坏消息的公司，股票价格呈现出持续下降的趋势，即股票价格产生了与盈余信息同方向的变动，即盈余公告后股价漂移"异象"。

4.2 基于意见分歧模型的进一步拓展

上一节介绍了 DHS 意见分歧模型，发现由两类投资者共同决定的股价模型可以反映出两个问题。首先，资本市场上发布的新信息会影响投资者的投资决策，进而导致股票价格发生变动，而如果新信息的传播是一个缓慢的过程，就会导致股票价格持续一个方向的变动趋势；其次，假设信息能够快速地在投资者之间进行传播，但是由于投资者的非完全理性特征，不同类型的投资者关注的信息内容并不一致，这种不一致导致的意见分歧也会对股价产生不同的影响，从而导致股票价格持续一个方向的变动趋势。虽然意见分歧模型考虑了盈余信息的传播、投资者的注意力和分歧度等因素的影响，但是并没有考虑公司盈余信息质量和投资者认知度等因素的影响，也没有考察这些因素在盈余公告后股价漂移异象期间的作用。本小节试图构建一个更全面的模型，对这一问题进行说明。

4.2.1 加入投资者认知度的意见分歧模型

信息通过信息传播渠道进行传输，市场上的投资者通过对信息的筛选和分析等行为 Y 能够提高对信息的认知度，减少信息 X 的不确定性，个体对信息不确定性的改善程度与其信息处理能力 C 密切相关，此时个体最

终获得的信息流 $I(X, Y)$ 可以表示为 $I(X, Y) = H(X) - H(X \mid Y) \leqslant C$，其中 $H(X)$ 为 X 的无条件熵，即投资者面临信息的不确定性程度，$H(X \mid Y)$ 是以个体信息处理行为 Y 为条件的 X 的条件熵，C 为投资者对市场信息分析和处理能力。由于投资者获得的信息准确度是有限的，这里用 α_v 表示信息准确度。同时，由于会计准则的实施，对会计信息可比性的要求越来越高，投资者获取信息的来源除了自身公司盈余信息之外，还有可比性较高的其他公司的盈余信息。为了研究方便，不考虑可比公司会计信息质量高低的影响。通常情况下，在盈余公告公司的会计信息质量相同的情况下，会计信息可比性越高，投资者从可比公司获得的相关信息越多，对公司的认知度也越高。这里取 β 代表投资者对公司的认知。

此时，红利的估值 D_t 的计算变为公式（4-10）：

$$D_t = D_0 + \sum_{j=0}^{T} \varepsilon_t / \beta$$

$$= D_{t-1} + \sum_{j=t}^{T} \varepsilon_t / \beta \qquad (4-10)$$

其中，ε_t 代表公司的"盈余惊喜"，β 为投资者对公司的认知，一般投资者对公司认知度越高，对未来的预期越准确，盈余惊喜越小，所以两者呈负相关关系，ε_t / β 为考虑了投资者认知度的公司"盈余惊喜"。公式（4-10）中 D_t 可以表示为：

$$D_t = D_{t-1} + \varepsilon_t / \beta \qquad (4-11)$$

相对于 t 时刻的前一期，在时刻 t 投资者对股票未来红利估值的变化只是对当期新增信息的反应。同样，为了进一步刻画信息的流动，Hong 和 Stein（1999）把信息观察者分为 z 个独立个体，每个个体获得 $1/z$ 的新信息，依此类推，信息在此群体中传播。但是现实中，信息的传播并不是每个时期得到的信息量是一样的。虽然投资者具有有限注意力，但是新信息刚发出时，投资者获得的信息量最大，随着时间的推移，信息量逐渐减少，新信息被吸收的速度是逐渐递减的。所以为了研究的方便，本书假设每个时期的信息量是按等比数列递减的，公比为 q，也即假设 t 时刻新信息 ε_T，分为 z 个时期被吸收，第一个时期 ε_t，第二个时期 ε_{t+1}……第 z 个时期 ε_{t+z-1}，而且，$\varepsilon_T = \varepsilon_t + \varepsilon_{t+1} + \cdots + \varepsilon_{t+z-1}$。其中，$\varepsilon_{t+1} = q\varepsilon_t$，$\varepsilon_{t+2} = q\varepsilon_{t+1} = q^2\varepsilon_t$……此时，对于红利的变化值，可以用公式（4－12）描述：

$$D_t = D_{t-1} + \varepsilon_t(1 - q^{z-1})/\beta(1 - q) \qquad (4-12)$$

那么，时刻 t 的股票价格符合以下公式（4－13）：

$$\begin{aligned} P_t &= D_t - \theta Q \\ &= D_{t-1} + \varepsilon_t(1 - q^{z-1})/\beta(1 - q) - \theta Q \end{aligned} \qquad (4-13)$$

同样，为了验证分歧度对盈余公告后股价漂移的影响，参照 Hong 和 Stein（1999）的方法，在建模的第二阶段引入另一类交易群体，只靠股票价格变动信息去交易的动量交易者。参照 Hong 和 Stein（1999）的研究，在 t 时刻进入市场的这些动量交易者的委托量为公式（4－14）：

$$F_t = A + \varphi \Delta P_{t-1} \qquad (4-14)$$

动量交易者使得信息观察者的股票总供应量下降到 S_t，S_t 可表示为公式（4－15）：

$$\begin{aligned} S_t &= Q - \sum_{i=1}^{j} F_{t+1-i} \\ &= Q - jA - \sum_{i=1}^{j} \varphi \Delta P_{t-i} \end{aligned} \qquad (4-15)$$

此时，股票价格 P_t 可表示为公式（4－16）：

$$\begin{aligned} P_t &= D_t - \theta Q \\ &= D_{t-1} + \varepsilon_t(1 - q^{z-1})/\beta(1 - q) - Q + jA \\ &\quad + \sum_{i=1}^{j} \varphi \Delta P_{t-i} \end{aligned} \qquad (4-16)$$

公式（4－16）就是由信息观察者和动量交易者共同决定的股价模型。

4.2.2　加入会计信息质量和投资者认知度的意见分歧模型

下面考察会计信息质量、投资者关注、投资者认知度及投资者分歧在盈余公告后股价漂移异象期间的作用。

假设时刻 t 之前，$t-1$ 时刻的信息已经经过了 $z-1$ 个时期的传播完全融入股价。代表 t 时刻的新信息 ε_T 在时刻 t 只有 ε_t 的信息进入股价，而且在资本市场上有新信息发布的初期，动量交易者并不会根据新信息进行股票交易。此时，股价的变动为公式（4-17）：

$$\Delta P_t = P_t - P_{t-1}$$
$$= \varepsilon_t \tag{4-17}$$

盈余公告后的第一天，即 $t+1$ 日，假设这一天有一批动量交易者进入市场，所以参数 $j=1$，即 $t+1$ 日的股价变化为公式（4-18）：

$$\Delta P_{t+1} = P_{t+1} - P_t$$
$$= \varepsilon_{t+1} + \varphi \Delta P_t$$
$$= \varepsilon_{t+1} + \varphi \varepsilon_t \tag{4-18}$$

假设始终只有一批动量交易者进入市场，即参数 j 始终等于1，则 $t+2$ 日的股价变化可以表示为公式（4-19）：

$$\Delta P_{t+2} = P_{t+2} - P_{t+1}$$
$$= \varepsilon_{t+2} + \varphi \Delta P_{t+1}$$
$$= \varepsilon_{t+2} + \varphi \varepsilon_{t+1} + \varphi^2 \varepsilon_t \tag{4-19}$$

依此类推，$t+z-1$ 日的股价变动可以表示为公式（4-20）：

$$\Delta P_{t+z-1} = P_{t+z-1} - P_{t+z-2}$$
$$= \varepsilon_{t+z-1} + \varphi \Delta P_{t+z-2}$$
$$= \varepsilon_{t+z-1} + \varphi \varepsilon_{t+z-2} + \varphi^2 \varepsilon_{t+z-3} + \cdots +$$
$$\varphi^{z-2} \varepsilon_{t+1} + \varphi^{z-1} \varepsilon_t \tag{4-20}$$

计算从 $t+1$ 日到 $t+z-1$ 日的累计股价变动，并将认知度 β 考虑进去，累计股价变动可以表示为公式（4–21）：

$$\sum_{i=1}^{z-1} \Delta P_{t+i} = \Delta P_{t+1} + \Delta P_{t+2} + \cdots + \Delta P_{t+z-1}$$

$$= (\varepsilon_{t+1} + \varphi\varepsilon_t + \varepsilon_{t+2} + \varphi\varepsilon_{t+1} + \varphi^2\varepsilon_t + \cdots + \varepsilon_{t+z-1}$$

$$+ \varphi\varepsilon_{t+z-2} + \varphi^2\varepsilon_{t+z-3} + \cdots + \varphi^{z-2}\varepsilon_{t+1} + \varphi^{z-1}\varepsilon_t)/\beta$$

$$= \{\varepsilon_t q(1-q^{z-1})/(1-q) + \varphi\varepsilon_t(1-q^{z-1})/(1-q)$$

$$+ \varphi^2\varepsilon_t(1-q^{z-2})/(1-q) + \cdots + \varphi^{z-1}\varepsilon_t\}/\beta$$

$$= \varepsilon_t\{q(1+q+q^2+\cdots+q^{z-2}) + \varphi(1+q+q^2+\cdots+q^{z-2})$$

$$+ \varphi^2(1+q+q^2+\cdots+q^{z-3}) + \cdots + \varphi^{z-2}(1+q) + \varphi^{z-1}\}/\beta$$

$$(4-21)$$

公式（4–21）中 $0 < \varphi, q < 1$。

根据股价漂移的定义，盈余公告后累计股价变动可以衡量盈余公告后的股价漂移。

按照前文的分析，上式中 φ 可以衡量两类投资者对股票未来价格走势的意见分歧，ε_t 作为资本市场上发布的新盈余信息，其大小就能反映出未预期盈余的高低。根据公式（4–21），可以得出以下几点结论。

第一，ε_t 代表未预期盈余，未预期盈余越高，盈余公告后股价漂移异象越严重，而且会计信息质量的高低跟未预期盈余是负相关的关系，也就是说会计信息质量越高，投资者对企业未来盈余预测越准确，越能缓解盈余公告后股价漂移异象。

第二，z 为某时刻新增盈余信息被完全吸收的时间，可以代表投资者关注度，如果投资者关注度高，信息传播速度快，z 值就小；反之亦然。从公式中可以看出，z 值与 $t+1$ 日到 $t+z-1$ 日的累计股价变动为正相关的关系，z 值越大，累计股价变动越大。也就是说投资者关注度越低，盈余公告后股价漂移异象越严重。

第三，β 为投资者认知度，从公式中可以看出，β 值与 $t+1$ 日到

$t+z-1$ 日的累计股价变动为负相关的关系，β 值越小，累计股价变动越大。也就是说投资者对公司认知度越低，盈余公告后股价漂移异象越严重。

第四，φ 可以衡量信息观察者和动量交易者对股价信息的意见分歧，从公式（4-21）中可以看出，φ 值与 $t+1$ 日到 $t+z-1$ 日的累计股价变动为正相关关系，φ 值越大，累计股价变动越大。也就是说，投资者意见分歧度越大，盈余公告后股价漂移异象越严重。

从公式（4-21）及对其的分析可知，盈余信息质量的高低、投资者关注度、投资者认知度和投资者分歧度会对股价漂移产生显著影响。

4.3 本章小结

在本章中，采用了 Hong 和 Stein（1999）的基于渐进信息的意见分歧模型，描述了盈余公告后股价漂移异象的驱动机理。一方面，资本市场上新发布的盈余信息在信息观察者之间逐渐传播。在信息传播的初期，每个投资者只能关注到信息中的某一部分，并依据他获得的信息部分对股票未来价值进行估计并采取行动；另一方面，资本市场上的动量交易投资者只关注股票的动态变化规律，并进行投资决策。这两类交易者的关注点不同，使得投资者在公告日对盈余信息产生了意见分歧。在盈余公告后股价漂移异象的驱动机理中，存在意见分歧的两类投资者分别根据自己所关注的信息，采取了有差异的股票交易行为，带来了股票价格的持续同方向的变化。

本章在 Hong 和 Stein（1999）意见分析模型的基础上进行了拓展，在模型中加入了投资者关注度、投资者认知度等投资者非理性因素，通过模型分析了会计信息质量、投资者有限理性的不同特征对股票价格的累计变动产生的影响，发现投资者面临的未预期盈余越高，股价漂移异象越严重，会计信息质量的高低跟未预期盈余是负相关的关系，也就是说会计信息质量越高，投资者对企业未来盈余预测越准确，越能缓解盈余公告后股价漂移异象；投资者关注度高，信息传播速度快，即投资者关注度越低，盈余公告后股价漂移异象越严重；投资者对公司认知度越低，盈余公告后股价漂移异象越严重；投资者意见分歧度越大，盈余公告后股价漂移异象越严重。初步研究了会计信息质量和投资者有限理性特征对盈余公告后股价漂移的影响。

在后续的章节里，将对本章所描述的盈余公告后股价漂移的理论模型进行检验，分别检验会计信息质量特征是否会通过影响信息质量的高低及投资者关注、投资者认知度和投资者分歧度对股价漂移产生影响。

第5章 会计稳健性对盈余
公告后股价漂移的影响

由于有限理性的存在，投资者在进行投资的时候会出现各种偏差，投资者的有限关注能够对股票价格产生显著的影响。有学者发现由于投资者存在有限注意的非理性特征，并不能及时获取并正确理解资本市场上的所有信息，导致信息不能及时反映到股价中，带来了盈余公告后股价漂移（Hirshleifer 等，2009；Dellavigna 和 Pollet，2009）。根据已有文献，会计信息质量能够对股价漂移产生影响（于李胜和王艳艳，2007）。会计稳健性作为会计信息质量的重要特征之一，能够促进资本市场上的信息更多反映到股价中（于忠泊等，2013），同时会计稳健性还具有信号传递作用，能够提高投资者对企业的关注度，对企业价值有一个正确的判断（张多蕾等，2018）。因此，本章从会计稳健性角度出发，基于信息不对称与行为金融理论，考察会计稳健性对股价漂移的影响。首先，对会计稳健性影响股价漂移的机理进行理论分析并提出研究假设；其次，分别考察内部控制水平、机构投资者持股和经济政策不确定性在两者关系中的调节作用；最后，考察了会计稳健性对股价漂移影响的作用机制。

5.1 理论分析与假设提出

5.1.1 会计稳健性与股价漂移

基于有效市场假说，资本市场上的投资者能够对市场上的所有信息进行及时分析和处理，并作出理性的投资决策，使股价能准确及时地对信息作出反应。而现实中，上市公司发布盈余公告信息后，股票价格并不能立刻作出反应，而是会出现一段时间的向上或向下的偏离现象，这与有效市场假说不符。对于这一现象产生的原因，行为金融理论从投资者有限理性的角度进行解释，认为投资者在作出投资决策时将会面临如何选择股票的问题，正是由于投资者注意力有限，并不能关注到市场上的所有股票信息，导致信息的反应速度滞后。Peress（2008）发现被媒体报道或在媒体报纸上公告盈余信息的公司更容易吸引投资者的注意，投资者对资本市场上股票的关注程度能够对股票收益的高低产生显著的影响。如果公司通过做广告等途径对公司信息进行传播，能够吸引投资者对该公司的关注，随着越来越多的投资者关注公司信息，能够对股票的市场收益带来显著的影响。

会计稳健性能够提高公司的治理水平，抑制管理者的自利行为，有助于加强投资者等企业外部利益相关者对管理层行为的监督（唐清泉和韩宏稳，2018）。Watts（2003）发现会计稳健性会增加管理层盈余管理的难度和成本，降低了企业的信息不透明度。Ahmed 和 Duellman（2007）研究发现，公司会计稳健性程度随着公司内部董事比例的提高呈现下降趋势，而随着外部董事持股比例的提高呈现上升趋势。整体而言，会计稳健性有益于董事会更好地发挥自身的职能，降低企业代理成本。LaFond 和 Watts（2008）发现会计稳健性具有信号传递作用，能够向企业外部投资者传递出公司经营状况的相关信息，降低信息不对称程度，为投资者提供更多可靠的信息。于忠泊等（2013）研究发现，会计稳健性较高的公司中，股价中包含更多的未来盈余信息，会计稳健性能够保护投资者利益，会计稳健性不仅提高了股价的信息含量，而且提高了盈余信息反映到股价中的速度和程度。同时，会计稳健性能够显著降低股票特质风险，在会计信息稳健性降低股票特质风险过程中，投资者异质信念起到部分中介作用，会计稳健性通过直接和间接两种路径影响股票特质风险（张多蕾等，2018）。

已有文献表明，会计稳健性既能够对企业的会计信息质量产生影响，也会对资本市场上的投资者行为产生影响。综上所述，一方面，在代理成本较高的情况下，公司内外之间信息不对称程度也较高。会计稳健性能够对企业的会计信息质量产生影响。过去的研究发现股价漂移现象总是和未预期盈余联系在一起，股价漂移会随着未预期盈余的出现而出现。未预期盈余是投资者对盈余的预期与企业实际公告盈余之间的差值，其大小取决于投资者能在多大程度上准确预测企业未来盈余。会计稳健性能够发挥治理效应，降低代理成本，为信息使用者提供更加真实可靠的信息，减弱了信息使用者和公司间的信息不对称程度，使投资者对公司未来盈余预测更加准确，降低未预期盈余，缓解股价漂移。另一方面，股价漂移主要是投资者对盈余信息关注不够导致会计信息融入股价的速度滞后。由于投资者的时间和精力的有限性，可能会忽略部分盈余信息，导致该部分信息不能及时反映到股价中，我国投资者以散户为主，投资者具有保守性心理偏差。而会计稳健性具有信号传递作用，根据信息经济学，市场中信息较多的一方愿意在合约中引入或接受一定程度的扭曲，以此作为信号，向信息较少的一方表明自己的类型，而管理者依据私人信息判断公司预期经营业绩好的概率较大时，会倾向于在当期更为稳健地报告会计信息。因此，会计稳健性具有信号传递作用，对于会计稳健性较高的企业，投资者对其发布的新信息认可度更高，这样的企业更能赢得投资者的信任，保守性偏差更弱，对信息的吸收速度更快，从而缓解了股价漂移程度。基于此，提出本章的假设 1。

假设 1：会计稳健性能够显著缓解盈余公告后股价漂移。

5.1.2　内部控制水平、会计稳健性与股价漂移

《内部控制整合框架》中明确指出：企业内部控制的目标不仅包含财

务维度，也包含非财务维度，并将财务报告的可靠性、及时性、透明性等特征囊括进去，以满足准则制定者、监管者或其他财务报告使用者的要求，实现上市公司内部控制制度的建设不断完善，在降低公司生产经营风险的同时，提高公司的财务报告质量，以保证公司能够达到预期的经营目标。

随着内部控制各种政策的制定与实施，我国上市公司内部控制体系不断完善。而且随着企业内部控制水平的不断提高，企业的信息披露质量不断上升，信息透明度逐渐提高，代理成本呈现下降趋势，进而缓解了信息不对称。当企业内部控制机制不够健全时，管理层基于对自身利益追求的私利行为发生的可能性更大，提高了代理成本，进一步加剧企业的盈余管理程度（Ashbaugh – Skaife 等，2008），不利于外部利益相关者对企业作出合理、准确的判断，带来股票的错误定价。方红星和金玉娜（2011）实证检验发现，随着企业内部控制水平的提高，内部控制治理能力的发挥使得企业管理层的自利行为得到显著的抑制，盈余管理水平显著下降，说明在公司内部控制水平较高的情况下，企业会计信息质量也较高（张龙平等，2010），降低了企业的信息不透明度，保护了投资者利益（董望和陈汉文，2011）。

总之，内部控制能够发挥治理作用，较高的内部控制水平不仅能够帮助企业经营目标的顺利实现，还可以对管理层的私利行为产生显著的抑制作用，提高信息质量，为企业外部利益相关者的决策行为提供可靠的信息来源，从而减少决策偏误。而当内部控制存在缺陷时，企业经营风险更高，代理问题严重，信息不对称程度更高。而会计稳健性在内部控制水平较低的情况下，能更有效地监督管理层行为，发挥积极的治理作用，降低企业的信息不透明度，进而对股价漂移的缓解作用更加显著。基于此，提出本章的假设2。

假设2：内部控制水平较低的组内，会计稳健性对股价漂移的缓解作用更显著。

5.1.3　机构投资者、会计稳健性与股价漂移

机构投资者不仅具有资金优势，而且还具有丰富的信息获取渠道和较强的信息处理能力。此外，机构投资者是相对理性的投资者，他们的投资一般具有长期性，所以为了获得更高的利益，机构投资者有动力参与公司治理，同时机构投资者也具有更高的专业素养，有能力参与公司治理（张涤新和屈永哲，2018），随着机构投资者持股比例的提高，其参与公司治理的可能性和带来的治理效果越大（李维安和李滨，2008）。此外，机构投资者可以提高企业的外部治理环境，抑制管理层的机会主义行为（梁上坤，2018），同时，对企业会计稳健性水平的提高具有显著的促进作用（柏子敏，2008；崔婧和周晓惠，2013；王震，2014；李合龙等，2018）。此外，机构投资者和企业的利益相关强度也会对两者关系带来显著的影响，在利益相关强度大的组内，机构投资者会要求企业采用更加稳健的会计政策，对管理层机会主义行为的抑制作用也越显著。

通过以上分析可知，机构投资者能够发挥积极的公司治理作用，有利于投资者对公司管理层的监督，提高企业会计信息质量。由于不同类型的投资者对会计稳健性的需求不同，所以投资者类型也会对会计稳健性导致的股价漂移产生不同的影响。机构投资者与企业存在更强的利益依存关系，对会计稳健性的需求更加强烈，更能抑制管理层的机会主义行为，即机构投资者持股越多，会计稳健性水平越高，那么机构投资者能够更进一步通过会计稳健性缓解股价漂移。同时，机构投资者具备更加丰富的专业知识和信息资源，更强的信息分析和处理能力，所获得的信息更加全面和准确，进一步降低了未预期盈余，而且机构投资者对信息的吸纳能力更快，使得盈余信息能够更快地融入股价，进一步缓解了股价漂移。基于此，提出本章的假设 3。

假设3：机构投资者持股比例越高，会计稳健性对股价漂移的缓解作用越显著。

5.1.4　经济政策不确定性、会计稳健性与股价漂移

经济政策不确定性是指，当面对宏观经济形势不稳定和金融市场波动时，为了维护市场稳定和降低市场波动，国家往往会变更或者颁发一系列经济政策。但是，经济政策在促进经济稳定和快速发展的同时，金融市场和企业实体也会因为难以准确预测国家经济政策是否调整、何时调整以及如何调整等而面临一系列的不确定性，即经济主体无法提前准确预测到国家的一些宏观经济政策而带来的不确定性（王满等，2017）。经济政策不确定性不仅会导致企业面临的发展环境和发展前景的不稳定，也会提高投资者对企业价值评估的难度。一方面，从企业行为的角度考虑，在更高经济政策不确定性的环境下，企业难以准确预测市场上可能存在的风险，也难以把握企业未来的发展前景，导致公司的财务状况和经营业绩发生波动，外部投资者难以辨别这种变动是经济政策的不确定性还是企业本身经营不当造成的（倪国爱和董小红，2020）。同时，面对较高的经济政策不确定性，投资者不能得到关于政策变化的充分信息，因而难以预测公司未来的业绩，公司未来绩效不可预测性增加，管理层通过盈余管理操纵盈余的动机大大增加，从而加大了企业代理问题，提高投资者面临的信息不对称程度（Nagar等，2019）。另一方面，从投资者的角度考虑，经济政策不确定性较高时，企业发布的盈余信息不确定增加，尤其是面对剧烈的盈余波动时，企业发布的盈余信息对投资者的有用性降低，间接地增加了信息不对称程度（倪国爱和董小红，2020）。陈国进等（2018）研究发现，投资者的精力总量是有限的，在有限关注下其对信息的处理需要花费一定的精力，但当经济政策不确定性升高时，投资者对企业发布盈余信息的分析难度加大，其对信息的处理就要花费更多的精力和时间，可能会进一步降

低投资者对这类企业的关注（Peng 等，2007）。

总之，经济政策不确定性增加了企业未来经营的不确定性，导致企业业绩发生波动，管理层也更有动机实施机会主义行为，使得外部投资者难以评估企业业绩和公司价值，加大了外部投资者对管理层的监督难度和信息不对称程度。而会计稳健性作为一种有效的治理机制，在经济政策不确定性较高的情况下，能更有效地监督管理层行为，降低投资者由于信息不对称和有限关注而导致的发生决策偏差的可能性。因此，在经济政策不确定性较高的情况下，会计稳健性对股价漂移的缓解作用更显著。基于此，提出本章的假设 4。

假设 4：经济政策不确定性较高，会计稳健性对股价漂移的缓解作用更显著。

5.2 研究设计

5.2.1 数据来源与样本选取

本章以我国 A 股上市公司为研究对象，选取 2003—2019 年的年度数据为样本，并对初始样本进行了如下处理：（1）剔除了金融行业和被 ST 的样本；（2）对主要变量缺失的样本进行删除处理，最终得到 17396 个公司年份样本；（3）为了消除极端值的影响，对所有连续变量在 1% 和 99% 水平上进行了 Winsorize 处理。研究数据均来自 CSMAR 数据库，数据处理和分析采用 Stata15.0。

5.2.2 变量定义与模型构建

5.2.2.1 变量定义

（1）被解释变量 *CAR*

超额收益 *CAR* 的计算采用市场调整超额收益（Market – adjusted Excess

Returns）。股票 i 在 t 年盈余公告后第 m 到 n 天累计超额收益为：$CAR_{i,t}(m,$ $n) = \sum AR_{i,t}$ ，其中，$AR_{i,t,j} = R_{i,t,j} - R_{p,t,j}$ 为股票 i 在 t 年盈余公告后第 j 天的超额收益，$R_{i,t,j}$ 为股票 i 在 t 年盈余公告后第 j 天的收益率，$R_{p,t,j}$ 为股票 i 在 t 年盈余公告后第 j 天考虑现金红利再投资的综合日市场回报率。本章用盈余公告后 1~2 天的超额收益 CAR2 来衡量盈余公告后短期的股价漂移现象，用盈余公告后 3~30 天的超额收益 CAR30 来衡量盈余公告后长期的股价漂移现象。

（2）未预期盈余

借鉴吴世农和吴超鹏（2005）以及谭伟强（2008）的研究，采用随机游走模型来定义标准化的未预期盈余：

$$Sue_{i,t} = (EPS_{i,t} - EPS_{i,t-1}) / |EPS_{i,t-1}| \qquad (5-1)$$

其中，$EPS_{i,t}$ 为公司 i 在 t 年的每股收益，$EPS_{i,t-1}$ 为上年的每股收益。$Sue_{i,t}$ 表示公司 i 近几年每股收益波动程度所预示的收益趋势。平均来看，$Sue_{i,t}$ 绝对值越大，表明未预期盈余越高，预期公告发布后公司股价反应更为强烈。

（3）会计稳健性

借鉴 Khan 和 Watts（2009）的研究方法来计算会计稳健性，具体计算见本书第 3 章公式（3-1）和公式（3-2）。CScore 为正指标，代表了公司层面会计盈余对"坏消息"的增量敏感程度。CScore 数值越大，说明公司的会计信息稳健性程度越高。

（4）内部控制水平

借鉴池国华和朱俊卿（2019）等的研究方法，采用迪博（DIB）公司发布的内部控制指数衡量企业内部控制质量。

（5）机构投资者持股

年末机构投资者持股比例之和，该变量为虚拟变量。借鉴刘永泽和高篙（2015）的分组方法，按照年度行业中位数进行分组，机构投资者持股大于等于年度行业中位数取 1，否则取 0。

（6）经济政策不确定性

经济政策不确定性采用 Baker 等（2016）的新闻指数方法衡量，因新闻指数得到的数据是月度的，而因本文研究要求，需要将月度数据转换为年度数据，因此选取 12 个月数据的算术平均值除以 100 将数据转换为年度数据。

（7）控制变量

借鉴于李胜和王艳艳（2006）、杨德明和林斌（2009）、向诚和陈逢文（2019）的研究，控制了其他可能影响公司股价漂移的变量，具体见表 5 - 1。

表 5 - 1　　　　　　　　　　　变量定义

变量符号	变量名称	变量计算
CAR	超额回报	采用市场调整法计算的累计超额收益
Sue	未预期盈余	$Sue_{i,t} = (EPS_{i,t} - EPS_{i,t-1}) / |EPS_{i,t-1}|$
CScore	会计稳健性	使用 Khan 和 Watts（2009）的研究方法计算
IC	内部控制水平	采用迪博（DIB）公司发布的内部控制指数
Ins	机构投资者	年末机构投资者持股比例之和，该变量为虚拟变量。大于等于年度行业中位数取 1，否则取 0
Epu	经济政策不确定性	采用 Baker 等（2016）的新闻指数方法衡量
Psear	永久性盈余	营业利润/利润总额
Bm	账面市值比	总资产/市值
Tover	换手率	年内日换手率（流通股数）之和
Beta	系统风险	沪深市场综合回报率以市场回报率计算
Illiq	非流动性	参照熊家财和苏冬蔚（2014）的计算方法计算得到
Roa	净资产收益率	净利润/股东权益平均余额
Age	公司年龄	公司上市年限加 1 取对数
State	企业性质	国有企业取 1，非国有企业取 0
Size	公司规模	公司总资产的对数

5.2.2.2 模型构建

借鉴于李胜和王艳艳（2006）的研究，本章的基本检验模型为公式（5-2），若会计稳健性能有效缓解股价漂移现象，预期回归系数 α_3 显著为负。

$$CAR_{i,t} = \alpha_0 + \alpha_1 Sue_{i,t} + \alpha_2 Cscore_{i,t} + \alpha_3 Sue_{i,t} \times CScore_{i,t}$$
$$+ \alpha_4 Controls + \sum Ind + \sum Year + \varepsilon_{i,t} \qquad (5-2)$$

5.3 实证结果

5.3.1 描述性统计

表5-2报告了全样本的描述统计结果，其中盈余公告后2天的超额回报均值和中位数为负，表明盈余公告后短期内存在负的超额回报，盈余公告后30天超额回报的均值为正，表明随着时间的推移，投资者对盈余公告信息有了更深入的认识，盈余信息不断融入股价，使得超额回报有所上升。未预期盈余的均值为负，而且最大值、最小值差距较大，表明不同公司中未预期盈余的差异较大。会计稳健性的平均值和中位数为正，且标准差较大，说明总体上我国上市公司会计政策的选取存在稳健性，但是不同公司间稳健性水平差异较大。内部控制水平均值和中位数较为接近，但是最大值、最小值差距较大，说明不同公司间的内部控制水平差异较大，我国上市公司的内部控制体系并未完全建立起来。机构投资者持股比例均值为6.2%左右，说明机构投资者对公司的持股比例较低。经济政策不确定性的均值为2.278，标准差为1.765，说明整体上我国上市公司面临的经济政策不确定性较高，且有较大的波动性。

表 5 - 2　　　　　　　　　　　主要变量描述性统计

变量	样本量	均值	中位数	标准差	最小值	最大值
CAR2	17396	- 0.0015	- 0.0076	0.0734	- 0.1830	0.2430
CAR30	17396	0.0023	- 0.0076	0.1040	- 0.2390	0.3400
Sue	17396	- 0.1370	0.0342	3.1530	- 21.2600	9.7880
CScore	17396	0.0392	0.0385	0.1201	0.0024	0.3356
IC	17396	6.4197	6.5248	0.7718	0	6.8326
Ins	17396	6.2330	3.3270	7.5510	0	35.1600
Epu	17396	2.2780	1.7060	1.7650	0.6500	7.9190
Psear	17396	0.8210	0.9750	0.6070	- 3.3750	1.7520
Bm	17396	0.6670	0.6910	0.2420	0.1290	1.1260
Tover	17396	5.5430	4.2770	4.3160	0.5570	24.4700
Beta	17396	1.0750	1.0780	0.2450	0.4230	1.8660
Illiq	17396	0.1400	0.0486	0.2730	0.0030	2.2530
Roa	17396	0.0713	0.0720	0.1050	- 0.4790	0.3330
Age	17396	2.1990	2.3030	0.6920	0	3.3670
State	17396	0.5430	1	0.4980	0	1
Size	17396	22.0900	21.9200	1.3030	19.4800	26.0900

5.3.2　会计稳健性与股价漂移

表 5 - 3 为会计稳健性对股价漂移影响的回归结果，从表 5 - 3 中第
（1）列结果可以看出，在短期内，会计稳健性与未预期盈余两者交乘项的
系数在 5% 的显著性水平下显著为负，会计稳健性能够显著降低盈余公告
后 2 天的超额回报。从表 5 - 3 中第（2）列结果可以看出，在长期内，会
计稳健性与未预期盈余两者交乘项的系数在 5% 的显著性水平下显著为负，
会计稳健性能够显著降低盈余公告后 30 天的超额回报。即随着会计稳健性
的提高，未来短期和长期的超额回报不断降低，说明会计稳健性发挥了治
理效应和信号传递效应，显著缓解了短期和长期的股价漂移异象，支持了
本章的假设 1。

表 5 – 3 会计稳健性与股价漂移的回归结果

变量	CAR2	CAR30
	(1)	(2)
Sue	– 0.0016	0.0023
	(– 1.01)	(1.57)
Cscore	0.0004	0.0007
	(0.93)	(1.26)
Sue × Cscore	– 0.0002 **	– 0.0002 **
	(– 2.11)	(– 2.18)
Psear	– 0.0003	– 0.0008
	(– 0.28)	(– 0.56)
Bm	0.0220 ***	0.0300 ***
	(5.84)	(5.78)
Tover	– 0.0006 ***	– 0.0011 ***
	(– 3.12)	(– 4.19)
Beta	– 0.0028	– 0.0071 *
	(– 1.08)	(– 1.92)
Illiq	– 0.0084 ***	– 0.0099 **
	(– 2.60)	(– 2.27)
Roa	0.0618 ***	0.0483 ***
	(7.84)	(4.49)
Age	– 0.0005	– 0.0028 **
	(– 0.53)	(– 2.11)
State	– 0.0012	– 0.0080 ***
	(– 0.94)	(– 4.38)
Size	– 0.0030 ***	– 0.0051 ***
	(– 4.31)	(– 5.16)
Constant	0.0633 ***	0.1304 ***
	(4.22)	(6.12)
年度/行业	控制	控制
Observations	17396	17396
R^2	0.018	0.036
F	6.177	12.660

注：括号内数值表示 T 统计量；*** 、** 和 * 分别表示在 1% 、5% 和 10% 的水平下显著。

5.3.3　内部控制水平、会计稳健性与股价漂移

表 5 - 4 列示了内部控制水平、会计稳健性与股价漂移的回归结果。表 5 - 4 第（1）列和第（2）列结果显示，短期内，内部控制水平低的组内会计稳健性对股价漂移的缓解作用在 5% 的显著性水平显著，内部控制水平高的组内会计稳健性对股价漂移缓解作用不显著。第（3）列和第（4）列结果显示，长期内，内部控制水平低的组内会计稳健性对股价漂移的缓解作用在 5% 的显著性水平下显著，内部控制水平高的组内会计稳健性对股价漂移缓解作用不显著。这说明，在内部控制水平较低的情况下，会计稳健性治理作用的发挥空间更大，对股价漂移的缓解作用更强。这支持了本章的假设 2。

表 5 - 4　　　　　　内部控制水平、会计稳健性与股价漂移

变量	CAR2		CAR30	
	内部控制水平低	内部控制水平高	内部控制水平低	内部控制水平高
	（1）	（2）	（3）	（4）
Sue	0.0020 **	0.0009 **	0.0027 **	0.0012 *
	(1.98)	(2.12)	(2.18)	(1.91)
Cscore	0.0004	0.0002	0.0014	- 0.0000
	(0.64)	(0.49)	(1.43)	(- 0.05)
Sue × Cscore	- 0.0002 **	0.0005	- 0.0003 **	0.0008
	(- 2.21)	(1.56)	(- 2.07)	(1.38)
Psear	0.0001	- 0.0008	- 0.0000	- 0.0029
	(0.06)	(- 0.42)	(- 0.00)	(- 1.15)
Bm	0.0259 ***	0.0157 ***	0.0387 ***	0.0187 **
	(4.48)	(2.99)	(4.86)	(2.56)
Tover	- 0.0006 **	- 0.0006 **	- 0.0009 **	- 0.0013 ***
	(- 2.41)	(- 2.30)	(- 2.53)	(- 3.59)
Beta	- 0.0012	- 0.0054	- 0.0085	- 0.0064
	(- 0.30)	(- 1.51)	(- 1.51)	(- 1.26)

续表

变量	CAR2		CAR30	
	内部控制水平低	内部控制水平高	内部控制水平低	内部控制水平高
	(1)	(2)	(3)	(4)
Illiq	− 0.0111 **	− 0.0046	− 0.0124 **	− 0.0076
	(− 2.40)	(− 1.00)	(− 2.01)	(− 1.13)
Roa	0.0769 ***	0.0393 ***	0.0619 ***	0.0347 *
	(7.66)	(2.86)	(4.49)	(1.95)
Age	0.0005	− 0.0016	− 0.0004	− 0.0053 ***
	(0.36)	(− 1.18)	(− 0.18)	(− 2.82)
State	− 0.0005	− 0.0022	− 0.0093 ***	− 0.0064 **
	(− 0.26)	(− 1.24)	(− 3.54)	(− 2.51)
Size	− 0.0048 ***	− 0.0012	− 0.0063 ***	− 0.0037 ***
	(− 3.95)	(− 1.31)	(− 3.76)	(− 2.76)
Constant	0.0897 ***	0.0388 **	0.1530 ***	0.1096 ***
	(3.57)	(1.99)	(4.33)	(3.84)
年度/行业	控制	控制	控制	控制
Observations	8710	8686	8710	8686
R^2	0.032	0.014	0.051	0.031
F	5.514	2.618	9.049	5.885

注：括号内数值表示 T 统计量；*** 、** 和 * 分别表示在 1% 、5% 和 10% 的水平下显著。

5.3.4 机构投资者、会计稳健性与股价漂移

表 5 - 5 列示了机构投资者、会计稳健性与股价漂移的回归结果。表 5 - 5 第（1）列和第（2）列显示，在短期内，机构投资者持股比例低的组内，会计稳健性对股价漂移的缓解作用并不显著，机构投资者持股比例高的组内，会计稳健性对股价漂移的缓解作用在 5% 的显著性水平下显著；表 5 - 5 第（3）列和第（4）列显示，在长期内，机构投资者持股比例低的组内，会计稳健性对股价漂移的缓解作用并不显著，机构投资者持股比例高的组内，会计稳健性对股价漂移的缓解作用在 1% 的显著性水平下显著，

说明机构投资者持股使得会计稳健性对股价漂移的缓解作用更显著，支持了本章的假设3。

表5－5   机构投资者、会计稳健性与股价漂移

变量	CAR2		CAR30	
	Ins = 0	Ins = 1	Ins = 0	Ins = 1
	（1）	（2）	（3）	（4）
Sue	－ 0.0025	－ 0.0018	0.0031	0.0013
	（－ 0.79）	（－ 0.38）	（1.20）	（0.95）
Cscore	0.0031 ***	－ 0.0015 *	0.0029 **	－ 0.0001
	（3.67）	（－ 1.91）	（2.27）	（－ 0.13）
Sue × Cscore	－ 0.0001	－ 0.0003 **	－ 0.0001	－ 0.0003 ***
	（－ 0.86）	（－ 2.27）	（－ 0.31）	（－ 2.67）
Psear	0.0006	－ 0.0037	0.0007	－ 0.0017
	（0.38）	（－ 1.36）	（0.36）	（－ 0.79）
Bm	0.0494 ***	0.0149 **	0.0514 ***	0.0172 ***
	（6.14）	（2.02）	（4.15）	（2.82）
Tover	－ 0.0011 ***	－ 0.0002	－ 0.0011 ***	－ 0.0009 ***
	（－ 3.59）	（－ 0.33）	（－ 2.58）	（－ 2.98）
Beta	－ 0.0062	－ 0.0039	0.0031	－ 0.0078 *
	（－ 1.13）	（－ 0.77）	（0.43）	（－ 1.81）
Illiq	－ 0.0006	－ 0.0193 **	－ 0.0137 **	0.0120
	（－ 0.11）	（－ 2.46）	（－ 2.47）	（1.11）
Roa	0.0468 ***	0.0428 ***	0.0608 ***	0.0368 ***
	（3.17）	（2.65）	（3.39）	（2.62）
Age	－ 0.0013	－ 0.0047 **	－ 0.0004	－ 0.0037 **
	（－ 0.68）	（－ 2.40）	（－ 0.13）	（－ 2.39）
State	－ 0.0038	－ 0.0114 ***	－ 0.0061 *	－ 0.0082 ***
	（－ 1.41）	（－ 4.57）	（－ 1.85）	（－ 3.76）
Size	－ 0.0067 ***	－ 0.0048 ***	－ 0.0078 ***	－ 0.0038 ***
	（－ 4.16）	（－ 3.48）	（－ 2.80）	（－ 3.22）

续表

变量	CAR2		CAR30	
	$Ins = 0$	$Ins = 1$	$Ins = 0$	$Ins = 1$
	（1）	（2）	（3）	（4）
Constant	0. 1439 ***	0. 1331 ***	0. 1603 ***	0. 1109 ***
	（4. 32）	（4. 46）	（2. 93）	（4. 11）
年度/行业	控制	控制	控制	控制
Observations	8598	8798	8598	8798
R^2	0. 065	0. 032	0. 083	0. 031
F	11. 52	6. 328	8. 673	8. 519

注：括号内数值表示 T 统计量；　*** 、** 和 * 分别表示在 1% 、5% 和 10% 的水平下显著。

5.3.5　经济政策不确定性、会计稳健性与股价漂移

表 5 - 6 给出了经济政策不确定性在会计稳健性对股价漂移影响中的调节作用。表 5 - 6 中第（1）列和第（2）列显示，在短期内，经济政策不确定性低的组内，会计稳健性对股价漂移的缓解作用并不显著，经济政策不确定性高的组内，会计稳健性对股价漂移的缓解作用在 5% 的显著性水平下显著；表 5 - 6 第（3）列和第（4）列显示，在长期内，经济政策不确定性低的组内，会计稳健性对股价漂移的缓解作用并不显著，经济政策不确定性高的组内，会计稳健性对股价漂移的缓解作用在 5% 的显著性水平下显著，说明经济政策在不确定性高的情况下，会计稳健性的治理作用和信号传递作用发挥的空间更大，对股价漂移的缓解作用更显著，这支持了本章的假设 4。

表 5 - 6　　　　经济政策不确定性、会计稳健性与股价漂移

变量	CAR2		CAR30	
	经济不确定性低	经济不确定性高	经济不确定性低	经济不确定性高
	（1）	（2）	（3）	（4）
Sue	0. 0018	− 0. 0014	0. 0022 *	− 0. 0023
	（1. 44）	（− 1. 36）	（1. 67）	（− 1. 52）

续表

变量	CAR2		CAR30	
	经济不确定性低	经济不确定性高	经济不确定性低	经济不确定性高
	(1)	(2)	(3)	(4)
Cscore	0.0013 **	-0.0004	0.0014	0.0003
	(2.26)	(-0.74)	(1.52)	(0.43)
Sue × Cscore	-0.0001	-0.0002 **	-0.0002	-0.0002 **
	(-0.72)	(-2.38)	(-0.72)	(-2.10)
Psear	0.0005	-0.0008	-0.0014	0.0003
	(0.33)	(-0.57)	(-0.67)	(0.14)
Bm	0.0439 ***	0.0059	0.0646 ***	0.0063
	(6.88)	(1.26)	(7.26)	(1.00)
Tover	-0.0009 ***	-0.0004 *	-0.0017 ***	-0.0008 ***
	(-2.81)	(-1.84)	(-3.53)	(-2.82)
Beta	0.0035	-0.0054 *	0.0015	-0.0106 **
	(0.81)	(-1.65)	(0.24)	(-2.29)
Illiq	-0.0157 ***	0.0167 **	-0.0224 ***	0.0263 **
	(-4.27)	(2.13)	(-4.55)	(2.26)
Roa	0.0615 ***	0.0649 ***	0.0202	0.0782 ***
	(5.37)	(5.99)	(1.29)	(5.27)
Age	0.0008	-0.0013	-0.0006	-0.0036 **
	(0.48)	(-1.09)	(-0.28)	(-2.18)
State	-0.0030	0.0009	-0.0094 ***	-0.0063 ***
	(-1.54)	(0.51)	(-3.38)	(-2.66)
Size	-0.0068 ***	-0.0002	-0.0108 ***	-0.0009
	(-5.95)	(-0.17)	(-6.63)	(-0.68)
Constant	0.1219 ***	0.0105	0.2248 ***	0.0368
	(5.17)	(0.50)	(6.72)	(1.23)
年度/行业	控制	控制	控制	控制
Observations	8110	9286	8110	9286
R^2	0.028	0.018	0.043	0.040
F	5.354	4.256	7.696	9.623

注：括号内数值表示 T 统计量；*** 、** 和 * 分别表示在 1%、5% 和 10% 的水平下显著。

5.3.6 稳健性检验

5.3.6.1 滞后一期稳健性检验

由于会计稳健性对股价漂移的影响可能存在滞后效应，为验证研究结论的可靠性，借鉴谢雅璐（2012）的研究，采用滞后一期的稳健性（lCscore）代替当期的稳健性进行回归。回归结果见表 5 - 7。回归结果显示，短期内，会计稳健性与未预期盈余交乘项系数在 1% 的显著性水平下显著为负，长期内，会计稳健性与未预期盈余交乘项系数在 5% 的显著性水平下显著为负，说明会计稳健性能够显著缓解短期和长期的股价漂移。结果依然稳健。

表 5 - 7   会计稳健性对股价漂移的影响（滞后一期的稳健性）

变量	CAR2 (1)	CAR30 (2)
Sue	-0.0018* (-1.90)	-0.0024* (-1.65)
lCscore	-0.0000 (-0.02)	-0.0000 (-0.69)
Sue × lCscore	-0.0003*** (-2.93)	-0.0003** (-2.54)
Psear	-0.0018 (-1.55)	-0.0019 (-1.10)
Bm	0.0243*** (5.32)	0.0347*** (5.49)
Tover	-0.0003 (-1.39)	-0.0011*** (-3.17)
Beta	-0.0044 (-1.34)	-0.0118** (-2.55)

续表

变量	CAR2 (1)	CAR30 (2)
Illiq	- 0. 0087 ** (- 2. 05)	- 0. 0157 *** (- 2. 60)
Roa	0. 0601 *** (5. 98)	0. 0417 *** (3. 02)
Age	0. 0021 (1. 52)	- 0. 0001 (- 0. 04)
State	- 0. 0031 * (- 1. 90)	- 0. 0115 *** (- 4. 98)
Size	- 0. 0034 *** (- 3. 99)	- 0. 0061 *** (- 5. 06)
Constant	0. 0396 ** (2. 10)	0. 1184 *** (4. 31)
年度/行业	控制	控制
Observations	11304	11304
R^2	0. 019	0. 036
F	4. 132	8. 287

注：括号内数值表示 T 统计量；*** 、** 和 * 分别表示在 1%、5% 和 10% 的水平下显著。

5.3.6.2   替换会计稳健性的衡量方法

参考 Basu（1997）提出的反回归方程重新对会计稳健性进行计算，得到会计稳健性指标 *Cscore*1，并利用公式（5 - 2）重新进行回归。回归结果见表 5 - 8。表 5 - 8 第（1）列结果显示，短期内，会计稳健性与未预期盈余交乘项系数在 5% 的显著性水平下显著为负；表 5 - 8 第（2）列结果显示，长期内，会计稳健性与未预期盈余交乘项系数在 10% 的显著性水平下显著为负，说明会计稳健性依然显著缓解短期和长期的股价漂移现象。结果依然稳健。

表 5 – 8　　　　会计稳健性对股价漂移的影响（替换会计稳健性）

变量	CAR2 (1)	CAR30 (2)
Sue	-0.0016 (-1.27)	-0.0024 * (-1.83)
Cscore1	-0.0005 (-0.27)	-0.0042 (-1.62)
Sue × Cscore1	-0.0013 ** (-2.06)	-0.0015 * (-1.77)
Psear	-0.0007 (-0.61)	-0.0024 (-1.49)
Bm	0.0214 *** (5.42)	0.0307 *** (5.64)
Tover	-0.0006 *** (-3.00)	-0.0011 *** (-4.06)
Beta	-0.0025 (-0.92)	-0.0061 (-1.59)
Illiq	-0.0083 ** (-2.21)	-0.0095 * (-1.83)
Roa	0.0607 *** (6.92)	0.0531 *** (4.45)
Age	-0.0008 (-0.82)	-0.0026 * (-1.86)
State	-0.0011 (-0.82)	-0.0083 *** (-4.35)
Size	-0.0028 *** (-3.86)	-0.0049 *** (-4.91)
Constant	0.0621 *** (3.95)	0.1323 *** (5.99)
年度/行业	控制	控制
Observations	15627	15627
R^2	0.017	0.035
F	5.306	11.23

注：括号内数值表示 T 统计量；*** 、** 和 * 分别表示在 1%、5% 和 10% 的水平下显著。

5.3.6.3 替换未预期盈余的计量方法

将未预期盈余的衡量方式替换为以下的计算方法: $Sue_{i,t} = (EPS_{i,t} - EPS_{i,t-1})/P_{i,t-1}$ (其中 $P_{i,t-1}$ 为股票 i 在 $t-1$ 年股票的收盘价),并利用公式 (5-2) 重新进行回归。回归结果见表5-9。表5-9第 (1) 列结果显示,短期内,会计稳健性与未预期盈余交乘项系数在10%的显著性水平下显著为负;表5-9第 (2) 列结果显示,长期内,会计稳健性与未预期盈余交乘项系数在5%的显著性水平下显著为负,说明会计稳健性能够显著缓解短期和长期的股价漂移现象。结果依然稳健。

表5-9 会计稳健性对股价漂移的影响 (替换未预期盈余衡量方法)

变量	CAR2 (1)	CAR30 (2)
Sue1	-0.0470*	-0.0833
	(-1.78)	(-1.63)
Cscore	0.0003	0.0005
	(0.67)	(0.87)
Sue1 × Cscore	-0.0119*	-0.0195**
	(-1.81)	(-2.29)
Psear	0.0001	-0.0003
	(0.12)	(-0.24)
Bm	0.0193***	0.0264***
	(5.17)	(5.12)
Tover	-0.0006***	-0.0011***
	(-3.23)	(-4.28)
Beta	-0.0035	-0.0082**
	(-1.36)	(-2.22)
Illiq	-0.0077**	-0.0089**
	(-2.39)	(-2.02)

续表

变量	CAR2 (1)	CAR30 (2)
Roa	0. 0419 *** (5. 56)	0. 0232 ** (2. 21)
Age	− 0. 0008 (− 0. 83)	− 0. 0031 ** (− 2. 34)
State	− 0. 0011 (− 0. 83)	− 0. 0077 *** (− 4. 21)
Size	− 0. 0027 *** (− 3. 82)	− 0. 0047 *** (− 4. 75)
Constant	0. 0601 *** (4. 00)	0. 1272 *** (5. 97)
年度/行业	控制	控制
Observations	17396	17396
R^2	0. 015	0. 034
F	5. 276	11. 90

注：括号内数值表示 T 统计量； *** 、** 和 * 分别表示在 1%、5% 和 10% 的水平下显著。

5. 3. 6. 4　剔除 2008 年国际金融危机的影响

2008 年国际金融危机造成股市动荡，本章结果包含了该噪声的影响，因此剔除 2008 年样本重新进行回归，回归结果见表 5 - 10。结果显示，不论在短期内还是长期内，会计稳健性与未预期盈余交乘项系数都在 5% 的显著性水平下显著为负，说明会计稳健性能够显著缓解短期和长期的股价漂移现象。前文回归结果依然稳健。

表 5 - 10　会计稳健性对股价漂移的影响（剔除 2008 年国际金融危机）

变量	CAR2 (1)	CAR30 (2)
Sue	− 0. 0017 (− 1. 05)	− 0. 0023 * (− 1. 71)

续表

变量	CAR2 (1)	CAR30 (2)
Cscore	0.0003	0.0005
	(0.67)	(0.91)
Sue × Cscore	− 0.0002 **	− 0.0002 **
	(− 2.06)	(− 2.06)
Psear	− 0.0004	− 0.0006
	(− 0.41)	(− 0.43)
Bm	0.0196 ***	0.0264 ***
	(5.08)	(4.94)
Tover	− 0.0005 ***	− 0.0010 ***
	(− 2.80)	(− 3.86)
Beta	− 0.0034	− 0.0083 **
	(− 1.31)	(− 2.22)
Illiq	− 0.0091 ***	− 0.0104 **
	(− 2.73)	(− 2.29)
Roa	0.0671 ***	0.0530 ***
	(8.30)	(4.78)
Age	− 0.0003	− 0.0029 **
	(− 0.29)	(− 2.09)
State	− 0.0014	− 0.0082 ***
	(− 1.05)	(− 4.35)
Size	− 0.0027 ***	− 0.0045 ***
	(− 3.79)	(− 4.50)
Constant	0.0618 ***	0.1275 ***
	(4.04)	(5.86)
年度/行业	控制	控制
Observations	16479	16479
R^2	0.019	0.038
F	6.390	12.590

注：括号内数值表示 T 统计量；*** 、** 和 * 分别表示在 1% 、5% 和 10% 的水平下显著。

5.4　影响机制分析

前文的理论分析与实证检验表明，会计稳健性可以通过发挥治理作用和提高投资者关注度缓解盈余公告后股价漂移的程度。本部分将对两者的作用路径进行检验。具体检验方法采用温忠麟等（2014）和林煜恩等（2018）的中介效应检验法进行路径检验，检验模型如下：

$$Med_{i,t} = \lambda_0 + \lambda_1 Cscore_{i,t} + \lambda_2 Controls_{i,t} + \sum Ind + \sum Year + \varepsilon_{i,t}$$

$$(5-3)$$

$$CAR_{i,t} = \theta_0 + \theta_1 Sue_{i,t} + \theta_2 Cscore_{i,t} + \theta_3 Sue_{i,t} \times Cscore_{i,t} + \theta_4 Med_{i,t}$$

$$+ \theta_5 Sue_{i,t} \times Med_{i,t} + \theta_6 Controls + \sum Ind$$

$$+ \sum Year + \varepsilon_{i,t}$$

$$(5-4)$$

公式（5-3）和公式（5-4）中 Med 代表中介变量，其余变量与公式（5-2）中一致。

第一步，先依据公式（5-2）对主模型进行回归，检验交乘项 $Sue_{i,t} \times Cscore_{i,t}$ 的系数 α_3 是否显著，即验证会计稳健性是否能够显著影响股价漂移，如果两者关系显著，则继续进行第二步检验。第二步，依据公式（5-3），检验 $Cscore_{i,t}$ 对中介变量 $Med_{i,t}$ 的回归系数 λ_1 是否显著，依据公式（5-4）检验交乘项 $Sue_{i,t} \times Med_{i,t}$ 回归系数 θ_5 是否显著，如果系数 λ_1 和系数 θ_5 都显著，则进行第四步检验，若系数 λ_1 和系数 θ_5 有一个不显著或者两个都不显著，则进行第三步检验。第三步，进行 Sobel 检验或 Bootstrap 检验，如果检验通过，则说明中介效应成立，不通过则中介效应不成立，停止分析。第四步，依据公式（5-4），检验交乘项 $Sue_{i,t} \times Cscore_{i,t}$ 的回归系数 θ_3 是否显著，如果系数 θ_3 显著则说明存在部分中介效应，不显著则存在完全中介效应。

5.4.1　会计稳健性、代理成本与股价漂移

虽然我国证券市场在不断完善，各项监管制度不断健全，会计信息质量有了很大的提升，但是由于新兴加转轨的特点，我国证券市场规范性不高，而会计信息质量的高低与管理层自身的利益息息相关。同时，管理层参与企业的日常经营管理活动，处于信息优势地位，而基于自身利益最大化的需求，他们可能会进行盈余管理。因此，上市公司管理层具备实施盈余管理的动机和可能性，导致企业会计信息质量下降，进一步恶化了投资者所处的信息环境。在这种信息不对称的情况下，为了获得较高的投资利益，投资者会提高搜寻公司特质信息的动机，以期获得更多有价值的信息，即通过提高对企业的关注程度缓解信息不对称，可以帮助投资者实施对企业管理层机会主义行为进行的约束，缓解代理问题。

Bernard 和 Thomas（1989）、Bartov（1992）发现由于投资者的不成熟，不能正确意识到未预期盈余的自相关特征，从而带来了股价漂移。于李胜和王艳艳（2006）发现会计信息能够显著影响资本市场上的股价漂移现象，如果企业发布的信息不确定性较高，那么投资者未预期盈余及股价漂移程度都较高，而且操纵应计盈余管理加重了股价漂移（刘寒和盛智颖，2015）。会计稳健性能够提高公司的治理水平，抑制管理者的自利行为，减少信息不对称和投资者的信息收集成本与风险，使更多的投资者愿意花费时间收集公司私有信息，并进行交易。袁蓉（2015）分析发现会计稳健性能够抑制管理者的盈余操控行为，提高企业信息质量（Qi Chen 等，2007）。唐清泉和韩宏稳（2018）在分析之中提出，稳健性在并购之中会产生重要的治理效果，而且还可以约束企业内部管理者依靠关联并购获得私利的机会主义行为，减少并购主体的损失。会计稳健性依靠抑制高估盈余进而实现企业治理水平的提高（谢志华和杨克智，2011）。于忠泊等（2013）基于股价信息含量的视角分析稳健性的治理功能，分析得出稳健

性和股价信息含量有着显著的正相关关系。由于企业管理层的自利动机，可能进行向上的盈余操纵，而会计稳健性可实现较强的治理效果，提升了管理层进行盈余管理的成本，降低了企业管理层实施机会主义行为的动机，进而降低企业信息不对称程度（Chen 等，2007；肖成民和吕长江，2010）。而且会计稳健性能够发挥信息的治理作用，限制管理者的自利行为，降低代理问题，减少信息不对称程度，使投资者对公司未来盈余预测更加准确，降低未预期盈余。因此，认为会计稳健性能够产生显著的治理效果，降低代理成本，缓解股价漂移现象。参考袁淳等（2011）的研究，采用资产周转率衡量代理成本 AC。

表 5-11 为代理成本（为了理解的方便，对资产周转率取了负数，转换为了正指标）对中介效应的检验结果，从前文回归结果可知，已验证 α_3 显著为负。从表 5-11 回归结果第（1）列可以看出，$Cscore$ 对代理成本的回归系数 λ_1 在 5% 的显著性水平下显著为负，说明会计稳健性能够显著降低代理成本，从第（2）列和第（3）列可以看出，$Sue \times AC$ 的系数均显著为正，说明代理成本在会计稳健性缓解股价漂移的过程中发挥了中介效应。

表 5-11　　　　　会计稳健性、代理成本与股价漂移

变量	AC	$CAR2$	$CAR30$
	(1)	(2)	(3)
Sue		-0.0157	-0.0466*
		(-0.90)	(-1.84)
$Cscore$	-0.0069**	0.0004	0.0008
	(-2.50)	(0.97)	(1.42)
$Sue \times Cscore$		-0.0002**	-0.0003**
		(-2.28)	(-2.24)
AC		-0.0006	0.0007
		(-0.46)	(0.37)
$Sue \times AC$		0.0020***	0.0025***
		(5.20)	(4.61)

续表

变量	AC (1)	CAR2 (2)	CAR30 (3)
Psear	− 0. 0297 ***	− 0. 0001	− 0. 0005
	(− 5. 74)	(− 0. 05)	(− 0. 33)
Bm	0. 0574 ***	0. 0195 ***	0. 0259 ***
	(2. 70)	(5. 23)	(5. 02)
Beta	0. 0674 ***	− 0. 0053 **	− 0. 0120 ***
	(4. 73)	(− 2. 15)	(− 3. 42)
Illiq	0. 0302	− 0. 0066 **	− 0. 0063
	(1. 59)	(− 2. 05)	(− 1. 44)
Roa	− 0. 7660 ***	0. 0531 ***	0. 0393 ***
	(− 22. 02)	(6. 66)	(3. 59)
Age	0. 0004	0. 0002	− 0. 0014
	(0. 08)	(0. 23)	(− 1. 05)
State	− 0. 0452 ***	− 0. 0011	− 0. 0076 ***
	(− 6. 02)	(− 0. 85)	(− 4. 15)
Size	− 0. 0378 ***	− 0. 0022 ***	− 0. 0036 ***
	(− 9. 55)	(− 3. 28)	(− 3. 83)
Constant	0. 2992 ***	0. 0466 ***	0. 1010 ***
	(3. 63)	(3. 28)	(4. 97)
年度/行业	控制	控制	控制
Observations	17376	17376	17376
R^2	0. 276	0. 017	0. 034
F	119. 4	5. 571	11. 73

注：括号内数值表示 T 统计量；*** 、** 和 * 分别表示在 1%、5% 和 10% 的水平下显著。

5.4.2 会计稳健性、投资者关注度与股价漂移

有学者认为投资者对盈余信息反应不足来源于其有限理性的各种行为偏差，进而引发股价漂移现象。近些年，随着信息技术的不断发展和市场信息的大量增长，投资者对市场信息的有限关注受到了学者们的日益重

视。学者们对该领域的研究发现，现代资本市场上信息过多，但是由于投资者有限关注度的影响，不可能对所有信息作出反应，他们需要对众多的信息进行筛选，只对自己关注的信息作出反应，造成对部分信息的反应不足现象，进而引发股价漂移。

Baber 和 Odean（2008）指出资本市场上股票众多，具有有限注意力的投资者如何在众多股票中选择并进行投资，研究发现受投资者关注度高的股票更能得到投资者青睐。Hirshleifer 等（2009）发现，同一时期资本市场上盈余公告的数量越多，投资者的注意力被分散的可能性越大，信息融入股价的速度越慢，股价漂移现象越严重。Dellavigna 和 Pollet（2009）研究发现，投资者注意力会受到周末的影响，如果公司选择在周五发布盈余公告，投资者对该公告的关注度明显低于其他时间发布的盈余公告，由于投资者注意力的分散导致周五发布的盈余公告信息反映到股价中的速度更加缓慢。权小锋和吴世农（2010）研究发现，随着投资者对资本市场上盈余公告信息关注度的提高，股价漂移现象得到了缓解。吴铁骐（2019）研究发现，资本市场上较多的盈余信息会导致投资者注意力分散，进而加剧了股价漂移现象。向诚和陆静（2020）研究发现，中国 A 股上市公司信息透明度与其股价漂移强度显著负相关，而且当同一天市场上有多家公司发布盈余公告时，公司透明度相对越高的公司，其股价漂移的程度越弱。同时，投资者的保守心理也是影响股价漂移的重要影响因素。投资者之所以会提高关注度，除了因为投资者自身存在的有限理性特征外，很大程度上还受到会计信息质量这一客观因素的影响。因为，会计信息是资本市场上重要的信息来源，有助于投资者更准确地对资产进行估值，其质量对投资者投资效率至关重要。Chan 等（2004）指出，由于投资者保守性心理偏差使其对新信息反应不足，即投资者在获得新信息时存在保守性，难以更新原有的观念，导致股价调整速度较慢，在会计信息质量较低的企业中，这类投资者的保守性偏差更大。因此，资本市场上的投资者会对会计信息质量高的公司给予更高的关注度（Biddle 等，2009）。

从投资者投资决策效率的角度看，资本市场上的投资者作出投资决策之前，需要对会计信息进行收集与处理，而高质量的会计信息能够为企业投资者带来更可靠和更相关的信息，降低投资者搜寻信息的成本和对公司未来预期的不确定性，帮助投资者正确估计公司价值并准确预测股票未来的发展，减少投资者投资失误带来的损失。会计稳健性通过对盈余的严格判断、对损失的及时确认，提供更加保守的盈余信息，使投资者更加相信企业提供的盈余信息的可靠性，降低投资者的保守心理，提高投资者对企业的关注度，随着投资者对公司关注度的提高，加快了公司层面信息反映到股价中的速度。而且，会计稳健性使负面消息的识别和传播更加迅速，实行稳健会计和由过度自信的 CEO 经营的公司表现出更好的现金流绩效，向投资者传递较好的信号（Hsu 等，2017），即管理者是否选择稳健地报告会计信息能够向市场传递信号，提高投资者关注度。因此，认为会计稳健性可以通过提高投资者关注度缓解股价漂移。参照 Hou 等（2015）的研究，选择换手率衡量投资者关注度 $Tover$。

表 5 - 12 为投资者关注度的中介效应检验，从前文回归结果可知，已验证 α_3 显著为负。从表 5 - 12 第（1）列回归结果可以看出，会计稳健性对投资者关注度的回归系数 λ_1 在 1% 的显著性水平下显著为正，说明会计稳健性能够显著提高投资者关注度，从第（2）列和第（3）列可以看出，$Sue \times Tover$ 的系数均显著为负，说明投资者关注度在会计稳健性缓解股价漂移的过程中发挥了中介效应。

表 5 - 12　　　　　会计稳健性、投资者关注度与股价漂移

变量	Tover (1)	CAR2 (2)	CAR30 (3)
Sue		− 0. 0012 * (− 1. 74)	− 0. 0013 * (− 1. 81)

变量	Tover (1)	CAR2 (2)	CAR30 (3)
Cscore	0.1045 *** (5.86)	0.0004 (0.95)	0.0007 (1.29)
Sue × Cscore		− 0.0002 * (− 1.89)	− 0.0002 * (− 1.81)
Tover		− 0.0006 *** (− 3.19)	− 0.0011 *** (− 4.29)
Sue × Tover		− 0.0001 * (− 1.65)	− 0.0002 *** (− 2.61)
Psear	− 0.1493 *** (− 4.09)	− 0.0003 (− 0.31)	− 0.0009 (− 0.61)
Bm	− 1.9394 *** (− 15.00)	0.0219 *** (5.82)	0.0298 *** (5.74)
Beta	4.6906 *** (40.35)	− 0.0027 (− 1.02)	− 0.0068 * (− 1.84)
Illiq	− 0.8919 *** (− 6.07)	− 0.0082 ** (− 2.55)	− 0.0096 ** (− 2.19)
Roa	− 2.9309 *** (− 11.45)	0.0617 *** (7.84)	0.0481 *** (4.48)
Age	− 1.7373 *** (− 31.73)	− 0.0005 (− 0.53)	− 0.0028 ** (− 2.11)
State	− 0.4434 *** (− 8.26)	− 0.0012 (− 0.95)	− 0.0080 *** (− 4.40)
Size	− 0.2585 ** (− 2.97)	− 0.0030 *** (− 4.28)	− 0.0050 *** (− 5.11)
Constant	4.2908 *** (12.23)	0.0629 *** (4.19)	0.1296 *** (6.08)
年度/行业	控制	控制	控制
Observations	17396	17396	17396
R^2	0.436	0.018	0.037
F	322.7	6.099	12.52

注：括号内数值表示 T 统计量；*** 、** 和 * 分别表示在 1%、5% 和 10% 的水平下显著。

5.5　本章小结

本章基于行为金融理论中的投资者有限理性和信息不对称理论，在考察会计稳健性对股价漂移影响的基础上，分析和检验了内部控制水平、投资者类型和经济政策不确定性对两者关系的调节作用，并进一步探究了会计稳健性对股价漂移影响的作用机制。实证结果证实，会计稳健性显著缓解了资本市场上的股价漂移现象。分组检验发现，在内部控制水平较低的情况下，会计稳健性对股价漂移的缓解作用更强，说明会计稳健性能够弥补内部控制缺陷给企业和投资者带来的不良影响；机构投资者持股比例较高的情况下，企业会计稳健性对股价漂移的缓解作用更强，说明机构投资者通过自身对企业的监督及更加丰富的专业知识和信息资源，强化了会计稳健性对股价漂移的缓解作用；经济政策不确定性较高的情况下，企业会计稳健性对股价漂移的缓解作用更强，说明当企业面临不确定的经营环境时，会计稳健性能够消除经济政策不确定性对企业决策行为和投资者决策行为的不利影响，对股价漂移的缓解作用更加显著。机制检验发现，会计稳健性能够通过降低代理成本和提高投资者关注度两条途径显著缓解股价漂移。

本章研究了会计稳健性与股价漂移之间的关系。实证结果发现，会计稳健性能有效缓解股价漂移。一方面，表明会计稳健性能够提高公司的治理水平，抑制管理者的自利行为，减少信息不对称，提高企业信息质量；另一方面，基于会计稳健性对损失的及时确认，迎合了投资者的保守心理，提高投资者的关注度。研究结论表明，会计稳健性不仅能够提高会计信息质量，还能够发挥信息传递作用，促进会计信息的传递，进而影响投资者的投资行为。本章的研究结论对于理解会计稳健性提高资本市场定价效率具有重要理论价值。资本市场上存在股价漂移异象，造成股票价格偏离了内在价值，不利于社会资源的有效配置。会计稳健性提高了资本市场信息环境，并且通过影响投资者的决策过程，促进了资本市场资源配置功能的有效发挥。

第6章 会计信息可比性对盈余公告后股价漂移的影响

　　资本市场上充斥着形形色色的信息，市场上的投资者对信息进行收集和认知的过程并不是零成本的。如果投资者对某公司信息的认知要付出较高的成本，当该类公司在资本市场上发布新信息时，投资者不会对该类信息作出及时的反应，带来了反应不足现象。根据已有文献，会计信息质量能够对股价漂移产生影响（于李胜和王艳艳，2007）。会计信息可比性能够提高企业会计信息质量（Hail 等，2010），企业间更可比的会计信息具备溢出效应，同时可比性较高的盈余信息能够传递同行业相关企业的信息，减少投资者实际的信息收集及处理成本（De 等，2011），为投资者识别和理解不同公司之间经济业务的相似和不同提供了可能，有助于投资者对不同公司的财务状况进行比较和鉴别，提高投资者对资产合理定价的能力。因此，本章从会计信息可比性角度出发，基于信息不对称与行为金融理论，考察会计信息可比性对股价漂移的影响。首先，对会计信息可比性影响股价漂移进行理论分析并提出研究假设；其次，分别考察股权制衡度、投资者保护水平和环境不确定性在两者关系中的调节作用；最后，考察会计信息可比性对股价漂移影响的作用机制。

6.1　理论分析与假设提出

6.1.1　会计信息可比性与股价漂移

投资者对资本市场上信息的认知是有限的，在进行投资的时候，他们会首先考虑自己比较熟悉的股票。1987年Merton指出，在资本市场上，投资者从众多信息中筛选出自己所需要的信息是需要付出成本的，如果对资本市场上某公司的信息进行识别需要付出较高的成本，显然会降低投资者对该公司信息识别的意愿，进而导致对该类公司的认知度较低。张英等（2014）研究了投资者的公司认知度对股票未来收益的影响，研究发现两者之间存在显著的负相关关系，进一步分析发现，在特有风险较高的公司中，投资者认知度对股票未来收益的降低作用更加显著。

刘睿智等（2015）研究发现，会计信息可比性高的企业其财务信息更加可靠，公司会计信息可比性的提高，有助于投资者对会计信息真实性的验证，降低了投资者依据错误信息作出错误决策带来的投资损失。会计信息可比性越高，越能提供更多数量和更高质量的会计信息，缓解企业内外部之间的信息不对称，降低了管理层实施私利行为的动机，有效抑制管理层的盈余管理行为（陈俊和张传明，2010；Sohn，2016），上市公司会计信息更加透明。当企业会计信息拥有较高的可比性时，外部投资者通过对同行业公司会计信息的分析和挖掘，获得更多与目标公司相关的信息，提高了企业的信息透明度，从而能够帮助投资者理解企业会计数字背后的实质（De Franco等，2011）。同时，可比性更高的财务信息可以对其他企业带来外部性的影响（Hail等，2010），企业之间更可比的会计信息可以相互补充，提升各类盈余信息的使用价值，为资本市场提供相关增量数据，因此其具备一定的信息溢出效应（Fang等，2016）。鲁威朝等（2019）也

指出，投资者在资本市场获取信息以期更准确判断目标公司未来发展绩效
的过程中，高可比性的会计信息为投资者提供增量信息，公司间会计信息
可比性越高其外溢效应越明显（李青原和王露萌，2020）。当外部投资者
对同行业内不同的公司进行比较时，对于可比性较高的公司，投资者不需
要过多地进行主观估计，使外部投资者更方便估计与比较公司业绩（Kim
等，2013），因此可比性的提升能够帮助外部投资者减少收集信息与加工
信息的成本（Barth 等，2012），投资者能够通过对同行业内其他公司的会
计信息进行比较，获得更多有价值的信息，提高其对未来股价预测的准确
性（袁知柱和张小曼，2020）。即当公司的会计信息可比性较高时，表明
其在资本市场上公开披露的会计信息更加真实、可靠，对投资者的有用性
更强，投资者据此作出的投资决策也更加合理，有助于股票的正确定价。

已有文献表明，会计信息可比性既能够对企业的会计信息质量产生影
响，也会对资本市场上的投资者行为产生影响。第一，资本市场中的信息
不对称会带来逆向选择和道德风险，会计信息可比性可以抑制管理者的盈
余管理行为，使外部投资者更好地估计和评判公司的真实经营现状，使投
资者根据企业在资本市场上公开披露的信息推断企业未来盈利能力等关键
信息，即高可比性的会计信息更加容易获取且更加可靠，提高会计信息透
明度，能够帮助投资者作出更加有效的投资决策，缓解股价漂移。第二，
会计信息可比性可以提高投资者对公司的认知度，缓解股价漂移。当会计
信息可比性较高的时候，投资者根据市场其他公司信息能够提高对该公司
的认知度，投资者对该公司信息的接收程度也更高，当资本市场上有关于
该公司的相关信息出现时，投资者对该信息的反应速度也更快，将信息反
映在股价中。即会计信息可比性能够发挥信息溢出效应，会计信息可比性
高的企业其财务信息更容易被投资者所获取，提高投资者认知度，投资者
获得的信息越多，投资者对公司的认识越全面和深刻，越有利于盈余信息
融入股价。以上分析表明，会计信息可比性能够通过其外部治理与信息溢

出效应，抑制管理层盈余管理行为，提高会计信息质量，降低信息获取成本，提高投资者对公司的认知度，缓解股价漂移现象。基于此，提出本章的假设1。

假设1：会计信息可比性能有效缓解盈余公告后股价漂移。

6.1.2 股权制衡度、会计信息可比性与股价漂移

股权制衡在公司治理过程中发挥着重要的作用，企业制衡股东之间可以起到相互制约和相互监督的作用，进而对企业实施的各项经营决策带来显著的影响。如果公司股权集中度较高，控股股东便有可能凭借其控股优势侵占公司利益（Iftikhar，2019）。尤其是在法律法规尚不健全的地区，提高上市公司的股权制衡度能够保护中小投资者的利益，股权集中度越高，财务报告质量越低（La Porta 等，2000）。多个大股东相互制衡的股权结构能够发挥良好的公司治理作用，进而改善公司的经营状况。涂国前和刘峰（2011）研究发现，当企业股权过于分散时，对管理层行为的监督作用较弱，如果企业存在多个大股东，就会产生较强的治理作用，有助于提高公司绩效。隋静等（2016）发现合理的股权制衡能够通过对大股东和经理层的约束，使大小股东之间的利益趋于一致，股权制衡度越高，对大股东的制约效果越好，公司的治理表现越好（施东晖，2000）。同时，公司存在股权制衡可以有效防止大股东对中小股东的利益侵占行为（刘凤朝等，2017）。

总之，当上市公司股权较集中时，控股股东凭借其股权优势，可以实施有损中小股东利益的私利行为。首先，当公司存在较高的股权制衡度时，为了保护自身利益不受侵害，制衡股东会更加关注控股股东的行为，降低了控股股东实施私利行为的可能性，从而保护了各利益相关者的利益。其次，当股权制衡度较高时，能够降低控股股东的持股比例。公司的各种信息能够被更多的股东所掌握，使公司信息透明度更高，缓解代理问

题。即股权制衡度较高能够强化其他股东对大股东的有效监督，防止大股东侵害中小投资者利益，进而抑制大股东的私利行为。因此，当股权制衡度低时，会计信息可比性公司治理功能的发挥就会显著增强，它通过提供高质量的会计信息，降低信息不对称，提高投资者预期盈余的准确度，从而缓解了盈余公告后股价漂移，弥补股权制衡度低带来的负面效应，会计信息可比性对股价漂移发挥作用的空间更大。基于此，提出本章的假设 2。

假设 2：企业股权制衡度越低，会计信息可比性对股价漂移的缓解作用越显著。

6.1.3　投资者保护水平、会计信息可比性与股价漂移

在我国投资者相关保护机制不健全的情况下，外部投资者利益难免会受到企业大股东及管理层的侵占。因此，为了减少大股东和管理层基于私利对外部投资者利益的侵占，应该建立健全企业内外部监督机制，保护投资者核心利益。1998 年 La Prota 等提出了投资者保护的定义：投资者保护是为防止企业内部管理层和控股股东侵占外部投资者和债权人利益的一种法律制度。投资者保护不仅可以提高公司的治理水平，缓解代理问题，而且可以对企业管理层和大股东侵占外部投资者利益的行为进行有效约束。

作为重要的公司外部治理机制，投资者保护不仅能够抑制管理层各种私利行为，切实发挥保护投资者利益的作用，还能提高企业的会计信息透明度（Leuz 等，2003；袁知柱等，2014）。Leuz 等（2003）发现在投资者保护机制完善的情况下，能够有效抑制公司管理层利用控制权为自身谋取利益的机会主义行为，降低了管理层进行盈余管理的可能性，即较高的投资者保护水平降低了企业盈余管理程度。李延喜和陈克兢（2014）发现投资者保护水平与企业应计盈余管理水平呈现显著的负相关关系，即公司处于投资者保护水平较高的地区，公司的应计盈余管理程度越低。袁知柱等（2014）的研究也得出了同样的结论。罗党论和唐清泉（2007）研究发现

在外部治理环境较差的情况下，法律对投资者利益不受内部管理者侵占的保护效果不显著，提高了企业管理层的盈余管理动机，降低了企业披露的盈余信息质量。何平林等（2019）研究发现，公司所处的法治环境与其可操纵盈余为显著的负相关关系，即公司所处的地区法治环境越好，企业披露的盈余信息质量越高，一定程度上抑制了管理层的盈余管理行为。Bushman 等（2004）研究发现，企业面对的外部治理环境与其会计信息披露质量存在一定替代关系，即当企业外部治理环境较差时，会在一定程度上提升公司披露的会计信息质量，从而弥补了公司外部治理机制不健全带来的不良影响。La Porta 等（2000）发现，在一定程度上，通过为外部投资者提供高质量的会计信息能够降低由于外部治理环境差而给投资者带来的不利影响。有学者研究发现，投资者保护程度作为投资者面临的治理环境，在其水平较低的情况下，会让投资者处于更加不利的位置，而企业通过提供高质量的会计信息，可以优化投资者面临的信息环境，一定程度上弥补投资者保护程度低带来的不利影响（陈胜蓝和魏明海，2006）。袁媛等（2019）也发现，投资者保护水平较低会给资本市场带来不利影响，但是通过提高会计信息可比性，这种不利影响程度有所降低。

一般来讲，投资者保护水平较高的国家（地区）法律体系更加健全，拥有更多的法律规定和条款，各种法律规定和条款对企业管理层操纵盈余行为的抑制作用更强，而且在法律体系健全的条件下，各项法律制度的执行效果较好，投资者对企业管理层的监督手段更多，监督效果更好。法律体系的监督提高了企业管理层的会计信息诉讼成本，管理层提供虚假的财务会计信息被发现后，受到的惩罚更为严重，此时管理层进行盈余管理的动机较弱，提供高质量会计信息的动机较强（修宗峰，2010）。投资者保护程度较高，使更多公司层面的信息反映到股价中，提高了股价信息含量。由此可见，在投资者保护水平较低时，企业通过提供可比性较高的会计信息，可以显著抑制管理层的盈余管理行为，弥补由投资者保护水平低带来的不利影响。因此,当投资者保护水平较低时,就会显著提高会计信息可比性的公司治理功能,它通过提供高质量的会计信息,降低信息不对称和投资者未预期盈余,从而缓解了盈余公告后股价漂移,弥补投资者保护水平较弱给投资者带来的不利影响。而当投资者保护水平较高时,会计信息可比性发挥作用的空间较小,其对股价漂移的缓解作用减弱。综上所述,在投资者保护水平较低时,会计信息可比性对股价漂移的缓解作用更加显著。基于此,提出本章的假设3。

假设3:投资者保护水平越弱,会计信息可比性对股价漂移的缓解作用越显著。

6.1.4 环境不确定性、会计信息可比性与股价漂移

外部环境不确定性对于企业本身的经营管理活动和市场的投资者行为都会产生影响,进而影响资本市场定价效率。其一,Healy 等（1999）研究发现,由于代理问题的存在,企业管理者和外部投资者之间存在显著的信息不对称,而外部环境的不确定性会加剧信息不对称程度,即随着环境不确定性的增加,企业内外部之间信息不对称程度也随之提高（Ghosh D 和 Olsen L,2009）,投资者更难以对企业管理层的经营管理活动进行监督,管理层也更有机会隐藏其经营不善和管理失误（申慧慧和吴联生,2012）,外部投资者对管理层业绩的评估准确性降低,加大了市场对管理层的监督难度,为管理层操纵会计信息提供了条件;其二,较高的环境不确定性导致企业业绩波动性较大,管理层有动机提前确认已实现但是尚未收到的盈余来稳定业绩,由于投资者认知的有限性,无法识别出管理层的盈余操纵行为,从而做出错误的投资决策（Xie,2001）,致使股票价格偏离内在价值（Ghosh D 和 Olsen L,2009）,为了缓解不确定性带来的不利影响,管理层进行盈余管理的动机增强（申慧慧和吴联生,2012）。

　　总之，环境不确定性是现代经济社会的重要特征，会对企业和投资者投资行为产生影响。较高的环境不确定性增加了企业的信息不对称程度，使投资者更难以预测公司的盈余水平，产生更多非理性行为。环境不确定性反映了投资者所处的信息环境、收集信息所需的成本，会计信息可比性使投资者更有效地监督管理层行为，降低了由于信息不对称而导致投资者发生决策偏差的可能性，通过信息的外溢效应有效缓解环境不确定性带来的负面影响。因此，当企业经营环境不确定性较高的情况下，管理者进行盈余管理的动机更强，披露的会计信息质量较低，会计信息可比性发挥的信息溢出效应作用更大。基于此，提出本章的假设4。

　　假设4：企业面临的环境不确定性越高，会计信息可比性对股价漂移的缓解作用越显著。

6.2　研究设计

6.2.1　数据来源与样本选取

　　本章以中国A股上市公司为研究对象，选取2005—2019年数据为样本（因计算会计信息可比性指标要用到前4年16个季度的相关数据，而我国上市公司季度报表披露是从2002年开始的，所以计算出的会计信息可比性最早年份为2005年），并对初始样本进行了如下处理：（1）剔除了金融行业和被ST的样本；（2）对主要变量缺失的样本进行了删除处理，最终得到15940个公司年份样本；（3）对所有连续变量在1%和99%水平上进行了Winsorize处理。所用数据均来自CSMAR数据库，数据处理和分析采用Stata15.0。

6.2.2 变量定义与模型构建

6.2.2.1 被解释变量

（1）被解释变量 CAR

超额收益 CAR 的计算采用市场调整超额收益（Market – adjusted Excess Returns）。股票 i 在 t 年盈余公告后第 m 到 n 天累计超额收益为：$CAR_{i,t}(m, n) = \sum AR_{i,t}$，其中，$AR_{i,t,j} = R_{i,t,j} - R_{p,t,j}$ 为股票 i 在 t 年盈余公告后第 j 天的超额收益，$R_{i,t,j}$ 为股票 i 在 t 年盈余公告后第 j 天的收益率，$R_{p,t,j}$ 为股票 i 在 t 年盈余公告后第 j 天考虑现金红利再投资的综合日市场回报率。本章用盈余公告后 1～2 天的超额收益 $CAR2$ 来衡量盈余公告后短期的股价漂移现象，用盈余公告后 3～30 天的超额收益 $CAR30$ 来衡量盈余公告后长期的股价漂移现象。

（2）未预期盈余

借鉴吴世农和吴超鹏（2005）以及谭伟强（2008）的研究，采用随机游走模型来定义标准化的未预期盈余：

$$Sue_{i,t} = (EPS_{i,t} - EPS_{i,t-1}) / |EPS_{i,t-1}| \qquad (6-1)$$

其中，$EPS_{i,t}$ 为公司 i 在 t 年的每股收益，$EPS_{i,t-1}$ 为上年的每股收益。$Sue_{i,t}$ 表示公司 i 近几年每股收益波动程度所预示的收益趋势。平均来看，$Sue_{i,t}$ 绝对值越大，表明未预期盈余越高，预期公告发布后公司股价反应更为强烈。

（3）会计信息可比性

借鉴胥朝阳和刘睿智（2014）的方法，根据第 3 章公式（3－8）至公式（3－11），计算出公司 i 的会计信息可比性，该指标为正指标，其值越大，说明会计信息可比性越强。

（4）投资者保护水平

借鉴黎来芳等（2012）、于文超和何勤英等（2013）的方法，使用樊纲等（2011）开发的"中国市场化指数"来衡量地区的投资者保护水平，将该值取自然对数后作为投资者保护水平指标。

（5）环境不确定性

借鉴申慧慧（2010）、花冯涛和徐飞（2018）的研究方法，计算调整后的环境不确定性。

（6）股权制衡度

借鉴关璧麟和葛志苏（2021）的研究方法，股权制衡度采用公司第二大到第五大股东持股比例之和与第一大股东持股比例的比值来衡量。

（7）控制变量

借鉴于李胜和王艳艳（2006）、杨德明和林斌（2009）、向诚和陈逢文（2019）的研究，控制了其他可能影响公司股价漂移的一些变量。具体见表6-1。

表6-1　　　　　　　　　　变量定义

变量符号	变量名称	变量计算
CAR	超额回报	采用市场调整法计算的累计超额收益
Sue	未预期盈余	$Sue_{i,t} = (EPS_{i,t} - EPS_{i,t-1}) / |EPS_{i,t-1}|$
CompAcct	会计信息可比性	借鉴胥朝阳和刘睿智（2014）的方法计算得到
Pre	投资者保护水平	投资者保护水平大于等于年度行业中位数取1，否则取0
Deu	环境不确定性	借鉴申慧慧（2012）、花冯涛等（2018）的方法计算得到
Z	股权制衡度	大于等于年度行业中位数取1，否则取0
Ins	机构投资者	大于等于年度行业中位数取1，否则取0
Psear	永久性盈余	营业利润/利润总额
Bm	账面市值比	总资产/市值
Tover	换手率	年内日换手率（流通股数）之和
Beta	系统风险	沪深市场综合回报率以市场回报率计算
Illiq	非流动性	参照熊家财和苏冬蔚（2014）的计算方法计算得到
Age	公司年龄	公司上市年限加1取对数
State	企业性质	国有企业取1，非国有企业0
Size	公司规模	公司总资产的对数

6.2.2.2　模型构建

借鉴于李胜和王艳艳（2006）的研究，构建了本章的基本检验模型（6-2），若会计信息可比性能有效缓解股价漂移现象，预期回归系数 α_3 显著为负。

$$CAR_{i,t} = \alpha_0 + \alpha_1 Sue_{i,t} + \alpha_2 CommpAcct_{i,t} + \alpha_3 Sue_{i,t} \times CommpAcct_{i,t} +$$

$$\alpha_4 Controls + \sum Ind + \sum Year + \varepsilon_{i,t} \qquad (6-2)$$

6.3　实证结果

6.3.1　描述性统计

表6-2为全样本的描述统计结果，其中盈余公告后2天的超额回报的均值和中位数为负，表明短期内中国股市存在盈余公告后负的超额回报，盈余公告后30天的超额回报均值为正，表明随着时间的推移，投资者对盈余公告信息有了更深入的认识，盈余信息不断融入股价，使超额回报有所上升，也表明了股价漂移现象的存在。未预期盈余的均值为负，而且最大值与最小值差距较大，表明投资者对公司盈余的预测准确性不高，不同公司中未预期盈余的差异较大。会计信息可比性标准差较小，说明总体上中国上市公司会计信息可比性差距并不大。股权制衡度的均值为0.6074，最小值与最大值之间的差距较大，说明不同公司间股权制衡度水平差异较大。投资者保护水平的均值和中位数差距较大，标准差较高，表明我国各地区投资者保护水平不均衡，差异较大。环境不确定性均值为0.533，标准差为0.499，表明我国上市公司面临的环境不确定性和波动性较大。

表 6 - 2　　　　　　　　　　主要变量描述性统计

变量	样本量	均值	中位数	标准差	最小值	最大值
CAR2	15940	-0.0016	0.0326	-0.0033	-0.0894	0.1040
CAR30	15940	0.0018	0.1050	-0.0089	-0.2390	0.3450
Sue	15940	-0.1280	3.1110	0.0320	-21.0600	9.6480
CompAcct	15940	-0.0107	0.0049	-0.0096	-0.0327	-0.0040
Pre	15940	9.3300	5.1060	8.4000	1.0400	21.5700
Deu	15940	0.5330	1	0.4990	0	1
Z	15940	0.6074	0.4375	0.5563	0.0180	2.6107
Ins	15940	6.4830	7.6300	3.6320	0	35.2200
Psear	15940	0.8120	0.6250	0.9720	-3.4710	1.7460
Bm	15940	0.6520	0.2470	0.6630	0.1250	1.1320
Tover	15940	5.8270	4.3980	4.6120	0.5530	25.0300
Beta	15940	1.0790	0.2440	1.0810	0.4490	1.8860
Illiq	15940	0.1020	0.2110	0.0432	0.0029	2.1830
Age	15940	2.2330	0.6990	2.3980	0	3.3670
State	15940	0.5220	0.5000	1	0	1
Size	15940	22.1600	1.3150	22.0000	19.5400	26.1600

6.3.2　会计信息可比性与股价漂移

表 6 - 3 为会计信息可比性对股价漂移的回归结果。结果显示，表 6 - 3 中第（1）列，未预期盈余与会计信息可比性交乘项的系数不显著，第（2）列，未预期盈余与会计信息可比性交乘项的系数显著为负，说明会计信息可比性对短窗口（CAR2）的股价漂移没有显著影响，但显著降低了长窗口（CAR30）的股价漂移现象，即从长期来看，会计信息可比性能够有效缓解股价漂移的程度。会计信息可比性对短期的股价漂移影响不显著，可能的原因是投资者对同行业之间的会计信息进行比较，需要一定的时间进行处理，而且不同公司发布盈余公告的时间并不一致，这都会使得投资者不能及时比较同行业之间的会计信息并及时调整投资策略，导致会计信

息可比性作用的发挥需要一定的时间，支持了本章的假设1。

表6-3   会计信息可比性对股价漂移的影响

变量	CAR2 (1)	CAR30 (2)
Sue	-0.0010	-0.0006
	(-1.55)	(-1.61)
CompAcct	0.5068**	0.1634**
	(2.46)	(2.44)
Sue × CompAcct	0.0284	-0.0310**
	(0.70)	(-2.53)
Ins	0.0001	0.0001*
	(1.15)	(1.83)
Psear	-0.0010	-0.0011***
	(-0.69)	(-2.79)
Bm	0.0270***	-0.0001
	(5.03)	(-0.05)
Tover	-0.0010***	-0.0001
	(-3.87)	(-1.01)
Beta	-0.0099**	-0.0014
	(-2.50)	(-1.15)
Illiq	-0.0060	-0.0039*
	(-0.95)	(-1.81)
Age	-0.0025*	-0.0001
	(-1.78)	(-0.27)
State	-0.0097***	-0.0004
	(-4.97)	(-0.74)
Size	-0.0045***	0.0003
	(-4.45)	(1.04)
Constant	0.0962***	-0.0023
	(4.17)	(-0.32)
年度/行业	控制	控制
Observations	15940	15940
R^2	0.037	0.008
F	11.910	2.586

注：括号内数值表示 T 统计量；***、** 和 * 分别表示在1%、5%和10%的水平下显著。

6.3.3 股权制衡度、会计信息可比性与股价漂移

表6-4列示了股权制衡度在会计信息可比性与股价漂移两者关系中的调节作用，表6-4中第（1）列和第（2）列结果显示，短期内，股权制衡度低的组和股权制衡度高的组内，会计信息可比性对股价漂移缓解作用均不显著。第（3）列和第（4）列结果显示，长期内，股权制衡度低的组内会计信息可比性与未预期盈余交乘项的系数在1%的显著水平下显著为负，说明会计信息可比性能够能有效缓解股价漂移，股权制衡度高的组内会计信息可比性对股价漂移缓解作用不显著。说明在股权制衡度低的情况下，会计信息可比性作用的发挥空间更大，对股价漂移的缓解作用更强。支持了本章的假设2。

表6-4　　　　股权制衡度、会计信息可比性与股价漂移

变量	CAR2		CAR30	
	股权制衡度低	股权制衡度高	股权制衡度低	股权制衡度高
	（1）	（2）	（3）	（4）
Sue	0.0021	0.0003	− 0.0007 *	− 0.0006
	(1.45)	(0.35)	(− 1.69)	(− 1.62)
CompAcct	0.8310 ***	0.1752	0.1156	0.2293 **
	(3.00)	(0.57)	(1.24)	(2.40)
Sue × CompAcct	− 0.0833	0.0611	− 0.0456 ***	− 0.0124
	(− 1.56)	(0.78)	(− 2.81)	(− 0.66)
Ins	− 0.0000	0.0002	0.0001	0.0001
	(− 0.04)	(1.34)	(1.12)	(1.22)
Psear	− 0.0010	− 0.0013	− 0.0017 ***	− 0.0003
	(− 0.52)	(− 0.55)	(− 3.08)	(− 0.56)
Bm	0.0230 ***	0.0297 ***	− 0.0007	0.0003
	(3.03)	(3.87)	(− 0.31)	(0.13)
Tover	− 0.0007 *	− 0.0013 ***	− 0.0000	− 0.0001
	(− 1.80)	(− 3.65)	(− 0.29)	(− 1.08)

续表

变量	CAR2		CAR30	
	股权制衡度低	股权制衡度高	股权制衡度低	股权制衡度高
	（1）	（2）	（3）	（4）
Beta	− 0. 0159 ***	− 0. 0057	− 0. 0020	− 0. 0010
	（ − 2. 85）	（ − 1. 03）	（ − 1. 17）	（ − 0. 60）
Illiq	− 0. 0094	− 0. 0050	− 0. 0011	− 0. 0069 **
	（ − 0. 92）	（ − 0. 62）	（ − 0. 33）	（ − 2. 43）
Age	− 0. 0023	− 0. 0032 *	− 0. 0004	0. 0000
	（ − 1. 05）	（ − 1. 65）	（ − 0. 60）	（0. 07）
State	− 0. 0113 ***	− 0. 0081 ***	− 0. 0006	− 0. 0004
	（ − 4. 09）	（ − 2. 86）	（ − 0. 67）	（ − 0. 51）
Size	− 0. 0028 *	− 0. 0059 ***	0. 0006	0. 0001
	（ − 1. 79）	（ − 4. 33）	（1. 25）	（0. 23）
Constant	0. 0507	0. 1375 ***	− 0. 0131	0. 0090
	（1. 45）	（4. 37）	（ − 1. 21）	（0. 89）
年度/行业	控制	控制	控制	控制
Observations	8064	7876	8064	7876
R^2	0. 038	0. 043	0. 011	0. 011
F	6. 268	7. 146	1. 994	1. 828

注：括号内数值表示 T 统计量；*** 、** 和 * 分别表示在 1% 、5% 和 10% 的水平下显著。

6.3.4 投资者保护水平、会计信息可比性与股价漂移

表 6 – 5 列出了企业投资者保护水平不同时，会计信息可比性对股价漂移影响的回归结果。表 6 – 5 中第（1）列和第（2）列显示，短窗口内（CAR2）会计信息可比性和未预期盈余两者交乘项的系数并不显著，这与总样本的回归结果是一致的，说明不论投资者保护水平高低，会计信息可比性发挥作用都需要一定的时间。表 6 – 5 中第（3）列和第（4）列显示，长窗口内（CAR30），投资者保护水平高的组会计信息可比性和未预期盈余两者交乘项的系数不显著，投资者保护水平低的组会计信息可比性和未预

期盈余两者交乘项的系数显著为负，表明在投资者保护水平低的组，会计信息可比性对股价漂移的缓解作用显著，说明投资者保护水平发挥了治理效应，提高了企业的会计信息质量，与会计信息可比性之间存在替代效应。支持了本章的假设 3。

表 6 – 5　　　　投资者保护水平、会计信息可比性与股价漂移

变量	CAR2		CAR30	
	投资者保护水平低	投资者保护水平高	投资者保护水平低	投资者保护水平高
	(1)	(2)	(3)	(4)
Sue	− 0.0008	− 0.0012	− 0.0011	− 0.0003
	(− 0.97)	(− 1.22)	(− 1.46)	(− 1.09)
CompAcct	0.4002	0.6538 **	0.1168	0.1909 **
	(1.45)	(2.09)	(1.14)	(2.15)
Sue × CompAcct	0.0278	0.0289	− 0.0641 ***	− 0.0103
	(0.52)	(0.48)	(− 3.30)	(− 0.68)
Ins	0.0001	0.0002	0.0000	0.0001 *
	(0.74)	(0.95)	(0.46)	(1.85)
Psear	− 0.0018	0.0002	− 0.0006	− 0.0015 ***
	(− 0.95)	(0.11)	(− 0.96)	(− 2.80)
Bm	0.0244 ***	0.0312 ***	− 0.0012	0.0004
	(3.26)	(3.98)	(− 0.48)	(0.17)
Tover	− 0.0010 ***	− 0.0009 ***	− 0.0000	− 0.0001
	(− 2.74)	(− 2.62)	(− 0.10)	(− 1.24)
Beta	− 0.0075	− 0.0122 **	− 0.0033 *	0.0004
	(− 1.35)	(− 2.14)	(− 1.86)	(0.25)
Illiq	− 0.0038	− 0.0076	− 0.0048	− 0.0027
	(− 0.41)	(− 0.89)	(− 1.56)	(− 0.87)
Age	− 0.0020	− 0.0025	0.0004	− 0.0005
	(− 1.01)	(− 1.26)	(0.60)	(− 0.74)
State	− 0.0103 ***	− 0.0085 ***	− 0.0007	− 0.0004
	(− 3.80)	(− 2.94)	(− 0.79)	(− 0.42)

续表

变量	CAR2		CAR30	
	投资者保护水平低	投资者保护水平高	投资者保护水平低	投资者保护水平高
	（1）	（2）	（3）	（4）
Size	− 0.0042 ***	− 0.0046 ***	0.0003	0.0006
	（− 2.89）	（− 3.22）	（0.62）	（1.20）
Constant	0.0947 ***	0.0891 ***	0.0019	− 0.0099
	（2.89）	（2.70）	（0.18）	（− 0.97）
年度/行业	控制	控制	控制	控制
Observations	7694	8246	7694	8246
R^2	0.033	0.046	0.015	0.012
F	8.459	7.745	2.621	2.320

注：括号内数值表示 T 统计量；*** 、** 和 * 分别表示在 1%、5% 和 10% 的水平下显著。

6.3.5 环境不确定性、会计信息可比性与股价漂移

表6－6列出了环境不确定性对会计信息可比性与股价漂移关系影响的回归结果。表 6－6 中第（1）列和第（2）列显示，短窗口内（CAR2）会计信息可比性和未预期盈余两者交乘项的系数不显著，这与总样本的回归结果是一致的，说明不论环境不确定性水平高低，会计信息可比性发挥作用都需要一定的时间。表 6－6 中第（3）列和第（4）列显示，长窗口内（CAR30），环境不确定性低组会计信息可比性和未预期盈余两者交乘项的系数不显著，环境不确定性高组会计信息可比性和未预期盈余两者交乘项的系数显著为负，表明环境不确定性较高的情况下，会计信息可比性对股价漂移的缓解作用更加显著，说明会计信息可比性能够消除环境不确定性对投资者决策的不良影响，企业所面临的环境不确定性越高，会计信息可比性作用的发挥越显著，对股价漂移的缓解作用越明显，支持了本章的假设 4。

表 6 – 6　　　　　环境不确定性、会计信息可比性与股价漂移

变量	CAR2		CAR30	
	Deu = 0	Deu = 1	Deu = 0	Deu = 1
	(1)	(2)	(3)	(4)
Sue	− 0.0021	− 0.0005	− 0.0007 *	− 0.0006 **
	(− 1.54)	(− 0.69)	(− 1.65)	(− 2.38)
CompAcct	0.3119	0.6558 **	0.0433	0.2553 ***
	(0.92)	(2.49)	(0.41)	(2.94)
Sue × CompAcct	0.0025	0.0437	− 0.0327	− 0.0287 **
	(0.03)	(0.97)	(− 1.26)	(− 2.06)
Ins	− 0.0000	0.0003	0.0000	0.0001 **
	(− 0.04)	(1.58)	(0.27)	(2.04)
Psear	− 0.0042 *	0.0008	− 0.0021 ***	− 0.0005
	(− 1.66)	(0.48)	(− 2.92)	(− 1.15)
Bm	0.0109	0.0402 ***	− 0.0070 ***	0.0054 **
	(1.36)	(5.43)	(− 2.73)	(2.29)
Tover	− 0.0010 ***	− 0.0011 ***	0.0000	− 0.0003 **
	(− 3.01)	(− 2.75)	(0.10)	(− 2.55)
Beta	− 0.0118 **	− 0.0085	− 0.0009	− 0.0017
	(− 2.04)	(− 1.56)	(− 0.50)	(− 1.05)
Illiq	0.0056	− 0.0158 *	− 0.0019	− 0.0062 **
	(0.61)	(− 1.86)	(− 0.56)	(− 2.13)
Age	− 0.0046 **	0.0001	− 0.0011 *	0.0019 **
	(− 2.37)	(0.04)	(− 1.86)	(2.39)
State	− 0.0087 ***	− 0.0108 ***	− 0.0008	− 0.0004
	(− 2.93)	(− 4.17)	(− 0.86)	(− 0.45)
Size	− 0.0023	− 0.0069 ***	0.0015 ***	− 0.0008
	(− 1.58)	(− 4.78)	(3.17)	(− 1.62)
Constant	0.0580 *	0.1414 ***	− 0.0221 **	0.0175 *
	(1.78)	(4.27)	(− 2.13)	(1.68)
年度/行业	控制	控制	控制	控制
Observations	7443	8497	7443	8497
R^2	0.036	0.043	0.013	0.010
F	5.597	7.298	2.051	1.760

注：括号内数值表示 T 统计量；*** 、** 和 * 分别表示在 1% 、5% 和 10% 的水平下显著。

6.3.6 稳健性检验

6.3.6.1 替换会计信息可比性衡量方法

借鉴聂萍和周欣（2019）的研究，分别取所有可比公司和前 10 个可比公司的平均值作为公司 i 的会计信息可比性的衡量，分别表示为 *MCompAcct* 和 *CompAcct*10，依据公式（6 - 2）进行回归。回归结果见表 6 - 7，表中第（1）列和第（2）列为 *MCompAcct* 作为解释变量的回归结果。结果显示，短期内，未预期盈余与会计信息可比性的交乘项系数不显著。长期内，未预期盈余与会计信息可比性的交乘项系数显著为负，结果稳健。第（3）列和第（4）列为 *CompAcct*10 作为解释变量的回归结果。结果显示，短期内，未预期盈余与会计信息可比性的交乘项系数不显著。长期内，未预期盈余与会计信息可比性的交乘项系数显著为负，结果依然稳健。从长期来看，会计信息可比性显著缓解了股价漂移现象。

表 6 - 7　会计信息可比性与股价漂移（替换可比性的衡量方法）

变量	CAR2	CAR30	CAR2	CAR30
	(1)	(2)	(3)	(4)
Sue	- 0. 0010 *	- 0. 0005 *	- 0. 0016 *	- 0. 0004 *
	(- 1. 79)	(- 1. 91)	(- 1. 65)	(- 1. 72)
MCompAcct	0. 4595 **	0. 1644 **		
	(2. 24)	(2. 45)		
Sue × MCompAcct	0. 0311	- 0. 0279 **		
	(0. 79)	(- 2. 32)		
*CompAcct*10			0. 5911 **	0. 2518 ***
			(2. 45)	(3. 08)
*Sue × CompAcct*10			0. 0009	- 0. 0208 *
			(0. 02)	(- 1. 65)

续表

变量	CAR2	CAR30	CAR2	CAR30
	(1)	(2)	(3)	(4)
Ins	0.0002	0.0001 *	− 0.0001	0.0001 *
	(1.26)	(1.78)	(− 0.47)	(1.69)
Psear	− 0.0010	− 0.0011 ***	− 0.0016	− 0.0009 **
	(− 0.70)	(− 2.80)	(− 0.97)	(− 1.96)
Bm	0.0267 ***	− 0.0001	0.0297 ***	0.0032
	(4.98)	(− 0.08)	(4.47)	(1.52)
Tover	− 0.0010 ***	− 0.0001	− 0.0009 **	− 0.0002 *
	(− 3.85)	(− 1.02)	(− 2.16)	(− 1.79)
Beta	− 0.0097 **	− 0.0015	− 0.0164 ***	− 0.0022
	(− 2.46)	(− 1.22)	(− 3.33)	(− 1.47)
Illiq	− 0.0056	− 0.0039 *	− 0.0104	− 0.0057 **
	(− 0.90)	(− 1.78)	(− 1.29)	(− 2.26)
Age	− 0.0025 *	− 0.0001	− 0.0020	0.0002
	(− 1.77)	(− 0.32)	(− 0.73)	(0.18)
State	− 0.0096 ***	− 0.0004	− 0.0109 ***	− 0.0002
	(− 4.97)	(− 0.72)	(− 4.58)	(− 0.23)
Size	− 0.0045 ***	0.0004	− 0.0042 ***	− 0.0003
	(− 4.44)	(1.08)	(− 3.29)	(− 0.83)
Constant	0.0941 ***	− 0.0029	0.1020 ***	0.0075
	(4.07)	(− 0.40)	(3.43)	(0.85)
年度/行业	控制	控制	控制	控制
Observations	15957	15957	10203	10203
R^2	0.037	0.008	0.036	0.009
F	11.90	2.552	7.210	1.978

注：括号内数值表示 T 统计量；*** 、** 和 * 分别表示在 1%、5% 和 10% 的水平下显著。

6.3.6.2　剔除 2008 年国际金融危机

2008 年国际金融危机使得市场波动加剧，对股价造成严重冲击。观测值中包含了受国际金融危机影响的样本，为了剔除国际金融危机对会计信息可比性与股价漂移之间关系的影响，本章剔除了 2008 年度的样本，重新进行回归检验，回归结果见表 6 - 8。表 6 - 8 第（1）列显示，短期内，未预期盈余与会计信息可比性的交乘项系数不显著，表 6 - 8 第（2）列显示，长期内，未预期盈余与会计信息可比性的交乘项系数显著为负，结论与前文保持一致，从长期来看，会计信息可比性显著缓解了股价漂移现象。

表 6 - 8　会计信息可比性与股价漂移（剔除 2008 年国际金融危机）

变量	CAR2	CAR30
	(1)	(2)
Sue	- 0. 0014	- 0. 0006
	(- 1. 04)	(- 1. 52)
CompAcct	0. 3947 *	0. 1358 **
	(1. 85)	(1. 98)
Sue × CompAcct	- 0. 0013	- 0. 0274 **
	(- 0. 03)	(- 2. 15)
Ins	0. 0003 **	0. 0001
	(2. 03)	(1. 63)
Psear	- 0. 0009	- 0. 0011 ***
	(- 0. 60)	(- 2. 66)
Bm	0. 0238 ***	- 0. 0012
	(4. 32)	(- 0. 70)
Tover	- 0. 0009 ***	- 0. 0001
	(- 3. 39)	(- 1. 07)
Beta	- 0. 0107 ***	- 0. 0013
	(- 2. 70)	(- 1. 07)
Illiq	- 0. 0079	- 0. 0046 *
	(- 1. 16)	(- 1. 91)
Age	- 0. 0026 *	- 0. 0003
	(- 1. 79)	(- 0. 74)

续表

变量	CAR2	CAR30
	(1)	(2)
State	-0.0099 ***	-0.0004
	(-4.93)	(-0.59)
Size	-0.0041 ***	0.0005
	(-3.95)	(1.54)
Constant	0.0955 ***	-0.0048
	(4.04)	(-0.64)
年度/行业	控制	控制
Observations	15032	15032
R^2	0.038	0.008
F	11.63	2.438

注：括号内数值表示 T 统计量；*** 、** 和 * 分别表示在 1%、5% 和 10% 的水平下显著。

6.3.6.3　内生性问题

为了解决本文可能存在的内生性问题，借鉴于蔚等（2012）的研究，以会计信息可比性行业—省份均值（*CompAcct_ AV*）作为会计信息可比性的工具变量进行两阶段回归检验，检验结果见表 6-9，第（1）列显示，短期内，未预期盈余与会计信息可比性的交乘项系数不显著，第（2）列显示，长期内，未预期盈余与会计信息可比性的交乘项系数显著为负，回归结果依然稳健。从长期来看，会计信息可比性显著缓解了股价漂移现象。

表 6-9　会计信息可比性与股价漂移（行业—省份均值作为工具变量）

变量	CAR2	CAR30
	(1)	(2)
Sue	-0.0004	-0.0006 *
	(-0.52)	(-1.78)
CompAcct	0.2672	0.0454
	(0.78)	(0.42)

续表

变量	CAR2 (1)	CAR30 (2)
Sue × CompAcct	0.0655	− 0.0326 *
	(1.23)	(− 1.94)
Ins	0.0002	0.0001 *
	(1.31)	(1.89)
Psear	− 0.0010	− 0.0011 **
	(− 0.71)	(− 2.55)
Bm	0.0263 ***	− 0.0003
	(4.81)	(− 0.20)
Tover	− 0.0010 ***	− 0.0001
	(− 3.93)	(− 1.18)
Beta	− 0.0094 **	− 0.0014
	(− 2.45)	(− 1.12)
Illiq	− 0.0063	− 0.0041 **
	(− 1.11)	(− 2.31)
Age	− 0.0027 *	− 0.0003
	(− 1.90)	(− 0.56)
State	− 0.0096 ***	− 0.0004
	(− 5.05)	(− 0.70)
Size	− 0.0047 ***	0.0003
	(− 4.39)	(0.81)
Constant	0.0973 ***	− 0.0017
	(4.30)	(− 0.24)
年度/行业	控制	控制
Observations	15957	15957
R^2	0.036	0.008
F	13.35	2.532

注：括号内数值表示 T 统计量；*** 、** 和 * 分别表示在 1%、5% 和 10% 的水平下显著。

6.4　影响机制分析

前文的理论分析与实证检验表明，会计信息可比性可以通过发挥治理作用和提高投资者认知度缓解盈余公告后股价漂移的程度。本部分将对两者的作用路径进行检验。具体检验方法采用温忠麟等（2014）和林煜恩等（2018）的中介效应检验法进行路径检验，检验模型如下：

$$Med_{i,t} = \lambda_0 + \lambda_1 CompAcct_{i,t} + \lambda_2 Controls_{i,t} + \sum Ind + \sum Year + \varepsilon_{i,t}$$

$$(6-3)$$

$$CAR_{i,t} = \theta_0 + \theta_1 Sue_{i,t} + \theta_2 CompAcct_{i,t} + \theta_3 Sue_{i,t} \times CompAcct_{i,t} + \theta_4 Med_{i,t}$$

$$+ \theta_5 Sue_{i,t} \times Med_{i,t} + \theta_6 Controls + \sum Ind$$

$$+ \sum Year + \varepsilon_{i,t} \qquad (6-4)$$

公式（6-3）和公式（6-4）中 Med 代表中介变量，其余变量与公式（6-2）中一致。

第一步，先依据公式（6-2）对主模型进行回归，检验交乘项 $Sue_{i,t} \times CompAcct_{i,t}$ 的系数 α_3 是否显著，即验证会计信息可比性是否能够显著影响股价漂移，如果两者关系显著，则继续进行第二步检验。第二步，依据公式（6-3），检验 $CompAcct_{i,t}$ 对中介变量 $Med_{i,t}$ 的回归系数 λ_1 是否显著，依据公式（6-4）检验交乘项 $Sue_{i,t} \times Med_{i,t}$ 回归系数 θ_5 是否显著，如果系数 λ_1 和系数 θ_5 都显著，则进行第四步检验，若系数 λ_1 和系数 θ_5 有一个不显著或者两个都不显著，则进行第三步检验。第三步，进行 Sobel 检验或 Bootstrap 检验，如果检验通过，则说明中介效应成立，不通过则中介效应不成立，停止分析。第四步，依据模型（6-4）中，检验交乘项 $Sue_{i,t} \times CompAcct_{i,t}$ 的回归系数 θ_3 是否显著，如果系数 θ_3 显著则说明存在部分中介效应，不显著则存在完全中介效应。

6.4.1　会计信息可比性、盈余管理与股价漂移

在大多数现代企业中，所有权和经营权是分离的，企业的所有者与管理者为监督者与经营者的关系。企业管理层直接参与公司的日常经营决策，掌握企业所有的相关信息，而外部投资者只能根据资本市场上公开发布的各种信息对企业的经营情况进行判断，在这种信息不对称的情况下，使企业管理层具有更高的动机和能力来获取个人利益最大化，如通过在职消费等行为获取更高留存收益等私利行为。因此，管理者在个人利益驱动下可能会存在"道德风险"问题。显然，"道德风险"可能会严重影响到投资者的决策行为。

Bernard 和 Thomas（1989）、Bartov（1992）发现由于投资者的不成熟，不能正确意识到未预期盈余的自相关特征，从而带来了股价漂移。于李胜和王艳艳（2006）发现会计信息能够显著影响资本市场上的股价漂移现象，如果企业发布的信息不确定性较高，那么投资者未预期盈余及股价漂移程度都较高，而且操纵应计盈余管理加重了股价漂移（刘寒和盛智颖，2015）。会计信息可比性是重要的会计信息质量特征，投资者在作出各种决策前需要对企业的经营状况和未来发展情况作出评估，可比性有助于投资者更好地认识公司和行业内其他公司的区别，在可比性相对较高的情况下，会计信息的有用性可大幅度增长，可以提高投资者的投资效率（FASB，2010）。会计信息可比性可以使投资者纵向或者横向比较不同场景与不同公司之间的差异，评估公司在市场中的优劣势和竞争力，从而提升会计信息使用价值（De Franco 等，2011）。Barth 等（2013）指出，如果会计信息可比性较低，企业高管实施盈余管理的可能性提高。胥朝阳和刘睿智（2014）也发现，会计信息可比性越高，上市公司信息越透明。因此，企业会计信息可比性的提高为投资者提供了更加透明的信息环境，这就增加了企业高管基于自利原因操纵企业信息的成本，抑制了管理层的机

会主义行为（Kim 等，2016）。Cheng 和 Wu（2018）研究了会计信息可比性如何通过监督机制影响内部资本市场的效率，研究发现会计信息可比性能够显著提升内部资本市场的定价效率，并通过监督机制缓解了代理问题，提高公司信息透明度。而公司信息透明度与股价漂移强度显著负相关，即随着信息透明度的提高，公司股价漂移强度降低（向诚和陆静，2020）。

因此，会计信息可比性越高，越能提供更多数量和更高质量的会计信息，降低管理层实施私利行为的动机，有效抑制管理层的盈余管理行为，缓解企业内外部之间的信息不对称，提高企业会计信息透明度，缓解盈余公告后股价漂移现象。借鉴胥朝阳和刘睿智（2014）的研究，选取可操纵应计项目 Acc 作为盈余管理的代理变量，应计项目越大，表明盈余管理的程度越高，会计信息质量越低。

表 6 - 10 为盈余管理中介效应的回归结果，从前文回归结果可知，已验证 α_3 显著。从表 6 - 10 中第（1）列可以看出，CompAcct 的系数在1%的显著性水平下显著为负，说明会计信息可比性能够显著降低管理层盈余管理。从第（2）列可以看出，Sue × Acc 的系数在10%的显著性水平下显著为正，说明盈余管理在会计信息可比性缓解盈余公告后股价漂移的过程中发挥了部分中介效应。

表 6 - 10　　　　　　　会计信息可比性、盈余管理与股价漂移

变量	Acc (1)	CAR30 (2)
Sue		- 0. 0007 * (- 1. 91)
CompAcct	- 0. 6544 *** (- 3. 98)	0. 1583 ** (2. 24)
Sue × CompAcct		- 0. 0272 ** (- 1. 96)
Acc		- 0. 0052 (- 1. 34)

续表

变量	Acc	CAR30
	(1)	(2)
Sue × Acc		0. 1435 *
		(1. 91)
Ins	0. 0001	0. 0001 *
	(1. 39)	(1. 77)
Psear	0. 0006	− 0. 0011 **
	(0. 62)	(− 2. 49)
Bm	− 0. 0261 ***	− 0. 0000
	(− 6. 67)	(− 0. 00)
Tover	0. 0009 ***	− 0. 0001
	(4. 41)	(− 1. 25)
Beta	− 0. 0004	− 0. 0006
	(− 0. 14)	(− 0. 45)
Illiq	0. 0166 **	− 0. 0080 **
	(2. 37)	(− 2. 36)
Age	0. 0023 **	− 0. 0002
	(2. 27)	(− 0. 40)
State	− 0. 0082 ***	− 0. 0003
	(− 5. 87)	(− 0. 55)
Size	0. 0010	0. 0002
	(1. 36)	(0. 44)
Constant	0. 0528 ***	0. 0028
	(3. 11)	(0. 36)
年度/行业	控制	控制
Observations	15231	15231
R^2	0. 075	0. 008
F	23. 79	2. 469

注：括号内数值表示 T 统计量；*** 、** 和 * 分别表示在 1% 、5% 和 10% 的水平下显著。

6.4.2　会计信息可比性、投资者认知度与股价漂移

由于投资者认知能力的有限性，导致其对信息认知和处理是不完全的。投资者对股票的认知程度反映了投资者对股票有多大程度的了解，也能反映出投资者对与股票相关信息的掌握程度。Merton 指出在资本市场上，投资者从众多信息中筛选出对自身有用的信息是需要付出成本的，若对某公司信息的认知成本过高，当该类公司在资本市场上发布新信息时，由于认知成本的提高，投资者对该信息不能及时作出反应。Liao 等（2016）研究发现，公司可以通过发布广告达到吸引投资者的目的，从而提高了投资者对公司的认知水平，进而提高股票流动性。张英等（2014）研究发现，投资者对公司的认知水平会对资本市场产生影响，提高投资者对公司的认知水平，能够促进资本市场的健康发展。陶洪亮和申宇（2011）发现投资者对股票的认知水平能够影响股票价格的波动。进一步分析研究发现，对公司认知水平的提高能够带来投资者更快速的交易行为，从而股票价格反映信息的速度也更快（Peng 和 Xiong，2006）。

股价漂移是投资者对盈余信息反应不足的一种市场异象，也是资本市场低效率的表现。投资者认知能力是一种有限的资源（Pashler 等，2001；俞庆进和张兵，2012），投资者能够关注到的信息是有限的，他们只会投资自己了解的证券，机构投资者关注度高的公司，通常会有相对较高的股票换手率和较大的股票交易量，当前的价格已经较多地反映了公司的各种信息。不被市场和投资者广泛认知的股票，信息融入股价的速度较慢，就会加剧股价漂移现象（胡淑娟和黄晓莺，2014）。鲁威朝等（2019）也指出，投资者在资本市场获取信息，以期更准确地判断目标公司未来发展绩效的过程中，高可比性的会计信息可以提高盈余信息在公司间相互传递的速度和效率，产生信息溢出效应，为投资者提供增量信息，公司间会计信息可比性越高，其外溢效应越明显（李青原和王露萌，2020）。当会计信

息可比性较高时，投资者能够通过对同行业内其他公司的会计信息进行比较，获得更多有价值的信息，提高对未来股价预测的准确性（袁知柱和张小曼，2020）。会计信息可比性能够提高投资者认知度，对公司的认识越全面和深刻，越有利于盈余信息融入股价。

因此，投资者对股票的认知程度能够显著影响股票价格对信息的反应速度。当会计信息可比性较高时，投资者根据市场其他公司信息能够提高对目标公司的认知度，当资本市场上有关于该公司的相关信息出现时，投资者对该信息的反应速度也更快，越有利于盈余信息融入股价。以上分析表明，会计信息可比性能够通过其外部治理与信息溢出效应，抑制管理层盈余管理行为，提高会计信息的质量，降低信息获取成本，提高投资者对公司的认知度，缓解盈余公告后股价漂移现象。投资者认知度的衡量借鉴 Bodnaruk（2009）的文献，使用跟踪企业并发布盈余预测的分析师数量（ANF）作为代理变量。

表 6-11 为投资者认知度中介效应的回归结果，从前文回归结果可知，已验证 α_3 显著。表 6-11 中第（1）列显示，$CompAcct$ 的系数在 5% 的显著性水平下显著为正，即会计信息可比性能够提高投资者认知度，从第（2）列可以看出 $Sue \times ANF$ 的系数不显著，需要进行 Bootstrap 检验，检验结果显示，95% 置信区间都不包含零，中介效应成立，投资者认知度在会计信息可比性缓解盈余公告后股价漂移的过程中发挥了部分中介效应。

表 6-11　　会计信息可比性、投资者认知度与股价漂移

变量	ANF (1)	$CAR30$ (2)
Sue		-0.0007 * (-1.66)
$CompAcct$	32.8095 ** (2.54)	0.1609 ** (2.28)

续表

变量	ANF (1)	CAR30 (2)
Sue × CompAcct		- 0.0319 **
		(- 2.31)
ANF		0.0001 ***
		(2.90)
Sue × ANF		0.0000
		(1.56)
Ins	0.3667 ***	0.0000
	(35.69)	(0.72)
Psear	0.7226 ***	- 0.0012 ***
	(9.99)	(- 2.74)
Bm	- 15.9991 ***	0.0020
	(- 38.56)	(1.04)
Tover	- 0.0071	- 0.0001
	(- 0.44)	(- 1.36)
Beta	- 1.0786 ***	- 0.0005
	(- 3.75)	(- 0.40)
Illiq	2.3701 ***	- 0.0083 **
	(5.48)	(- 2.46)
Age	- 2.3619 ***	0.0001
	(- 24.24)	(0.15)
State	- 1.0642 ***	- 0.0001
	(- 8.52)	(- 0.22)
Size	5.0734 ***	- 0.0004
	(57.91)	(- 1.13)
Constant	- 86.9361 ***	0.0128
	(- 48.28)	(1.48)
年度/行业	控制	控制
Observations	15231	15231
R^2	0.520	0.009
F	277.5	2.569

注：括号内数值表示 T 统计量； *** 、 ** 和 * 分别表示在 1%、5% 和 10% 的水平下显著。

6.5 本章小结

本章基于行为金融理论中的投资者有限理性和信息不对称理论，在考察会计信息可比性对股价漂移影响的基础上，分析和检验了股权制衡度、投资者保护水平和企业经营环境不确定性对两者关系的调节作用，并进一步探究了会计信息可比性对股价漂移影响的作用机制。实证结果证实，会计信息可比性显著缓解了资本市场上的股价漂移现象。分组检验发现，在股权制衡度较低的企业中，会计信息可比性对股价漂移的缓解作用更显著，说明股权制衡度作为公司重要的内部治理机制，与会计信息可比性存在替代效应；在投资者保护水平较低的企业中，会计信息可比性对股价漂移的缓解作用更为显著，说明投资者保护水平作为重要的公司外部治理机制，与会计信息可比性存在替代效应；企业经营环境不确定性越高，会计信息可比性对股价漂移的缓解作用越显著，说明当企业面临不确定的经营环境时，会计信息可比性能够消除环境不确定性对投资者决策的不利影响。进一步研究发现，会计信息可比性主要是通过抑制管理者的盈余管理行为和提高投资者认知度两条路径缓解了股价漂移。

本章研究了会计信息可比性与股价漂移之间的关系。实证结果发现，会计信息可比性能有效缓解长窗口的股价漂移。一方面，表明会计信息可比性可以抑制管理者的盈余管理行为，提高会计信息透明度；另一方面，通过会计信息可比性的信息溢出效应，提升了投资者对股价的预测能力。研究结论表明，资本市场上存在股价漂移异象造成股票价格偏离了内在价值，不利于社会资源的有效配置。会计信息可比性提高了资本市场信息环境，投资者应该充分利用相关信息，理性投资，避免投机，缓解由于投资者非理性造成的股价漂移，提高资本市场定价效率。

第 7 章　盈余持续性对盈余公告后股价漂移的影响

异质信念是资本市场上投资者有限理性的重要特征之一。有效市场假说认为，资本市场上所有投资者都具有同质信念，即市场上所有的投资者所获取的信息和对股票未来的预期都相同，进而能够对资产进行准确定价。但实际上，资本市场中的投资者具有差异性，每个投资者掌握的信息和处理信息的能力存在差异，即存在异质信念。盈余信息质量对于外部投资者等财务报告使用者作出合理的投资决策具有非常重要的价值，较高的盈余质量具有较高的决策有用性，使外部投资者可以理解会计数字背后的经济实质（王健忠，2018），帮助投资者作出科学合理的投资决策（Bushman 和 Smith，2001）。因此，本章从盈余持续性的角度出发，基于信息不对称与行为金融理论，考察盈余持续性对股价漂移影响。首先，通过对盈余持续性影响股价漂移的理论分析提出研究假设；其次，分别考察公司治理水平、审计质量和媒体关注在两者关系中的调节作用；最后，考察盈余持续性对股价漂移影响的作用机制。

7.1　理论分析与假设提出

7.1.1　盈余持续性与股价漂移

证券市场上投资者的意见分歧会对投资者的交易决策产生重要影响，

进而影响资本市场定价效率。在现实的资本市场上，投资者同质性的假设并不成立，每个人都是一个独立的个体，都有自己独特的特点，因此他们思维模式存在差异，处理信息的能力不同，这些差异使得投资者即使面对相同的信息，对同一股票的未来收益也会存在不同的预期，即存在意见分歧。而正是由于意见分歧的存在，导致资本市场上的投资者对企业发布的盈余信息存在有差异的理解，进而带来不一致的投资决策行为，并通过股票交易带来了股票价格的变化（汪卢俊和颜品，2014），最终使企业会计信息定价作用有效性降低，而产生系统性差异（王治和陈艳，2013），导致上市公司的股票价格偏离其内在价值。

有学者对盈余持续性与盈余质量之间的关系进行考察，发现随着企业盈余持续性水平的不断提高，企业发布的盈余质量也存在不断上升的趋势，而随着盈余持续性水平的降低，盈余的信息含量也不断降低，信息的决策有用性下降。彭韶兵和黄益建（2008）基于盈余持续性的视角，研究了会计信息的可靠性对企业盈余质量的影响。结果发现，随着企业会计信息可靠性的提高，企业的盈余持续性水平也在不断提高。同时，企业会计信息可靠性的提高也能促进盈余自相关系数和股票回报率的不断提升。也有学者研究发现，随着公司盈余持续性水平的提高，股价崩盘风险显著下降，两者的负相关关系在熊市的时候表现得更为明显（杨棉之等，2017），有学者研究了盈余持续性对公司价值的影响，发现盈余持续性的提高有利于投资者对股票合理定价，提高了公司价值（肖华和张国清，2013）。除此之外，较高的盈余信息质量还能够减轻代理问题、缓解融资约束，进而促进企业创新（于连超等，2018）。李丹和廣宁（2009）实证检验了盈余持续性与分析师预测精度之间的关系，发现高盈余持续性的企业中，当前的盈余对未来盈余预测的有用性越强，显然可以提高分析师的预测精度，降低预测的分歧度，即盈余持续性能够降低投资者的意见分歧（Brown 和 Han，1992）。

　　通过以上分析可知，盈余信息作为上市公司提供给投资者的重要财务信息，其质量水平的高低至关重要。外部投资者通过对企业发布盈余信息的分析，可以进一步了解公司未来的发展趋势，获取有关公司未来预期业绩的潜在信息（张静和王生年，2017）。盈余信息质量对于外部投资者等财务报告使用者作出适当的投资决策具有非常重要的价值，不过由于公司管理层基于自利动机常常会实施盈余管理行为，造成盈余质量遭遇一定的损害（龚启辉等，2015；顾鸣润等，2016）。而较高的盈余信息质量能够传递更具相关性和可靠性的信息，帮助外部投资者识别、判断投资项目之间的异同，使外部投资者可以理解会计数字背后的经济实质（王健忠，2018）。而且企业盈余持续性越高，相应的盈余质量也越高（彭韶兵和黄益建，2007）。汪炜和袁东任（2014）发现盈余质量对于自愿性披露会产生显著的影响，一方面表现为盈余质量可以降低代理成本，提升企业信息披露质量；另一方面表现为提高了企业的自愿信息披露积极性，提升企业价值和披露的关联性。

　　已有文献表明，盈余持续性既能够对企业的会计信息质量产生影响，也会对资本市场上的投资者行为产生影响。综上所述，一方面，提高企业的盈余持续性是缓解信息不对称环境下代理问题的重要方法之一，持续性较高的盈余信息意味着公司财务报告质量较高。盈余持续性会提高盈余信息质量，公司盈余信息质量较高代表在资本市场上所披露的信息更加真实、透明，降低了投资者面临的信息不对称程度，从而降低投资者的未预期盈余，缓解股价漂移。另一方面，由于投资者具有异质性，每个人都是一个独立的个体，都有自己独特的特点，因此他们处理信息的能力不同、思维模式也存在差异，因此在对事物的认知水平上也不可能完全一致，如果企业盈余持续性较高，该公司当期的盈余在以后年度再发生的可能性较高，投资者对于上市公司盈余信息未来发展情况的解读差异就越小，盈余信息融入股价速度越快，进而缓解股价漂移现象。基于此，提出本章的假设 1。

假设 1：盈余持续性能有效缓解盈余公告后股价漂移。

7.1.2 公司治理水平、盈余持续性与股价漂移

现在企业中普遍存在委托代理问题，因此，必须要设计出一套监督措施对管理层的权力进行制衡。公司治理是为了解决现代企业中普遍存在的代理问题而提出的，由于企业经营权和所有权的分离，为了能够避免企业管理者基于私利对公司利益的侵害，所有者所采取的一系列措施、制度和方法。林毅夫和李周（1997）提出公司治理实质上是企业所有者为了对董事会和管理者进行控制，监督管理者行为，合理评价管理者经营业绩，合理分配企业绩效等而设计和实施的一套激励和监督机制。张维迎（2000）则对公司治理进行了广义和狭义两个层面上的解释。从广义上来讲，公司治理是指为了更好地反映公司未来的发展以及未来目标的实现而制定的一系列制度；从狭义上来讲，公司治理可以看成对企业管理层的一种监督机制，由于管理层控制公司的日常经营活动，其有能力基于私利动机而损害到公司其他股东、投资者或者债权人的利益，因此，为了维护其他利益相关者的利益，必须要对企业管理者实施监督。

公司治理概念一经提出就引起了学术界的广泛关注，国内外很多学者对公司治理的相关问题进行了研究。由于公司经营权和所有权的分离，所有者与管理者之间的代理问题严重，有学者认为公司治理的目的是减少代理成本（Jensen 和 Meckling，1976），实现企业价值的最大化，而已有研究发现公司治理确实可以缓解管理层的代理冲突（Baker 等，2000），提升资本市场中投资者对上市公司估值的合理性，提高公司价值。高质量的会计信息离不开有效的公司治理水平，当公司治理水平较低时，公司盈余水平受到管理层操纵的可能性较大（Fama，1980），而公司治理水平的提高，能够抑制管理层对盈余的操纵行为，提高企业的盈余质量（马忠等，

2011），降低盈余管理（姚宏等，2018），提高企业信息透明度（伊志宏等，2010）。

这说明，高水平的公司治理能够对公司管理层的行为进行有效的监督，抑制管理层进行盈余管理的动机和机会，有效抑制企业管理层的盈余管理行为，降低代理成本，提高企业发布的会计信息质量。即在公司治理水平较低的情况下，企业管理者实施机会主义行为的可能性增加，降低了企业的会计信息透明度，因此，在公司治理水平较低的情况下，盈余持续性治理效应发挥作用的空间更大，能够通过抑制管理层的盈余管理行为降低信息不对称程度，进而对股价漂移产生更显著的缓解作用。基于此，提出本章的假设2。

假设2：盈余持续性对股价漂移的缓解作用在公司治理水平较低的企业中更加显著。

7.1.3　审计质量、盈余持续性与股价漂移

在资本市场上，审计师作为一种外部治理机制，可以通过提供高的审计质量，抑制管理层的自利行为，提高公司的信息披露质量。De Fond（2000）指出，随着公司代理成本的增加，各利益相关者对高质量外部审计的需求也在不断提高。当审计师具有审计行业专长时，其提供的审计报告质量越高，对企业盈余管理的抑制作用越明显，当外部审计单位的独立性越强时，企业发布的财务信息越可靠，代理成本也会显著降低。Kim等（2011）指出，当公司内部与外部投资者存在信息不对称时，高质量的外部审计可以提高财务报告的可信性，有助于投资者作出正确合理的投资决策。熊家财（2015）实证检验发现，具有审计行业专长的审计师，可以通过提供高质量的审计显著降低公司的股价波动性。同时，随着审计费用的提高，审计单位的审计质量和工作效率也不断提高。而且，有学者进一步研究发现，高质量的审计能够通过降低股价崩盘风险，带来稳定资本市场

的作用（万东灿，2015），而且审计质量越高，对股票非系统性风险的抑制作用越明显（张宏亮等，2018）。

以上分析可知，外部审计质量的提高是降低信息不对称的重要方式。一方面，外部审计可以抑制企业管理层的盈余管理行为，降低企业内外部之间的信息不对称，从而降低投资者的未预期盈余，缓解股价漂移。另一方面，由于投资者的有限理性，导致资本市场上的各种盈余信息无法及时准确地反映到股票价格中，从而带来了资本市场定价效率低下的问题。而投资者意见分歧度是影响资本市场定价偏差的主要因素，高质量审计可以向投资者传递好的信号，让投资者相信公司目前经营状况良好，降低投资者之间的意见分歧度，加快了信息融入股价的速度，缓解了股价漂移现象。基于此，提出本章的假设 3。

假设 3：盈余持续性对股价漂移的缓解作用在审计质量高的情况下更加显著。

7.1.4　媒体关注、盈余持续性与股价漂移

资本市场上，企业发布的会计信息质量能够对市场有效性和稳定性产生显著影响，但是企业披露的信息并不是直接传递给投资者，而是通过媒体等信息中介进行传播（曹廷求和张光利，2020），并且随着信息时代的到来，媒体高强度报道的公司更能吸引资本市场上中小投资者的注意力（饶育蕾等，2010）。一方面，媒体具有治理功能。媒体作为重要的信息传播中介，为了获取更多的关注度，可能会通过调查等方式发现公司存在的不利信息，并对其进行传播，给管理层带来威慑作用，从而对管理层的机会主义行为产生显著的抑制作用（Dyck 等，2008；罗进辉，2012），还有学者研究发现媒体可以显著抑制管理者的投资迎合行为（胡国强等，2020），增强企业的信息透明度（田高良等，2016），减少市场中的信息摩擦。另一方面，媒体具有信息传播能力，企业外部投资者散户居多，由于

能力及资源的有限性，他们往往缺乏获取信息的渠道，媒体为中小投资者获取企业信息提供了重要渠道（Bushee 等，2010），媒体使得信息传播的速度、广度和深度得到了极大的提高，大大改善了市场信息传递效率（张承鹫等，2021）。而且通过媒体之间新闻的相互转载，保障了企业相关信息传播的及时性和有效性，引起投资者关注（Dyck 等，2008）。

因此，媒体作为一种有效的信息传播中介，可以通过治理效应和信息中介两种渠道影响股价漂移现象。一方面，媒体可以发挥监督作用，提高会计信息质量。新闻媒体能够约束管理者基于私利的盈余管理等行为，提高企业的信息透明度。另一方面，媒体具有信息传播能力，由于自身能力及资源的有限性，中小投资者获取信息的能力有限，媒体作为信息传递的重要渠道，通过媒体之间新闻的相互转载，保障了企业相关信息传播的及时性和有效性，引起投资者关注。这说明，媒体不仅发挥了积极的外部治理作用，降低信息不对称程度，提高了投资者对企业未来盈余预测的准确性，而且能够加快信息的传递，加速信息融入股价。因此，本书认为在媒体关注度较高的企业，盈余持续性对股价漂移的缓解作用更显著。基于此，提出本章的假设4。

假设4：盈余持续性对股价漂移的缓解作用在媒体关注度较高的企业中更加显著。

7.2 研究设计

7.2.1 数据来源与样本选取

本章以我国 A 股上市公司为研究对象，选取 2003—2019 年数据为样本，并对初始样本进行了如下处理：（1）剔除了金融行业样本和被 ST 的公司样本；（2）删除了主要变量缺失的样本，最终得到 17222 个公司年份样本；（3）对所有连续变量在 1% 和 99% 水平上进行了 Winsorize 处理。所用数据均来自 CSMAR 数据库，数据处理和分析采用 Stata15.0。

7.2.2 变量定义与模型构建

7.2.2.1 变量定义

（1）被解释变量 CAR

超额收益 CAR 的计算采用市场调整超额收益（Market - adjusted Excess Returns）。股票 i 在 t 年盈余公告后第 m 到 n 天累计超额收益为：$CAR_{i,t}(m, n) = \sum AR_{i,t}$，其中，$AR_{i,t,j} = R_{i,t,j} - R_{p,t,j}$ 为股票 i 在 t 年盈余公告后第 j 天的超额收益，$R_{i,t,j}$ 为股票 i 在 t 年盈余公告后第 j 天的收益率，$R_{p,t,j}$ 为股票 i 在 t 年盈余公告后第 j 天考虑现金红利再投资的综合日市场回报率。本章用盈余公告后 1~2 天的超额收益 CAR2 来衡量盈余公告后短期的股价漂移现象，用盈余公告后 3~30 天的超额收益 CAR30 来衡量盈余公告后长期的股价漂移现象。

（2）未预期盈余

借鉴吴世农和吴超鹏（2005）以及谭伟强（2008）的研究，采用随机游走模型来定义标准化的未预期盈余：

$$Sue_{i,t} = (EPS_{i,t} - EPS_{i,t-1}) / |EPS_{i,t-1}| \qquad (7-1)$$

其中，$EPS_{i,t}$ 为公司 i 在 t 年的每股收益，$EPS_{i,t-1}$ 为上年的每股收益。$Sue_{i,t}$ 表示公司 i 近几年每股收益波动程度所预示的收益趋势。平均来看，$Sue_{i,t}$ 绝对值越大，表明未预期盈余越高，预期公告发布后公司股价反应更为强烈。

（3）盈余持续性

盈余持续性的估计方法种类多样，而由 Freeman 等（1982）首创的线性一阶自回归模型已成为国际上计算盈余持续性的主导方法。借鉴 Frankel

和 Litov（2009）的研究方法，运用公式（3－12）用经平均总资产调整的营业利润的一阶自回归模型来计算盈余持续性。盈余持续性 β_1 采取两种方式衡量，一种是直接用公式（3－12）回归系数的大小来衡量，用 *Con* 表示，另一种是用回归系数的哑变量 *DumCon* 衡量，将 *Con* 从高到低排序，平均分为 3 组，盈余持续性最高的组取值 3，依此类推。

（4）审计质量

借鉴许建伟等（2020）的研究，审计质量采用取对数的审计收费占总资产的比率来衡量。

（5）媒体关注

虚拟变量，通过百度搜索引擎发现新闻标题中是否含有该公司名称，若新闻标题中含有该公司名称的次数大于年度行业中位数，取值为 1，代表媒体关注度较高，否则，取值为 0，代表媒体关注度较低。

（6）公司治理水平

本章公司治理水平的计算采用主成分分析法，借鉴南开大学公司治理研究中心公司治理评价课题组和齐岳等（2020）的研究，选取股权治理、董事会特征、高管激励与信息披露四个方面的变量进行主成分分析，构建公司治理水平综合指标 *ICG*。若公司治理水平大于年度行业中位数，*ICG* 取值为 1，代表公司治理水平较高，否则 *ICG* 取值为 0，代表公司治理水平较低。

（7）控制变量

借鉴于李胜和王艳艳（2006）、向诚和陈逢文（2019）的研究，控制了其他可能影响公司股价漂移的一些变量。具体见表 7－1。

表 7－1　　　　　　　　　　　　变量定义

变量符号	变量名称	变量说明
CAR	超额回报	采用市场调整法计算的累计超额收益
Sue	未预期盈余	$Sue_{i,t} = (EPS_{i,t} - EPS_{i,t-1}) / \mid EPS_{i,t-1} \mid$

续表

变量符号	变量名称	变量说明
Con	盈余持续性 1	借鉴 Frankel 和 Litov（2009）的方法估计得到
DumCon	盈余持续性 2	对盈余持续性 1 从高到低排序，平均分为 3 组，盈余持续性最高的组取值 3，依此类推
Auq	审计质量	大于年度行业中位数取值为 1，否则取值为 0
Media	媒体关注	大于年度行业中位数取值为 1，否则取值为 0
ICG	公司治理水平	采用主成分分析，构建公司治理水平综合指标 *ICG*
Ins	机构投资者	大于等于年度行业中位数取 1，否则取 0
Psear	永久性盈余	营业利润/利润总额
Bm	账面市值比	总资产/市值
Tover	换手率	年内日换手率（流通股数）之和
Beta	系统风险	沪深市场综合回报率以市场回报率计算
Illiq	非流动性	参照熊家财和苏冬蕾（2014）的计算方法计算得到
Age	公司年龄	公司上市年限加 1 取对数
State	企业性质	国有企业取 1，非国有企业取 0
Size	公司规模	公司总资产的对数

7.2.2.2 模型构建

借鉴于李胜和王艳艳（2006）的研究，构建了本章的基本检验模型（7-2），若盈余持续性能有效缓解股价漂移现象，预期回归系数 α_3 显著为负。

$$CAR_{i,t} = \alpha_0 + \alpha_1 Sue_{i,t} + \alpha_2 Con_{i,t}/DumCon_{i,t} + \alpha_3 Sue_{i,t} \times Con_{i,t}/DumCon_{i,t}$$
$$+ \alpha_4 Controls + \sum Ind + \sum Year + \varepsilon_{i,t} \qquad (7-2)$$

7.3 实证结果

7.3.1 描述性统计

表 7-2 报告了全样本的描述统计结果，其中盈余公告后 2 天的超额回

报均值和中位数为负，表明盈余公告后短期内存在负的超额回报，盈余公告后 30 天超额回报的均值为正，表明随着时间的推移，投资者对盈余公告信息有了更深入的认识，盈余信息不断融入股价，使得超额回报有所上升。未预期盈余的均值为负，而且最大值、最小值差距较大，表明不同公司中未预期盈余的差异较大。盈余持续性的平均值为 0.021、中位数为 0.016，均大于零，说明总体上来看我国上市公司存在盈余持续性，但是盈余持续性水平不高。公司治理水平均值与中位数均为负值，而且标准差较大，说明我国上市公司之间公司治理水平差距较大。审计质量的最小值为 -10.9，最大值为 -6.56，表明我国上市公司之间审计质量的差异较大。媒体关注均值为 0.919，说明我国上市公司被媒体关注水平较高。

表 7 - 2　　　　　　　　　　　主要变量描述性统计

变量	样本量	均值	中位数	标准差	最小值	最大值
CAR2	17222	-0.0016	0.0324	-0.0033	-0.0895	0.1040
CAR30	17222	0.0024	0.1040	-0.0073	-0.2390	0.3400
Sue	17222	-0.1520	3.2110	0.0356	-21.2600	9.7880
Con	17222	0.0205	0.0337	0.0161	-0.0939	0.1690
Auq	17222	-8.6010	-8.5410	0.8800	-10.9000	-6.5610
Media	17222	0.919	1.000	0.273	0.000	1.000
ICG	17222	-0.5771	-0.9829	1.4696	-2.5067	4.5639
Ins	17222	6.2730	7.5740	3.3750	0	35.1600
Psear	17222	0.8170	0.6160	0.9740	-3.3750	1.7520
Bm	17222	0.6650	0.2440	0.6880	0.1290	1.1260
Tover	17222	5.4380	4.1630	4.2380	0.5570	24.4700
Beta	17222	1.0720	0.2450	1.0750	0.4230	1.8660
Illiq	17222	0.1440	0.2800	0.0490	0.0030	2.2530
Age	17222	2.2220	0.6740	2.3030	0	3.3670
State	17222	0.5490	0.4980	1	0	1
Size	17222	22.0900	1.3110	21.9300	19.4800	26.0900

7.3.2 盈余持续性与股价漂移

表7-3列示了盈余持续性对股价漂移的回归结果，表7-3第（1）
列和第（2）列是 *Con* 作为解释变量对股价漂移影响的回归结果，第（3）
列和第（4）列是 *DumCon* 作为解释变量对股价漂移影响的回归结果。结果
显示，不论采用哪种衡量方式，盈余持续性与长期和短期的超额回报之间都
存在显著的负相关关系，即盈余持续性越高，未来超额回报越低，说明较高
的盈余持续性能够给投资者传递更相关和更可靠的盈余信息，提高了投资者
对未来盈余的预测准确度，降低了对未来盈余的分歧度，加快盈余信息融入
股价的速度，显著缓解短期和长期的股价漂移。支持了本章的假设1。

表7-3 盈余持续性与股价漂移

变量	CAR2	CAR30	CAR2	CAR30
	（1）	（2）	（3）	（4）
Sue	0.0001 *	-0.0014	0.0004 *	0.0001
	(1.67)	(-1.12)	(1.90)	(0.20)
Con	0.0308 ***	0.0962 ***		
	(3.78)	(3.91)		
Sue × Con	-0.0076 ***	-0.0266 ***		
	(-2.71)	(-2.85)		
DumCon			0.0009 ***	0.0047 ***
			(2.78)	(4.65)
Sue × DumCon			-0.0004 ***	-0.0011 ***
			(-2.89)	(-2.59)
Ins	0.0001 *	0.0002	0.0001 *	0.0002
	(1.67)	(1.55)	(1.68)	(1.48)
Psear	-0.0010 **	-0.0006	-0.0009 **	-0.0009
	(-2.49)	(-0.46)	(-2.36)	(-0.63)
Bm	0.0002	0.0293 ***	0.0001	0.0297 ***
	(0.14)	(5.61)	(0.04)	(5.70)

续表

变量	CAR2 (1)	CAR30 (2)	CAR2 (3)	CAR30 (4)
Tover	−0.0001 (−1.15)	−0.0009 *** (−3.24)	−0.0001 (−1.16)	−0.0009 *** (−3.18)
Beta	−0.0010 (−0.90)	−0.0090 ** (−2.41)	−0.0010 (−0.89)	−0.0089 ** (−2.39)
Illiq	−0.0030 ** (−2.01)	−0.0104 ** (−2.44)	−0.0030 ** (−2.05)	−0.0105 ** (−2.46)
Age	−0.0004 (−0.85)	−0.0025 * (−1.82)	−0.0005 (−1.17)	−0.0027 ** (−1.96)
State	0.0002 (0.34)	−0.0078 *** (−4.27)	0.0002 (0.33)	−0.0076 *** (−4.14)
Size	0.0002 (0.62)	−0.0052 *** (−5.31)	0.0003 (0.83)	−0.0051 *** (−5.25)
Constant	−0.0007 (−0.11)	0.1356 *** (6.39)	−0.0030 (−0.45)	0.1274 *** (6.00)
年度/行业	控制	控制	控制	控制
Observations	17222	17222	17222	17222
R^2	0.008	0.037	0.007	0.037
F	2.624	12.63	2.522	12.71

注：括号内数值表示 T 统计量；*** 、** 和 * 分别表示在1%、5%和10%的水平下显著。

7.3.3 公司治理水平、盈余持续性与股价漂移

表 7 −4 列示了公司治理水平、盈余持续性与股价漂移的回归结果，表 7 −4 Panel A 列示 *Con* 作为解释变量的回归结果，Panel B 列示 *DumCon* 作为解释变量的回归结果。第（1）列和第（2）列结果显示，不论采用哪种衡量方式，短期内，公司治理水平低的组内盈余持续性对股价漂移的缓解在1%的显著性水平显著有效，公司治理水平高的组内盈余持续性对股价漂移缓解作用不显著。第（3）列和第（4）列结果显示，不论采用哪种衡

量方式，长期内，公司治理水平低的组内盈余持续性对股价漂移的缓解在10%的显著性水平显著有效，公司治理水平高的组内盈余持续性对股价漂移缓解作用不显著。支持了本章的假设2。

表7-4　　　　　　公司治理水平、盈余持续性与股价漂移

变量	Panel A *Con* 作为解释变量分组			
	CAR2		CAR30	
	公司治理水平高	公司治理水平低	公司治理水平高	公司治理水平低
	(1)	(2)	(3)	(4)
Sue	-0.0001	0.0002 *	0.0001	0.002 **
	(-0.22)	(1.91)	(1.07)	(1.97)
Con	0.0275 *	0.0320 ***	0.0903 **	0.0989 ***
	(1.95)	(3.20)	(2.04)	(3.33)
Sue × Con	-0.0056	-0.0088 ***	-0.0271	-0.0286 **
	(-1.14)	(-2.59)	(-1.57)	(-2.54)
Ins	0.0002 **	0.0000	0.0001	0.0003 *
	(2.39)	(0.45)	(0.45)	(1.73)
Psear	-0.0016 **	-0.0006	0.0008	-0.0018
	(-2.57)	(-1.18)	(0.35)	(-0.99)
Bm	0.0019	-0.0008	0.0295 ***	0.0300 ***
	(0.79)	(-0.33)	(3.72)	(4.24)
Tover	-0.0001	-0.0001	-0.0011 **	-0.0007 **
	(-0.71)	(-0.78)	(-2.57)	(-2.21)
Beta	-0.0002	-0.0015	-0.0055	-0.0109 **
	(-0.12)	(-0.98)	(-0.96)	(-2.24)
Illiq	-0.0035	-0.0024	-0.0004	-0.0126 ***
	(-0.75)	(-1.56)	(-0.03)	(-2.81)
Age	-0.0004	-0.0006	-0.0033	-0.0022
	(-0.52)	(-1.03)	(-1.41)	(-1.23)
State	0.0004	-0.0002	-0.0107 ***	-0.0057 **
	(0.46)	(-0.30)	(-3.70)	(-2.27)

续表

变量	CAR2		CAR30	
	公司治理水平高	公司治理水平低	公司治理水平高	公司治理水平低
	(1)	(2)	(3)	(4)
Size	−0.0003	0.0007	−0.0046 ***	−0.0054 ***
	(−0.71)	(1.59)	(−2.97)	(−4.17)
Constant	−0.0077	−0.0084	0.0942	0.1423 ***
	(−0.36)	(−0.95)	(1.53)	(5.20)
年度/行业	控制	控制	控制	控制
Observations	6984	10238	6984	10238
R^2	0.011	0.010	0.041	0.039
F	1.495	2.202	5.551	8.491

Panel B *DumCon* 作为解释变量分组

变量	CAR2	CAR2	CAR30	CAR30
	(1)	(2)	(3)	(4)
Sue	0.0002	0.0005 *	0.0008	−0.0001
	(0.76)	(1.85)	(0.77)	(−0.09)
DumCon	0.0006	0.0011 ***	0.0052 ***	0.0046 ***
	(1.15)	(2.70)	(3.21)	(3.52)
Sue × DumCon	−0.0002	−0.0005 ***	−0.0009	−0.0013 **
	(−0.93)	(−3.02)	(−1.34)	(−2.47)
Ins	0.0002 **	0.0000	0.0001	0.0003 *
	(2.38)	(0.46)	(0.31)	(1.72)
Psear	−0.0016 **	−0.0006	0.0003	−0.0020
	(−2.48)	(−1.09)	(0.13)	(−1.06)
Bm	0.0018	−0.0010	0.0306 ***	0.0300 ***
	(0.72)	(−0.43)	(3.87)	(4.25)
Tover	−0.0001	−0.0001	−0.0011 ***	−0.0007 **
	(−0.76)	(−0.74)	(−2.60)	(−2.12)
Beta	−0.0002	−0.0015	−0.0050	−0.0110 **
	(−0.10)	(−1.00)	(−0.86)	(−2.26)

续表

变量	CAR2 (1)	CAR2 (2)	CAR30 (3)	CAR30 (4)
Illiq	-0.0036	-0.0025	-0.0008	-0.0127 ***
	(-0.75)	(-1.57)	(-0.06)	(-2.80)
Age	-0.0005	-0.0007	-0.0032	-0.0025
	(-0.65)	(-1.26)	(-1.40)	(-1.40)
State	0.0003	-0.0002	-0.0105 ***	-0.0053 **
	(0.36)	(-0.20)	(-3.64)	(-2.13)
Size	-0.0003	0.0008 *	-0.0047 ***	-0.0053 ***
	(-0.57)	(1.76)	(-3.03)	(-4.06)
Constant	-0.0096	-0.0112	0.0871	0.1330 ***
	(-0.45)	(-1.27)	(1.43)	(4.86)
年度/行业	控制	控制	控制	控制
Observations	6984	10238	6984	10238
R^2	0.010	0.010	0.042	0.039
F	1.437	2.193	5.640	8.540

注：括号内数值表示 T 统计量； *** 、** 和 * 分别表示在 1%、5% 和 10% 的水平下显著。

7.3.4 审计质量、盈余持续性与股价漂移

表 7-5 列示了审计质量、盈余持续性与股价漂移的回归结果，表 7-5Panel A 列示 Con 作为解释变量的回归结果，Panel B 列示 DumCon 作为解释变量的回归结果。第（1）列和第（2）列结果显示，不论采用哪种衡量方式，短期内，审计质量高的组内盈余持续性能有效缓解股价漂移，审计质量低的组内盈余持续性对股价漂移缓解作用不显著。第（3）列和第（4）列结果显示，不论采用哪种衡量方式，长期内，审计质量高的组内盈余持续性能有效缓解股价漂移，审计质量低的组内盈余持续性对股价漂移缓解作用不显著。上述结果表明，一方面，高水平审计质量提高了会计信息质量，降低了信息不对称程度，提高了资本市场的定价效率；另一

方面，高水平的审计质量是公司盈余可持续的重要保障，在提升投资者信心的同时，降低投资者分歧度，有利于投资者进行合理投资，缓解股价漂移现象。支持了本章的假设3。

表7－5　　　　　　　审计质量、盈余持续性与股价漂移

变量	Panel A Con 作为解释变量分组			
	CAR2		CAR30	
	审计质量低	审计质量高	审计质量低	审计质量高
	(1)	(2)	(3)	(4)
Sue	0.0000 *	− 0.0002	0.0008	− 0.0017 *
	(1.87)	(− 1.03)	(1.58)	(− 1.84)
Con	0.0317 **	0.0291 ***	4.3915	0.0562 *
	(2.48)	(2.72)	(1.39)	(1.75)
Sue × Con	− 0.0019	− 0.0101 ***	− 0.0266	− 0.0288 ***
	(− 0.36)	(− 3.06)	(− 1.40)	(− 2.67)
Ins	0.0001	0.0001	0.0001	0.0003
	(1.31)	(1.30)	(0.27)	(1.33)
Psear	− 0.0013 **	− 0.0008	− 0.0033	− 0.0006
	(− 2.02)	(− 1.61)	(− 1.41)	(− 0.32)
Bm	0.0014	0.0005	0.0657 ***	0.0390 ***
	(0.57)	(0.18)	(5.93)	(4.94)
Tover	− 0.0002	− 0.0001	− 0.0013 **	− 0.0008 **
	(− 1.41)	(− 0.73)	(− 2.22)	(− 2.50)
Beta	− 0.0003	− 0.0011	− 0.0054	− 0.0108 **
	(− 0.20)	(− 0.68)	(− 0.86)	(− 1.98)
Illiq	− 0.0023	− 0.0023	0.0129	− 0.0128 **
	(− 0.88)	(− 1.24)	(1.27)	(− 2.43)
Age	− 0.0004	− 0.0003	0.0044	− 0.0016
	(− 0.61)	(− 0.54)	(0.59)	(− 0.86)
State	0.0002	0.0004	− 0.0057	− 0.0091 ***
	(0.29)	(0.54)	(− 0.78)	(− 3.49)

续表

变量	CAR2		CAR30	
	审计质量低	审计质量高	审计质量低	审计质量高
	(1)	(2)	(3)	(4)
Size	0.0003	0.0004	-0.0109***	-0.0061***
	(0.68)	(0.67)	(-3.06)	(-3.80)
Constant	-0.0005	-0.0080	0.1201	0.1407***
	(-0.05)	(-0.76)	(1.16)	(4.20)
年度/行业	控制	控制	控制	控制
Observations	7991	9231	7991	9231
R^2	0.009	0.011	0.029	0.053
F	1.626	2.148	6.860	9.751

Panel B DumCon 作为解释变量分组

变量	CAR2	CAR2	CAR30	CAR30
	(1)	(2)	(3)	(4)
Sue	0.0000*	0.0007**	0.0001	0.0003
	(1.93)	(2.41)	(1.10)	(0.29)
DumCon	0.0011**	0.0008*	0.0063***	0.0035**
	(2.23)	(1.68)	(4.24)	(2.51)
Sue × DumCon	-0.0000	-0.0006***	-0.0006	-0.0013**
	(-0.00)	(-3.55)	(-1.00)	(-2.53)
Ins	0.0001	0.0001	0.0001	0.0002
	(1.26)	(1.34)	(0.85)	(1.29)
Psear	-0.0013**	-0.0007	-0.0014	-0.0008
	(-2.08)	(-1.40)	(-0.60)	(-0.43)
Bm	0.0011	0.0003	0.0231***	0.0392***
	(0.48)	(0.12)	(3.12)	(4.98)
Tover	-0.0002	-0.0001	-0.0008*	-0.0008**
	(-1.48)	(-0.70)	(-1.68)	(-2.41)
Beta	-0.0004	-0.0011	-0.0061	-0.0107**
	(-0.24)	(-0.65)	(-1.19)	(-1.96)

续表

变量	CAR2 (1)	CAR2 (2)	CAR30 (3)	CAR30 (4)
Illiq	-0.0023	-0.0024	0.0087	-0.0128 **
	(-0.88)	(-1.26)	(1.00)	(-2.42)
Age	-0.0005	-0.0005	-0.0046 **	-0.0015
	(-0.77)	(-0.80)	(-2.15)	(-0.83)
State	0.0002	0.0005	-0.0050 *	-0.0088 ***
	(0.26)	(0.55)	(-1.92)	(-3.38)
Size	0.0003	0.0004	-0.0038 ***	-0.0061 ***
	(0.78)	(0.83)	(-2.72)	(-3.80)
Constant	-0.0023	-0.0106	0.1045 ***	0.1344 ***
	(-0.22)	(-0.99)	(3.25)	(4.02)
年度/行业	控制	控制	控制	控制
Observations	7991	9231	7991	9231
R^2	0.009	0.011	0.028	0.053
F	1.610	2.117	4.848	9.846

注：括号内数值表示 T 统计量；***、** 和 * 分别表示在 1%、5% 和 10% 的水平下显著。

7.3.5　媒体关注、盈余持续性与股价漂移

表 7 - 6 列示了媒体关注、盈余持续性与股价漂移的回归结果。表 7 - 6 Panel A 列示 *Con* 作为解释变量的回归结果，Panel B 列示 *DumCon* 作为解释变量的回归结果，第（1）列和第（2）列结果显示，不论采用哪种衡量方式，短期内，媒体关注度高的组内盈余持续性能有效缓解股价漂移，媒体关注度低的组内盈余持续性对股价漂移缓解作用不显著，第（3）列和第（4）列结果显示，不论采用哪种衡量方式，长期内，媒体关注度高的组内盈余持续性能有效缓解股价漂移，媒体关注度低的组内盈余持续性对股价漂移缓解作用不显著。上述结果表明，媒体关注对股价市场反应有显著影响。媒体报道不仅能够发挥治理作用，提高盈余持续性，还能通过信

息扩散，引起投资者的注意，影响盈余信息反映到股价中的速度，缓解股价漂移现象。这支持了本章的假设4。

表7-6 媒体关注、盈余持续性与股价漂移

	Panel A Con 作为解释变量分组			
变量	CAR2		CAR30	
	媒体关注度低	媒体关注度高	媒体关注度低	媒体关注度高
	（1）	（2）	（3）	（4）
Sue	0.0002	-0.0001	-0.0012	-0.0014*
	(1.28)	(-0.43)	(-1.10)	(-1.72)
Con	0.0289**	0.0351***	0.0846**	0.1219***
	(2.37)	(3.15)	(2.35)	(3.56)
Sue×Con	-0.0020	-0.0146***	-0.0077	-0.0494***
	(-0.56)	(-3.44)	(-0.63)	(-3.31)
Ins	0.0001	0.0001	0.0004*	0.0001
	(0.93)	(1.41)	(1.80)	(0.72)
Psear	-0.0017***	-0.0001	-0.0020	0.0012
	(-3.12)	(-0.23)	(-1.06)	(0.56)
Bm	0.0018	-0.0005	0.0295***	0.0306***
	(0.70)	(-0.22)	(3.64)	(4.27)
Tover	-0.0001	-0.0001	-0.0007*	-0.0010***
	(-0.65)	(-0.84)	(-1.74)	(-2.88)
Beta	-0.0010	-0.0007	-0.0125**	-0.0046
	(-0.58)	(-0.44)	(-2.16)	(-0.93)
Illiq	-0.0034	-0.0031	-0.0107	-0.0135**
	(-1.45)	(-1.55)	(-1.54)	(-2.46)
Age	0.0002	-0.0008	-0.0013	-0.0033*
	(0.25)	(-1.38)	(-0.61)	(-1.77)
State	-0.0007	0.0010	-0.0102***	-0.0055**
	(-0.84)	(1.24)	(-3.71)	(-2.22)
Size	0.0000	0.0002	-0.0056***	-0.0055***
	(0.05)	(0.54)	(-3.18)	(-4.21)

续表

变量	CAR2		CAR30	
	媒体关注度低	媒体关注度高	媒体关注度低	媒体关注度高
	(1)	(2)	(3)	(4)
Constant	0.0068	-0.0013	0.1558***	0.1338***
	(0.56)	(-0.14)	(3.97)	(4.72)
年度/行业	控制	控制	控制	控制
Observations	7901	9321	7901	9321
R^2	0.010	0.011	0.049	0.033
F	1.555	1.968	7.331	6.846

Panel B *DumCon* 作为解释变量分组

变量	CAR2	CAR2	CAR30	CAR30
	(1)	(2)	(3)	(4)
Sue	0.0003	0.0005	-0.0006	0.0009
	(1.20)	(1.50)	(-0.60)	(0.90)
DumCon	0.0008	0.0011**	0.0056***	0.0043***
	(1.59)	(2.44)	(3.72)	(3.14)
Sue × DumCon	-0.0004	-0.0004**	-0.0005	-0.0016***
	(-1.10)	(-2.10)	(-0.79)	(-2.87)
Ins	0.0001	0.0001	0.0004*	0.0001
	(0.96)	(1.40)	(1.72)	(0.68)
Psear	-0.0017***	-0.0001	-0.0025	0.0012
	(-2.93)	(-0.21)	(-1.32)	(0.56)
Bm	0.0016	-0.0006	0.0299***	0.0304***
	(0.61)	(-0.26)	(3.70)	(4.25)
Tover	-0.0001	-0.0001	-0.0007*	-0.0010***
	(-0.69)	(-0.91)	(-1.71)	(-2.91)
Beta	-0.0010	-0.0008	-0.0120**	-0.0050
	(-0.54)	(-0.51)	(-2.07)	(-1.01)
Illiq	-0.0035	-0.0031	-0.0105	-0.0136**
	(-1.50)	(-1.57)	(-1.49)	(-2.47)

续表

变量	CAR2 (1)	CAR2 (2)	CAR30 (3)	CAR30 (4)
Age	0.0000 (0.06)	−0.0010 * (−1.65)	−0.0011 (−0.54)	−0.0038 ** (−2.03)
state	−0.0007 (−0.82)	0.0010 (1.27)	−0.0099 *** (−3.60)	−0.0053 ** (−2.15)
Size	0.0001 (0.16)	0.0003 (0.65)	−0.0057 *** (−3.23)	−0.0053 *** (−4.09)
Constant	0.0046 (0.38)	−0.0036 (−0.39)	0.1478 *** (3.76)	0.1249 *** (4.42)
年度/行业	控制	控制	控制	控制
Observations	7901	9321	7901	9321
R^2	0.010	0.009	0.050	0.033
F	1.597	1.744	7.542	6.754

注：括号内数值表示 T 统计量；*** 、** 和 * 分别表示在 1%、5% 和 10% 的水平下显著。

7.3.6 稳健性检验

7.3.6.1 遗漏变量引起的内生性问题

为了控制可能由遗漏变量引起的内生性问题，采用固定效应模型，控制了公司层面的个体效应和年度固定效应，进行稳健性检验，回归结果见表 7-7，回归结果（1）至（4）列显示，未预期盈余与盈余持续性交乘项的系数显著为负，盈余持续性依然能够有效缓解股价漂移现象。结果依然稳健。

表 7-7　　　　　　　　固定效应稳健性检验

变量	CAR2 (1)	CAR30 (2)	CAR2 (3)	CAR30 (4)
Sue	−0.0002 * (−1.84)	−0.0014 (−1.57)	0.0003 (1.20)	0.0002 (0.26)

续表

变量	CAR2 (1)	CAR30 (2)	CAR2 (3)	CAR30 (4)
Con	−1.6690*** (−5.40)	3.3164*** (3.42)		
Sue × Con	−0.0060* (−1.74)	−0.0226** (−2.14)		
DumCon			−0.0025 (−0.41)	0.0081 (0.38)
Sue × DumCon			−0.0003** (−2.14)	−0.0011** (−2.22)
Ins	0.0000 (0.85)	0.0002 (0.87)	0.0000 (0.81)	0.0002 (0.88)
Psear	−0.0012** (−2.50)	−0.0003 (−0.17)	−0.0011** (−2.44)	−0.0003 (−0.15)
Bm	0.0063** (2.44)	0.0682*** (8.37)	0.0063** (2.44)	0.0681*** (8.37)
Tover	−0.0002 (−1.40)	−0.0011*** (−2.98)	−0.0002 (−1.38)	−0.0011*** (−2.95)
Beta	−0.0011 (−0.78)	−0.0121** (−2.53)	−0.0012 (−0.84)	−0.0122** (−2.55)
Illiq	−0.0030* (−1.76)	−0.0127** (−2.53)	−0.0030* (−1.79)	−0.0128** (−2.55)
Age	−0.0008 (−0.59)	0.0078* (1.75)	−0.0008 (−0.55)	0.0078* (1.75)
State	0.0010 (0.60)	−0.0116** (−2.37)	0.0010 (0.64)	−0.0119** (−2.43)
Size	−0.0012 (−1.58)	−0.0141*** (−6.33)	−0.0012 (−1.54)	−0.0139*** (−6.28)
Constant	0.0596*** (3.66)	0.2144*** (4.43)	0.0297 (1.54)	0.2643*** (4.32)
个体固定效应	控制	控制	控制	控制
年度固定效应	控制	控制	控制	控制
Observations	17222	17222	17222	17222
R^2	0.006	0.039	0.006	0.039
F	3.685	17.49	2.619	17.23

注：括号内数值表示 T 统计量；***、** 和 * 分别表示在1%、5%和10%的水平下显著。

7.3.6.2 替换主要变量

替换核心变量盈余持续性的衡量方法，用期初期末平均总资产标准化的净利润度量会计盈余，依然采用一阶自回归模型，提取模型回归系数作为盈余持续性的度量，并进行回归，回归结果见表7-8。回归结果（1）至（4）列显示，未预期盈余与盈余持续性交乘项的系数显著为负，盈余持续性能够有效缓解股价漂移现象。结果依然稳健。

表7-8　　　　　　　　替换盈余持续性度量方法稳健性检验

变量	CAR2 (1)	CAR30 (2)	CAR2 (3)	CAR30 (4)
Sue	−0.0001 (−1.27)	−0.0013* (−1.70)	0.0002 (1.02)	−0.0003 (−0.47)
Con	0.0010 (0.51)	−0.0011 (−0.15)		
Sue × Con	−0.0070** (−2.19)	−0.0169* (−1.68)		
DumCon			0.0009*** (2.88)	0.0032*** (3.25)
Sue × DumCon			−0.0002* (−1.93)	−0.0007* (−1.82)
Ins	0.0001* (1.83)	0.0002* (1.71)	0.0001* (1.71)	0.0002 (1.57)
Psear	−0.0008** (−2.09)	−0.0001 (−0.09)	−0.0009** (−2.36)	−0.0005 (−0.38)
Bm	−0.0003 (−0.17)	0.0279*** (5.35)	0.0002 (0.11)	0.0294*** (5.64)
Tover	−0.0001 (−1.36)	−0.0009*** (−3.47)	−0.0001 (−1.24)	−0.0009*** (−3.32)
Beta	−0.0010 (−0.85)	−0.0088** (−2.36)	−0.0010 (−0.86)	−0.0088** (−2.37)

续表

变量	CAR2 (1)	CAR30 (2)	CAR2 (3)	CAR30 (4)
Illiq	-0.0031**	-0.0109**	-0.0031**	-0.0109**
	(-2.12)	(-2.56)	(-2.11)	(-2.55)
Age	-0.0007	-0.0034**	-0.0006	-0.0031**
	(-1.50)	(-2.50)	(-1.33)	(-2.29)
State	0.0001	-0.0082***	0.0002	-0.0077***
	(0.12)	(-4.50)	(0.35)	(-4.22)
Size	0.0003	-0.0049***	0.0003	-0.0050***
	(0.96)	(-4.99)	(0.83)	(-5.15)
Constant	-0.0019	0.1319***	-0.0032	0.1274***
	(-0.29)	(6.20)	(-0.49)	(6.00)
年度/行业	控制	控制	控制	控制
Observations	17222	17222	17222	17222
R^2	0.007	0.035	0.007	0.036
F	2.284	12.10	2.424	12.34

注：括号内数值表示 T 统计量；*** 、** 和 * 分别表示在 1%、5% 和 10% 的水平下显著。

7.3.6.3 内生性问题

为了缓解研究结论的内生性问题，将解释变量滞后一期，有效克服了盈余持续性与股价漂移的双向因果关系。用滞后一期的盈余持续性作为解释变量进行回归，回归结果见表 7-9。回归结果（1）至（4）列显示，未预期盈余与盈余持续性交乘项的系数显著为负，盈余持续性依然能够有效缓解股价漂移现象。结果依然稳健。

表 7-9   **滞后一期盈余持续性稳健性检验**

变量	CAR2 (1)	CAR30 (2)	CAR2 (3)	CAR30 (4)
Sue	-0.0001	-0.0015	0.0005*	-0.0003
	(-1.16)	(-1.35)	(1.90)	(-0.44)

续表

变量	CAR2	CAR30	CAR2	CAR30
	(1)	(2)	(3)	(4)
Con	0.0163	0.0499		
	(1.51)	(1.54)		
Sue × Con	−0.0063*	−0.0223*		
	(−1.93)	(−1.88)		
DumCon			0.0007*	0.0024*
			(1.75)	(1.89)
Sue × DumCon			−0.0004***	−0.0008*
			(−2.66)	(−1.79)
Ins	0.0001*	0.0002	0.0001*	0.0002
	(1.81)	(1.16)	(1.74)	(1.15)
Psear	−0.0008	−0.0013	−0.0008	−0.0014
	(−1.57)	(−0.74)	(−1.57)	(−0.89)
Bm	0.0021	0.0339***	0.0020	0.0342***
	(1.00)	(5.37)	(0.98)	(5.25)
Tover	−0.0001	−0.0010***	−0.0001	−0.0010***
	(−0.54)	(−2.83)	(−0.47)	(−2.85)
Beta	−0.0020	−0.0140***	−0.0020	−0.0139***
	(−1.42)	(−2.99)	(−1.44)	(−3.04)
Illiq	−0.0032*	−0.0152***	−0.0032*	−0.0153***
	(−1.69)	(−2.58)	(−1.71)	(−2.72)
Age	0.0005	0.0000	0.0005	−0.0000
	(0.83)	(0.02)	(0.79)	(−0.01)
State	−0.0008	−0.0117***	−0.0008	−0.0117***
	(−1.09)	(−5.11)	(−1.08)	(−5.23)
Size	0.0000	−0.0061***	0.0001	−0.0060***
	(0.03)	(−5.04)	(0.14)	(−4.82)
Constant	0.0014	0.1406***	−0.0004	0.1356***
	(0.16)	(5.02)	(−0.04)	(4.84)
年度/行业	控制	控制	控制	控制
Observations	11297	11297	11297	11297
R^2	0.007	0.037	0.008	0.037
F	1.725	8.206	1.832	9.374

注：括号内数值表示 T 统计量；***、** 和 * 分别表示在 1%、5% 和 10% 的水平下显著。

7.3.6.4　剔除 2008 年国际金融危机的影响

2008 年国际金融危机造成股市动荡，可能会对股价漂移产生影响，而本章结果包含了该噪声的影响，因此剔除 2008 年样本，重新进行回归，回归结果见表 7 – 10。回归结果（1）至（4）列显示，未预期盈余与盈余持续性交乘项的系数显著为负，盈余持续性能够有效缓解股价漂移现象。结果依然稳健。

表 7 – 10　　　　剔除 2008 年国际金融危机影响的稳健性检验

变量	CAR2 (1)	CAR30 (2)	CAR2 (3)	CAR30 (4)
Sue	− 0.0002 * (− 1.72)	− 0.004 * (− 1.92)	0.0004 * (1.69)	0.0002 (0.36)
Con	0.0337 *** (4.07)	0.0966 *** (3.87)		
Sue × Con	− 0.0079 *** (− 2.77)	− 0.0271 *** (− 2.91)		
DumCon			0.0009 *** (2.72)	0.0044 *** (4.27)
Sue × DumCon			− 0.0004 *** (− 2.74)	− 0.0011 *** (− 2.60)
Ins	0.0001 (1.52)	0.0003 ** (2.33)	0.0001 (1.54)	0.0003 ** (2.28)
Psear	− 0.0010 ** (− 2.39)	− 0.0005 (− 0.36)	− 0.0009 ** (− 2.21)	− 0.0007 (− 0.49)
Bm	− 0.0007 (− 0.42)	0.0266 *** (4.95)	− 0.0010 (− 0.56)	0.0268 *** (5.00)
Tover	− 0.0001 (− 1.18)	− 0.0008 *** (− 2.75)	− 0.0001 (− 1.21)	− 0.0008 *** (− 2.71)
Beta	− 0.0009 (− 0.76)	− 0.0099 *** (− 2.62)	− 0.0009 (− 0.74)	− 0.0098 *** (− 2.60)

续表

变量	CAR2 (1)	CAR30 (2)	CAR2 (3)	CAR30 (4)
Illiq	-0.0031 ** (-2.02)	-0.0114 *** (-2.60)	-0.0032 ** (-2.06)	-0.0115 *** (-2.60)
Age	-0.0005 (-1.13)	-0.0026 * (-1.81)	-0.0007 (-1.51)	-0.0028 ** (-1.99)
State	0.0003 (0.48)	-0.0079 *** (-4.21)	0.0003 (0.45)	-0.0077 *** (-4.11)
Size	0.0004 (1.16)	-0.0047 *** (-4.70)	0.0005 (1.41)	-0.0046 *** (-4.61)
Constant	-0.0038 (-0.56)	0.1330 *** (6.14)	-0.0063 (-0.92)	0.1247 *** (5.76)
年度/行业	控制	控制	控制	控制
Observations	16297	16297	16297	16297
R^2	0.008	0.038	0.007	0.038
F	2.665	12.50	2.466	12.53

注：括号内数值表示 T 统计量；*** 、** 和 * 分别表示在1%、5%和10%的水平下显著。

7.3.6.5 改变窗口期

为了防止窗口期的长短对回归结果的影响，又对盈余公告后 10 天和
20 天窗口期进行了检验，回归结果见表 7 - 11。回归结果（1）至（4）列
显示，未预期盈余与盈余持续性交乘项的系数显著为负，盈余持续性依然
能显著缓解盈余公告后 10 天和 20 天的股价漂移现象，进一步支持了本章
的假设 1。

表 7 - 11　　　　　　　　　改变窗口期稳健性检验

变量	CAR10 (1)	CAR20 (2)	CAR10 (3)	CAR20 (4)
Sue	-0.0003 (-1.11)	-0.0008 * (-1.67)	0.0005 (1.37)	0.0001 (0.25)

续表

变量	CAR10 （1）	CAR20 （2）	CAR10 （3）	CAR20 （4）
Con	0.0586 *** （3.85）	0.0772 *** （3.75）		
Sue × Con	−0.0188 *** （−3.69）	−0.0174 ** （−2.25）		
DumCon			0.0021 *** （3.45）	0.0039 *** （4.67）
Sue × DumCon			−0.0006 ** （−2.52）	−0.0007 ** （−2.00）
Ins	0.0001 * （1.92）	0.0001 （1.03）	0.0001 * （1.91）	0.0001 （0.96）
Psear	−0.0002 （−0.22）	−0.0005 （−0.46）	−0.0002 （−0.26）	−0.0008 （−0.67）
Bm	0.0092 *** （2.84）	0.0198 *** （4.57）	0.0092 *** （2.86）	0.0201 *** （4.65）
Tover	−0.0004 ** （−2.48）	−0.0005 ** （−2.16）	−0.0004 ** （−2.49）	−0.0005 ** （−2.10）
Beta	−0.0035 （−1.60）	−0.0072 ** （−2.35）	−0.0035 （−1.57）	−0.0071 ** （−2.33）
Illiq	−0.0054 ** （−1.98）	−0.0102 *** （−2.77）	−0.0056 ** （−2.04）	−0.0103 *** （−2.79）
Age	−0.0005 （−0.57）	−0.0008 （−0.67）	−0.0007 （−0.85）	−0.0009 （−0.79）
State	−0.0011 （−0.99）	−0.0031 ** （−2.09）	−0.0010 （−0.95）	−0.0029 * （−1.95）
Size	−0.0012 ** （−2.03）	−0.0034 *** （−4.16）	−0.0011 * （−1.90）	−0.0034 *** （−4.12）
Constant	0.0342 *** （2.68）	0.0905 *** （5.13）	0.0298 ** （2.33）	0.0840 *** （4.76）
年度/行业	控制	控制	控制	控制
Observations	17222	17222	17222	17222
R^2	0.014	0.019	0.013	0.019
F	4.608	6.472	4.364	6.604

注：括号内数值表示 T 统计量；*** 、** 和 * 分别表示在 1% 、5% 和 10% 的水平下显著。

7.4 影响机制分析

从前文分析可知，盈余持续性主要通过两条路径缓解股价漂移：一是通过降低信息不对称，提高企业信息披露质量，从而缓解股价漂移现象。二是通过降低投资者的异质信念，使盈余信息更快地融入股价，从而缓解股价漂移现象。本部分将对两者的作用路径进行检验。具体检验方法采用温忠麟等（2014）和林煜恩等（2018）的中介效应检验法进行路径检验，检验模型如下：

$$Med_{i,t} = \lambda_0 + \lambda_1 Con_{i,t}/DumCon_{i,t} + \lambda_2 Controls_{i,t} + \sum Ind + \sum Year + \varepsilon_{i,t} \tag{7-3}$$

$$CAR_{i,t} = \theta_0 + \theta_1 Sue_{i,t} + \theta_2 Con_{i,t}/DumCon_{i,t} + \theta_3 Sue_{i,t}$$
$$\times Con_{i,t}/DumCon_{i,t} + \theta_4 Med_{i,t} + \theta_5 Sue_{i,t} \times Med_{i,t}$$
$$+ \theta_6 Controls + \sum Ind + \sum Year + \varepsilon_{i,t} \tag{7-4}$$

公式（7-3）和公式（7-4）中 Med 代表中介变量，其余变量与公式（7-2）中一致。

第一步，先依据公式（7-2）对主模型进行回归，检验交乘项 $Sue_{i,t} \times Con_{i,t}/DumCon_{i,t}$ 的系数 α_3 是否显著，即验证会计信息可比性是否能够显著影响股价漂移，如果两者关系显著，则继续进行第二步检验。第二步，依据公式（7-3），检验 $Con_{i,t}/DumCon_{i,t}$ 对中介变量 $Med_{i,t}$ 的回归系数 λ_1 是否显著，依据公式（7-4）检验交乘项 $Sue_{i,t} \times Med_{i,t}$ 回归系数 θ_5 是否显著，如果系数 λ_1 和系数 θ_5 都显著，则进行第四步检验，若系数 λ_1 和系数 θ_5 有一个不显著或者两个都不显著，则进行第三步检验。第三步，进行 Sobel 检验或 Bootstrap 检验，如果检验通过，则说明中介效应成立，不通过则中介效应不成立，停止分析。第四步，依据公式（7-4）中，检验交乘项 $Sue_{i,t} \times Con_{i,t}/DumCon_{i,t}$ 的回归系数 θ_3 是否显著，如果系数 θ_3 显著则说明存在部分中介效应，不显著则存在完全中介效应。

7.4.1　盈余持续性、信息披露质量与股价漂移

已有研究发现，盈余质量可以直接影响股价漂移，盈余的时间序列特征能够影响股价漂移现象，因为投资者无法正确认识盈余的时间序列特征导致其无法根据正确的模型来修正未来预期，带来了资本市场上的股价漂移现象。Zhang（2006）研究表明，随着企业信息不确定程度的下降，风险被逐步释放出来，股票未来的超额收益下降，缓解了股价漂移现象（于李胜和王艳艳；2006），而且在 A 股、H 股分割市场中，信息不确定性也加剧了股价漂移（陆静和龚珍；2011）。Bernard 和 Thomas（1989）指出因为投资者错误地认为季度盈余的变动是随机的，而实际上季节盈余的变化过程是一阶差分自相关的，投资者对未来盈余的预测并未考虑盈余的季节序列相关特征是股价漂移产生的原因。Bartov（1992）也发现，由于市场对盈余的时间序列特征的错误描述，导致两期盈余公告之间股价漂移现象的出现。已有研究发现股价漂移现象和未预期盈余是密不可分的，未预期盈余带来了股价漂移现象，当投资者出现未预期到的盈余时，股价漂移现象就会出现，即股价漂移现象始于投资者的"盈余惊喜"（于李胜和王艳艳，2007）。在企业公布盈余信息之前，投资者根据其所掌握的信息对企业有一个预期盈余，盈余公告的盈余与投资者预期盈余的差即为投资者未预期盈余，显然该值的大小很大程度上取决于投资者对企业未来盈余预测的准确性，而投资者预测的准确性取决于其掌握的会计信息质量的高低。较低的会计信息披露质量降低了投资者对股票未来盈余的预测精度，提高了投资者未预期盈余，加剧了股价漂移现象。

较高的盈余持续性代表当期的盈余对未来盈余预测有很重要的作用，上市公司经营业绩下一年度再发生的可能性较高。杨棉之等（2017）实证检验了盈余持续性对股价崩盘风险的影响，发现随着盈余持续性的提高，

股价崩盘风险降低。在股市处于低谷时期，盈余持续性对股价崩盘风险的抑制作用更为显著，说明提高盈余持续性，可以减少信息不对称，给外部投资者及利益相关者提供更多相关与可靠的信息，实现对企业更好地监督和治理（申慧慧和吴联生，2012）。周春梅（2009）研究发现，盈余质量的提高不仅可提升资源配置效率，还能控制企业代理成本，带来效率的提升。汪炜和袁东任（2014）发现盈余质量对于自愿性披露会产生显著的影响，盈余质量的提高可以提升企业价值和披露的关联性，提高企业透明度，保护投资者的利益（黄海杰等，2016）。从以上分析可以看出，公司盈余信息质量较高代表在资本市场上所披露的信息更加真实、透明，向投资者传递了更准确、更全面的盈余信息，降低信息不对称，从而降低投资者的未预期盈余，缓解股价漂移。

参考 Ascioglu 等（2005）的方法，使用 KV 指数对企业信息披露质量进行衡量。KV 指数是一个斜率，是企业股票收益率对股票成交量的回归系数，该指标是一个反指标。具体计算过程如下：

$$\ln|\Delta P_t/P_{t-1}| = \alpha + \beta(Vol_t - Vol_0) + u_i \qquad (7-5)$$

其中，股票价格变动 ΔP_t 为当期股价 P_t 与前期股价 P_{t-1} 之差，P_t 为 t 日的收盘价，Vol_t 为 t 日的交易量，Vol_0 为年度日平均交易量。最后得到公司信息披露质量 $KV = \beta \times 1000000$，KV 指数越小，表示企业拥有越高的信息披露质量。

按照温忠麟的逐步因果法进行中介效应判断，从前文回归结果可知，已验证 α_3 显著为负。表 7-12 为公司信息披露质量中介效应的回归结果，Panel A 列示 Con 作为解释变量的回归结果，Panel B 列示 DumCon 作为解释变量的回归结果。从表中第（1）列可以看出，盈余持续性能够提高信息披露质量，从第（2）列和第（3）列可以看出未预期盈余与盈余持续性两者交乘的回归系数显著为负，未预期盈余与信息披露质量两者交乘的回归系数不显著，需要进行 Bootstrap 检验，检验结果显示，95% 置信区间都不包含零，中介效应成立，说明信息披露质量在会计信息可比性缓解盈余公告后股价漂移的过程中发挥了部分中介效应。

表 7 – 12　　　　　　　　　盈余持续性、信息披露质量与股价漂移

	Panel A *Con* 作为解释变量的回归结果		
变量	*KV* (1)	*CAR2* (2)	*CAR*30 (3)
Sue		− 0. 0002 (− 1. 51)	− 0. 0015 * (− 1. 75)
Con	− 0. 3070 *** (− 7. 40)	0. 0316 *** (3. 88)	0. 0899 *** (3. 66)
Sue × *Con*		− 0. 0076 *** (− 2. 71)	− 0. 0272 *** (− 2. 94)
KV		− 0. 0025 (− 1. 19)	− 0. 0076 (− 1. 25)
Sue × *KV*		0. 0000 (1. 11)	0. 0001 (1. 31)
Ins	0. 0022 *** (15. 28)	0. 0001 ** (1. 97)	0. 0001 (1. 09)
Psear	0. 0051 *** (3. 34)	− 0. 0010 ** (− 2. 47)	− 0. 0008 (− 0. 59)
Bm	− 0. 0047 *** (− 3. 88)	− 0. 0002 (− 0. 77)	− 0. 0047 *** (− 5. 07)
Tover	− 0. 0081 *** (− 25. 53)	− 0. 0001 (− 1. 41)	− 0. 0010 *** (− 3. 52)
Beta	− 0. 0848 *** (− 16. 72)	− 0. 0013 (− 1. 10)	− 0. 0101 *** (− 2. 66)
Illiq	0. 2264 *** (20. 27)	− 0. 0024 (− 1. 53)	− 0. 0072 (− 1. 58)
Age	] (− 31. 13)	− 0. 0005 (− 1. 10)	− 0. 0029 ** (− 2. 04)

续表

变量	KV (1)	CAR2 (2)	CAR30 (3)
State	0. 0094 *** (4. 32)	0. 0002 (0. 37)	− 0. 0077 *** (−4. 23)
Size	− 0. 0348 *** (−31. 25)	0. 0000 (0. 13)	− 0. 0042 *** (−4. 73)
Constant	1. 2676 *** (40. 39)	0. 0046 (0. 62)	0. 1477 *** (6. 40)
年度/行业	控制	控制	控制
Observations	17222	17222	17222
R^2	0. 505	0. 008	0. 037
F	173. 6	2. 588	11. 94

Panel B DumCon 作为解释变量的回归结果

变量	KV (1)	CAR2 (2)	CAR30 (3)
Sue		0. 0004 * (1. 80)	0. 0001 (0. 15)
DumCon	− 0. 0085 *** (−6. 71)	0. 0009 *** (2. 88)	0. 0044 *** (4. 39)
Sue × DumCon		− 0. 0004 *** (−2. 83)	− 0. 0011 *** (−2. 64)
KV		− 0. 0022 (−1. 02)	− 0. 0070 (−1. 15)
Sue × KV		0. 0000 (1. 10)	0. 0001 (1. 30)
Ins	0. 0023 *** (15. 43)	0. 0001 ** (1. 99)	0. 0001 (1. 01)
Psear	0. 0054 *** (3. 54)	− 0. 0009 ** (−2. 34)	− 0. 0011 (−0. 76)
Bm	− 0. 0045 *** (−3. 72)	− 0. 0002 (−0. 76)	− 0. 0047 *** (−5. 14)

续表

变量	KV (1)	CAR2 (2)	CAR30 (3)
Tover	− 0.0082 ***	− 0.0001	− 0.0009 ***
	(− 25.75)	(− 1.40)	(− 3.44)
Beta	− 0.0846 ***	− 0.0013	− 0.0100 ***
	(− 16.67)	(− 1.07)	(− 2.63)
Illiq	0.2254 ***	− 0.0026	− 0.0075
	(20.21)	(− 1.64)	(− 1.63)
Age	− 0.0664 ***	− 0.0006	− 0.0031 **
	(− 31.71)	(− 1.34)	(− 2.13)
State	0.0092 ***	0.0002	− 0.0075 ***
	(4.21)	(0.35)	(− 4.10)
Size	− 0.0344 ***	0.0001	− 0.0041 ***
	(− 30.77)	(0.33)	(− 4.62)
Constant	1.2505 ***	0.0021	0.1392 ***
	(39.73)	(0.28)	(6.03)
年度/行业	控制	控制	控制
Observations	17222	17222	17222
R^2	0.503	0.007	0.037
F	172.9	2.487	12.00

注：括号内数值表示 T 统计量；*** 、** 和 * 分别表示在 1% 、5% 和 10% 的水平下显著。

7.4.2 盈余持续性、投资者分歧度与股价漂移

传统的资产定价模型认为投资者具有同质信念，即每个投资者对相同股票的未来收益有相同的预测。但这一理论不能合理地解释资本市场上存在的各种异象。而行为金融理论则认为在现实的资本市场上，投资者同质信念并不存在，投资者异质信念更符合资本市场的实际情况。在资本市场上，投资者的异质信念表现为，不同的投资者对公司股票未来收益的预期不一致，从而表现出不同的投资行为。资本市场上股票价格的形成过程是

投资者根据不断传播的各种信息发现股票价值的过程，投资者通过对资本市场上的信息进行处理，形成了对该股票未来发展情况的主观信念，然后进行股票交易，带来了股票价格的变动。

由于不同投资者的知识、能力和社会地位等存在差异，导致他们对信息的收集与处理存在偏差，从而作出不一致的投资决策，带来了股票价格的变动（汪卢俊和颜品，2014），最终导致企业会计信息定价作用有效性的降低，从而产生系统性差异（王治和陈艳，2013），导致上市公司的股票价格偏离其内在价值。在利用投资者异质信念对股价漂移进行解释时，Varian 模型发现，由于信息的传播及投资者面临的自身条件和外界条件的差异，盈余信息到达每个投资者的时间不一致，投资者对信息的解读存在差异等原因，在盈余公告日投资者对盈余信息的异质信念水平有所上升。在该模型中，他把投资者对盈余信息的异质信念当成一种风险变量，投资者异质信念越高，当期股票收益率越低，未来的股票超额回报率越高，股价漂移现象越严重。Garfinkel 和 Sokobin（2006）发现投资者意见分歧越大，未来超额回报越高，股价漂移现象越严重（Anderson 等，2007），随着投资者意见分歧的下降，股价漂移现象也有所缓解，因此投资者意见分歧是股价漂移异象的重要解释因素之一（Liang，2003）。国内学者周晖等（2008）研究也发现投资者意见分歧是股价漂移现象产生的主要原因之一，盈余信息是投资者进行信念调整的重要依据，在股价形成过程中发挥着重要作用（史永东和李凤羽，2012）。张静（2017）研究发现，盈余波动性能够影响投资者异质信念水平，盈余平滑能够降低盈余的波动性，提高盈余持续性，减弱投资者的意见分歧，进而缓解了股票错误定价的程度。在盈余信息披露和传递的过程中，由于投资者异质信念的存在，其对信息的认知存在不同形式和不同程度的差异，进而会采取不同的投资策略和操作行为，是资本市场上股价漂移现象的重要诱因。

盈余信息是上市公司经营成果的体现，盈余持续性越高，上市公司当年的经营业绩在后期持续发生的可能性较高，投资者根据当前盈余信息预测企业未来可能发生的盈余的准确性越高，从而降低了投资者之间的意见分歧度，加快盈余信息融入股价的速度。即盈余持续性越高，越能够降低投资者意见分歧，缓解股价漂移现象。借鉴 Garfinkel（2001）的文献，使用"非预期交易量"来衡量投资者分歧度。

按照温忠麟的逐步因果法进行中介效应判断，从前文回归结果可知，已验证 α_3 显著为负。表 7 - 13 为投资者分歧度中介效应的回归结果，Panel A 列示 Con 作为解释变量的回归结果，Panel B 列示 DumCon 作为解释变量的回归结果。从表中第（1）列可以看出，盈余持续性能够降低投资者意见分歧度，从第（2）列可以看出，短期内，未预期盈余与投资者意见分歧度两者交乘的回归系数显著为正，说明存在中介效应，从第（3）列可以看出，长期内，未预期盈余与投资者意见分歧交乘项的回归系数不显著，因此需要进行 Bootstrap 检验，Bootstrap 检验结果显示，95% 置信区间都不包含零，中介效应依然成立。投资者分歧度在盈余持续性缓解股价漂移的过程中发挥了中介效应。

表 7 - 13　　　　　　　盈余持续性、投资者分歧度与股价漂移

变量	Panel A Con 作为解释变量的回归结果		
	TO (1)	CAR2 (2)	CAR30 (3)
Sue		- 0.0002 (- 1.37)	- 0.0013 * (- 1.93)
Con	- 0.0085 ** (- 2.52)	0.0334 *** (4.13)	0.1068 *** (4.52)
Sue × Con		- 0.0077 *** (- 2.76)	- 0.0272 *** (- 3.04)
TO		0.2875 *** (12.03)	2.4025 *** (33.47)

续表

变量	TO （1）	CAR2 （2）	CAR30 （3）
Sue × TO		0.0149 ** （2.53）	0.0084 （0.51）
Ins	−0.0000 ** （−2.40）	0.0001 ** （2.10）	0.0002 （1.64）
Psear	−0.0003 * （−1.72）	−0.0009 ** （−2.31）	−0.0001 （−0.07）
Bm	−0.0018 *** （−16.35）	0.0003 （1.13）	−0.0002 （−0.23）
Tover	−0.0015 *** （−28.74）	0.0003 *** （3.37）	0.0026 *** （9.48）
Beta	0.0012 ** （2.44）	−0.0014 （−1.23）	−0.0123 *** （−3.43）
Illiq	−0.0015 *** （−3.28）	−0.0025 * （−1.73）	−0.0052 （−1.26）
Age	−0.0002 （−0.85）	−0.0003 （−0.61）	−0.0020 （−1.54）
State	−0.0002 （−0.68）	0.0002 （0.39）	−0.0074 *** （−4.28）
Size	−0.0020 *** （−18.03）	0.0007 ** （2.49）	0.0009 （1.08）
Constant	0.0573 *** （19.64）	−0.0149 ** （−2.16）	0.0010 （0.05）
年度/行业	控制	控制	控制
Observations	17222	17222	17222
R^2	0.253	0.022	0.133
F	85.00	5.957	38.70

续表

变量	Panel B *DumCon* 作为解释变量的回归结果		
	TO	*CAR2*	*CAR30*
	(1)	(2)	(3)
Sue		0.0004 *	0.0003
		(1.83)	(0.51)
DumCon	−0.0003 **	0.0010 ***	0.0051 ***
	(−2.56)	(3.13)	(5.34)
Sue × DumCon		−0.0004 ***	−0.0011 ***
		(−2.93)	(−2.89)
TO		0.2872 ***	2.4032 ***
		(12.00)	(33.47)
Sue × TO		0.0146 **	0.0077
		(2.48)	(0.47)
Ins	−0.0000 **	0.0001 **	0.0002
	(−2.40)	(2.14)	(1.56)
Psear	−0.0003 *	−0.0009 **	−0.0004
	(−1.65)	(−2.18)	(−0.27)
Bm	−0.0019 ***	0.0003	−0.0003
	(−16.37)	(1.14)	(−0.29)
Tover	−0.0015 ***	0.0003 ***	0.0026 ***
	(−28.70)	(3.33)	(9.54)
Beta	0.0012 **	−0.0014	−0.0122 ***
	(2.43)	(−1.22)	(−3.41)
Illiq	−0.0015 ***	−0.0026 *	−0.0054
	(−3.26)	(−1.80)	(−1.29)
Age	−0.0001	−0.0004	−0.0022 *
	(−0.72)	(−0.94)	(−1.72)
State	−0.0002	0.0002	−0.0072 ***
	(−0.72)	(0.38)	(−4.13)
Size	−0.0021 ***	0.0007 ***	0.0010
	(−18.10)	(2.66)	(1.20)

变量	TO (1)	CAR2 (2)	CAR30 (3)
Constant	0.0579 *** (19.79)	-0.0170 ** (-2.46)	-0.0081 (-0.39)
年度/行业	控制	控制	控制
Observations	17222	17222	17222
R^2	0.253	0.022	0.133
F	84.90	5.848	38.86

注：括号内数值表示 T 统计量；*** 、** 和 * 分别表示在 1%、5% 和 10% 的水平下显著。

7.4.3 盈余平滑、盈余持续性与股价漂移

盈余平滑是一种调整盈余的方式，主要目的是降低公司盈余的波动性。对盈余平滑是给投资者传递企业经营状况良好的信息还是管理为谋取私利而进行的盈余操纵手段至今仍然存在争议。一种观点认为，盈余平滑行为是企业管理层向投资者传递信息的一种工具，能促进企业信息的传播，缓解企业内外部之间的信息不对称程度，增加盈余信息的信息含量（宋骁和贾兴飞，2014），促进股票合理定价（Cahan 等，2008）。另一种观点认为，盈余平滑是管理者出于机会主义动机进行盈余管理的一种方式，会对证券市场产生消极的影响，会加剧投资者的信息不对称程度。对收益的平滑可能是企业管理层为了隐藏企业的真实业绩，而进行的盈余管理行为，会降低企业会计信息质量（Leuz 等，2003），最终导致投资者对上市公司价值的错误判断（李青原，2009）。

出现以上两种对立结论的主要原因在于，学者们没能将盈余平滑进行细分，区分其信息属性和机会主义属性。一方面，通过适当的盈余平滑，可以向资本市场上的投资者传递出公司未来盈余发展状况的信息，有助于投资者作出正确的投资决策，这一类被称为有效信息盈余平滑；另一方面，由于代理问题的存在及管理层的信息优势地位，管理层可能通过盈余

平滑行为操纵企业盈余的大小，从而为自己谋取私利，这一类被称为机会主义盈余平滑（Tucker 和 Zarowin，2006）。借鉴钟宇翔和李婉丽（2019）的研究，将盈余平滑划分为信息属性盈余平滑和机会主义属性盈余平滑，进一步检验此两类属性造成的盈余持续性对股价漂移的不同影响。分解模型见公式（7 − 6）：

$$IS - FLOS_{i,t} = \beta_1 LNTA_{i,t} + \beta_2 LEV_{i,t} + \beta_3 BM_{i,t} + \beta_4 STDSALES_{i,t} + \beta_5 LOSS_{i,t}$$
$$+ \beta_6 OPCYCLE_{i,t} + \beta_7 SG_{i,t} + \beta_8 OPLEV_{i,t} + \beta_9 AVECFO_{i,t}$$
$$+ \beta_{10} Industry + \beta_{11} Year + \varepsilon_{i,t} \tag{7 − 6}$$

通过公式（7 − 6），计算出的被解释变量 IS_FLOS 的预测值可以代表有效信息盈余平滑部分，而模型的回归残差 $\varepsilon_{i,t}$ 可以代表企业的机会主义盈余平滑。而企业盈余平滑的信息有效性（CIS）可以用有效信息盈余平滑 IS_FLOS 与机会主义盈余平滑 $\varepsilon_{i,t}$ 之间的差值来衡量。按照 CIS 年度行业中位数进行分组回归，大于等于年度行业中位数，取值为 1，否则取值为 0。回归结果见表 7 − 14。从回归结果第（1）列和第（3）列可以看出，在盈余平滑信息有效性低的组内，盈余持续性不能缓解股价漂移现象，从第（2）列和第（4）列可以看出，在盈余平滑信息有效性高的组内，盈余持续性对股价漂移的缓解作用显著。说明有效信息盈余平滑带来的盈余持续性，能够显著缓解股价漂移，而机会主义行为带来的盈余持续性对缓解股价漂移不会产生显著的影响。

表 7 − 14　　　　盈余平滑信息有效性、盈余持续性与股价漂移

	Panel A Con 作为解释变量分组			
变量	CAR2		CAR30	
	$CIS = 0$	$CIS = 1$	$CIS = 0$	$CIS = 1$
	(1)	(2)	(3)	(4)
Sue	− 0.0001	− 0.0001 *	− 0.0002	− 0.0011 *
	(− 0.86)	(− 1.73)	(− 1.26)	(− 1.93)

续表

变量	CAR2		CAR30	
	CIS = 0	CIS = 1	CIS = 0	CIS = 1
	(1)	(2)	(3)	(4)
Con	0.0222	0.0365 ***	0.1260 ***	0.0480
	(1.49)	(3.49)	(2.84)	(1.51)
Sue × Con	− 0.0004	− 0.0078 *	0.0110	− 0.0334 ***
	(− 0.10)	(− 1.83)	(0.74)	(− 2.65)
Ins	0.0000	0.0001	− 0.0001	0.0001
	(0.75)	(1.42)	(− 0.36)	(0.71)
Psear	− 0.0014 **	− 0.0015 ***	0.0006	− 0.0039 *
	(− 2.10)	(− 2.79)	(0.26)	(− 1.90)
Bm	− 0.0002	− 0.0003	− 0.0036 **	− 0.0048 ***
	(− 0.32)	(− 0.83)	(− 2.32)	(− 4.06)
Tover	− 0.0005 ***	0.0001	− 0.0009	− 0.0008 **
	(− 2.71)	(0.53)	(− 1.61)	(− 2.37)
Beta	− 0.0022	0.0000	− 0.0150 **	− 0.0043
	(− 1.14)	(0.02)	(− 2.40)	(− 0.79)
Illiq	− 0.0099 *	0.0032	0.0270	0.0292 **
	(− 1.96)	(0.61)	(1.45)	(2.31)
Age	0.0001	0.0006	− 0.0003	− 0.0006
	(0.07)	(1.00)	(− 0.10)	(− 0.34)
State	0.0007	− 0.0009	− 0.0082 ***	− 0.0103 ***
	(0.64)	(− 1.19)	(− 2.58)	(− 4.06)
Size	− 0.0005	0.0004	− 0.0021	− 0.0033 **
	(− 1.07)	(0.78)	(− 1.42)	(− 2.38)
Constant	0.0201	− 0.0077	0.1304 ***	0.1171 ***
	(1.59)	(− 0.69)	(3.27)	(3.44)
年度/行业	控制	控制	控制	控制
Observations	5141	9846	5141	9846
R^2	0.013	0.010	0.040	0.047
F	1.464	2.084	4.527	10.10

变量	Panel B *DumCon* 作为解释变量分组			
	CAR2	CAR2	CAR30	CAR30
	CIS = 0	CIS = 1	CIS = 0	CIS = 1
	(1)	(2)	(3)	(4)
Sue	−0.0002	0.0006 **	−0.0018	0.0009
	(−0.46)	(2.14)	(−1.52)	(0.99)
DumCon	0.0011 *	0.0010 **	0.0054 ***	0.0032 **
	(1.87)	(2.29)	(2.93)	(2.38)
Sue × DumCon	0.0000	−0.0006 ***	−0.0002	−0.0014 **
	(0.09)	(−3.25)	(−0.25)	(−2.53)
Ins	0.0000	0.0001	−0.0001	0.0001
	(0.71)	(1.49)	(−0.41)	(0.67)
Psear	−0.0015 **	−0.0014 ***	0.0005	−0.0042 **
	(−2.21)	(−2.61)	(0.23)	(−2.03)
Bm	−0.0002	−0.0003	−0.0035 **	−0.0049 ***
	(−0.35)	(−0.78)	(−2.29)	(−4.14)
Tover	−0.0005 ***	0.0001	−0.0009 *	−0.0007 **
	(−2.73)	(0.57)	(−1.65)	(−2.28)
Beta	−0.0022	−0.0001	−0.0146 **	−0.0044
	(−1.11)	(−0.04)	(−2.34)	(−0.82)
Illiq	−0.0099 **	0.0028	0.0273	0.0283 **
	(−1.97)	(0.54)	(1.44)	(2.22)
Age	−0.0000	0.0004	−0.0010	−0.0005
	(−0.03)	(0.76)	(−0.32)	(−0.26)
State	0.0007	−0.0009	−0.0083 ***	−0.0100 ***
	(0.66)	(−1.20)	(−2.60)	(−3.96)
Size	−0.0005	0.0004	−0.0020	−0.0032 **
	(−1.05)	(0.87)	(−1.33)	(−2.38)
Constant	0.0184	−0.0094	0.1215 ***	0.1122 ***
	(1.46)	(−0.84)	(3.04)	(3.29)

变量	CAR2	CAR2	CAR30	CAR30
	CIS = 0	CIS = 1	CIS = 0	CIS = 1
	(1)	(2)	(3)	(4)
年度/行业	控制	控制	控制	控制
Observations	5141	9846	5141	9846
R^2	0.013	0.010	0.040	0.048
F	1.479	2.150	4.456	10.15

注: 括号内数值表示 T 统计量; ***、**和*分别表示在1%、5%和10%的水平下显著。

7.5 本章小结

本章基于行为金融理论中的投资者有限理性和信息不对称理论,在考察盈余持续性对股价漂移影响的基础上,分析和检验了公司治理水平、审计质量和媒体关注对两者关系的调节作用,并进一步探究了盈余持续性对股价漂移影响的作用机制。实证结果证实,盈余持续性显著缓解了资本市场上的股价漂移现象。分组检验发现,在公司治理水平较低的情况下,盈余持续性对股价漂移的缓解作用更加显著,说明盈余持续性能够缓解公司治理水平较低对公司和投资者带来的不利影响;在审计质量高的企业中,会计信息可比性对股价漂移的缓解作用更为显著,说明审计质量作为重要的公司外部治理机制,能够为盈余持续性作用的发挥提供更可靠的保障,进一步加强了盈余持续性对股价漂移的缓解作用;在媒体关注度越高的情况下,盈余持续性对股价漂移的缓解作用越明显,说明媒体发挥了积极的外部治理作用,提高了投资者预测准确性,加速信息融入股价的速度,进一步加强了盈余持续性对股价漂移的缓解作用。进一步研究发现,盈余持续性主要是通过提高公司信息披露质量和降低投资者意见分歧两条路径缓解了股价漂移。区分盈余平滑中有效信息属性与机会主义属性带来的盈余持续性，发现有效信息属性引起的盈余持续性能够缓解股价漂移。

　　本章研究了盈余持续性与股价漂移之间的关系。实证结果发现盈余持续性缓解了股价漂移。一方面，盈余持续性能够缓解信息不对称，提高公司的信息披露质量；另一方面，我国资本市场上散户投资者居多，因而在处理信息过程中更容易受到认知局限性的影响，作出非理性的投资行为，盈余持续性能够降低投资者认知偏差，降低投资者对盈余信息的分歧度，加快盈余信息的传播速度。本章的研究结果对于理解盈余持续性提高资本市场定价效率具有重要理论价值。资本市场上存在股价漂移异象，造成股票价格偏离内在价值的现象，不利于社会资源配置效率的提高。盈余持续性通过提高企业的信息披露质量，优化了资本市场的信息环境，影响投资者的决策过程，有利于社会资源配置效率的提高。因此，资本市场上的各参与者都应该履行自身的职责，发挥自身的作用，维持良好的市场信息环境。

第8章 结论与展望

8.1 主要结论

在市场经济体系中,证券市场是其重要的组成部分。20世纪90年代我国证券市场开始起步,至今已有20多年的发展历程,证券市场快速迅猛的发展也取得了很大的进步与成就。但是我国证券市场属于新兴市场,依然存在市场效率低下等问题,这些问题的存在使我国资本市场的信息效率低下,所以从公司会计信息质量的角度研究我国资本市场定价效率有着重要的现实意义。本书从会计信息质量的角度出发,研究其对中国证券市场盈余公告后股价漂移现象的影响,不仅借鉴了国内外学者最新的研究方法和成果,也关注到了我国具体制度背景和投资者特征等对市场定价的影响及作用,研究盈余公告后股价漂移问题,探究其产生的原因及影响因素。

本书以行为金融理论与信息不对称理论为基础,研究盈余公告后股价漂移的形成机理,丰富了盈余公告后股价漂移的影响因素。研究内容方面,从理论上分析了盈余公告后股价漂移的影响因素,并分别从不同会计信息质量特征对投资者关注度、投资者有限认知度和不同投资者之间的意见分歧度等有限理性特征的影响,构建了"会计信息质量特征—信息不对称—股价漂移"和"会计信息质量特征—投资者关注度/认知度/分歧度—

股价漂移"的影响路径，深入探索盈余公告后股价漂移的形成机理及影响因素。主要结论如下：

在 Hong 和 Stein（1999）意见分析模型的基础上，构建了股价漂移的形成机理模型，并分析了会计信息质量、投资者有限理性等如何影响股票未来价格的累计变动，从理论上初步验证了会计信息质量和投资者有限理性是股价漂移产生的重要原因。

会计信息是资本市场上重要的信息来源，其质量高低能够对股价漂移产生重要的影响。过去的研究发现股价漂移现象总是和未预期盈余联系在一起的。当出现未预期盈余时，随后就会出现股价漂移，投资者未预期到的盈余高低很大程度上是由投资者对企业盈余预测的准确性决定的，而投资者对未来盈余预测的准确性又取决于企业会计信息质量的高低。会计信息质量越低，投资者对企业未来盈余预测的准确性越低，未预期盈余就越高。会计稳健性、会计信息可比性和盈余持续性能够通过对企业管理层的监督，提高会计信息质量，降低投资者未预期盈余，进而缓解股价漂移。

投资者有限理性是股价漂移产生的重要原因之一。由于投资者的有限理性，不能对股价进行及时充分的反应，必然会带来股价漂移的产生。而会计信息质量的不同特征对投资者的影响也不一致，不同的特征影响了投资者有限理性的不同方面，会计稳健性能够提高投资者关注度、会计信息可比性能够提高投资者认知度、盈余持续性能够降低投资者意见分歧度。投资者注意力的提高、对企业认知度的增加与分歧度的降低都能够减少投资者的非理性行为，减少盈余公告后的累计超额收益，缓解股价漂移现象。

公司内外部环境是会计信息质量对股价漂移产生影响的重要条件。在内外部环境有差异的情况下，企业会计信息质量对股价漂移的缓解作用不同。在内部控制水平较低、机构投资者持股比例较高和经济政策不确定性较高的企业中，会计稳健性对股价漂移的缓解作用更加显著；在股权制衡度较低、投资者保护水平较低和环境不确定性较高的企业中，会计信息可比性对股价漂移的缓解作用更加显著；在公司治理水平较低、外部审计质量较高和媒体关注度较高的企业中，盈余持续性对股价漂移的缓解作用更加显著。

8.2 政策启示

根据本书的理论分析与实证检验，可以发现高定价效率的证券市场存在的条件是：足够完备的市场制度、市场机制作用充分发挥、投资者理性、市场信息质量高且能被投资者顺利获取。简而言之，我国证券市场定价效率的提高要以完善的市场制度为基础，提高投资者理性行为、提高会计信息质量、保证信息传播渠道通畅，同时构建市场均衡的宏观环境与微观基础，据此提出以下几点政策建议。

第一，不断完善证券市场基础制度。我国资本市场与国外成熟市场相比，在信息不对称、投资者非完全理性的特定背景下，股价漂移现象普遍存在，表明我国资本市场定价效率低下，影响了其资源配置功能的发挥。在证券市场上，市场制度是否有效是保证证券市场能否发挥资源配置功能的基础。证券市场是一个完整的系统，其中包含了各上市公司、不同类型的投资者和各种市场制度。其中，证券市场制度是由一系列的行为准则组成的，准则制定的目的是对资本市场上各参与者的行为进行有效约束，对这些准则的遵守是市场上的公司和投资者参与市场活动的前提；公司作为资本市场上的重要机构，在资源配置方面发挥的作用越来越显著，这必然使公司成为市场经济的主体和市场资源的配置者；投资者作为资本市场上的资金提供者和交易参与者，他们是市场的交易主体。我国 2020 年 3 月 1 日起开始实施修订后的《中华人民共和国证券法》，进一步对证券市场基础制度进行完善，为促进证券市场功能发挥打造一个规范透明、有活力的资本市场。证券市场法律制度对证券市场作用的发挥也非常重要。近些年，我国证券市场的法治建设已经有了突飞猛进的发展，但是以构建成熟理性的资本市场体系的客观要求来看，我国证券市场的相关法律制度的实施、执行与遵守、法治文化、法治环境等各个方面还有较大差距。促进证券市场定价效率的提高除了完善证券市场基础制度之外，还需要加强法治，不断完善证券市场法律制度，为证券市场的健康发展提供法治保障。

第二，加强企业监管，提高会计信息质量。通过前文研究，发现提高会计信息质量能够降低信息不对称，进而缓解股价漂移现象，促进资源的优化配置。而与西方发达国家成熟资本市场相比，我国企业进行信息披露的条件、环境基础等还有待完善。这就要求我国的会计准则制定机构要为会计信息质量的提高创造良好的制度环境，完善资本市场的法律环境，拟定符合需求的会计制度。首先，提高对企业信息披露的要求，建立更加完备的信息披露制度。会计准则制定机构等相关部门要引导企业在生产经营活动及作出相关决策时，时刻注意会计信息质量的提高。资本市场相关监管部门可以颁布更加完善的信息披露制度，制定信息披露规范，使上市公司在资本市场上公开披露的信息更好地发挥会计信息决策有效性的作用，尽可能降低信息不对称，帮助外部投资者对企业价值作出正确判断，达到改善资本市场信息环境的目的。其次，完善上市公司内控制度，强化审计监督。目前，很多企业的内部审计机构只是流于形式，实际上并未带来任何的监督作用，导致企业内部审计缺乏各种规范制度，管理控制也不到位，内部审计人员并没有保持应有的独立性，内部审计的监督职能并未得到有效的发挥。应建立健全企业内部的审计制度，切实保证审计人员不会为了追求自身利益而丧失独立性。再次，要加强监督，加大对证券市场上违法行为的惩罚。如对于欺诈行为、上市公司信息披露造假、虚假陈述行为等按照最高处分进行处罚。最后，坚持会计准则趋同，注重执行过程。会计准则的国际趋同能够促进我国经济的快速发展，同时对资本市场的发展也有着不可忽视的意义。会计准则国际趋同提高了财务报告的信息含量和决策相关性，进而降低信息不对称，在资本市场中发挥着重要作用。比如，它可以提高我国公司的上市速度及上市数量、提高市场投资者对企业未来发展的信心、吸引更多投资者等。但会计信息质量是会计准则制定、公司所处的环境及执行力度等多种因素共同作用的结果。因此，我们要适应会计准则国际趋同这一大趋势，但是也要从中国具体国情出发，在发挥会计准则积极作用的同时，尽可能抑制其可能带来的消极影响。加强与准则执行相配套的监管措施和投资者保护体系建设，充分发挥会计准则的作用，为改善资本配置效率提供政策建议。

第三，建立多层次、多方向的投资者教育体系。本书通过对股价漂移影响因素的研究，发现投资者有限理性使投资者不能对盈余信息作出快速且充分的反应，加剧了资本市场上的股价漂移现象。本书研究发现，投资者的有限理性心理特征（有限关注、有限认知和分歧度）能够显著影响股价漂移现象。所以，提高资本市场效率的路径之一是降低投资者的非理性行为。一方面，加强对投资者的教育。各相关部门应一起建立投资者教育体系，采用多种手段和方法相结合的形式，降低投资者的有限理性特征，帮助投资者树立正确的投资理念，显著降低投资者的非理性行为，从而提高市场效率。证券监管机构做好投资者教育引导和推动工作，投资者教育机构应该积极开展多种形式的投资者教育，以期达到较好的教育效果，减少投资者的非理性行为。比如，提高投资者对资本市场上信息的注意力、提高投资者对企业的认知能力和认知水平、减少投资者对信息的意见分歧等。另一方面，对投资者的保护也不容忽视，对投资者的保护能加大投资者对市场的信心。因此，应该完善投资者保护制度，加大对投资者的保护程度。

8.3　研究不足与展望

虽然很多学者对投资者有限理性与资本市场定价效率之间的关系进行了研究，但公司自身存在的一些内部特征是否影响投资者对公司各种信息的关注程度、认知度和分歧度尚未得到充分的研究，本书研究很好地解决了这一问题，并为未来该方面的研究提供更宽广的研究思路。此外，已有学者主要从投资者获取的信息质量角度，直接研究其对市场定价效率带来的影响，而本书结果表明会计信息质量还通过影响投资者关注、认知度和分歧度影响资本市场定价效率，该研究思路为理解会计信息质量对资本市场定价效率的影响提供了新的研究视角。

由于知识和能力的局限，本书在以下方面存在不足：

第一，未预期盈余度量的局限性。对未预期盈余的衡量方式有很多种，包括未预期盈余和标椎化的未预期盈余，有年度数据也有季度数据，本书虽然采用比较常用的标准化未预期盈余计算年度未预期盈余，但并未考虑季度会计盈余对股票未来超额回报的影响，即本书只考虑了年度盈余公告，没有考虑季报和中报盈余公告后股价漂移。

第二，研究结论可能会存在噪声。虽然本书选择了年度盈余公告作为研究重点，而且研究窗口期控制在了 30 天之内，但是由于年报公告的时间是每年的 4 月 30 日之前，部分公司超额回报仍然可能会受到第一季度盈余公告的影响，给研究结论带来噪声。

第三，在研究会计信息质量对股价漂移影响的过程中，并没有将盈余公告中的盈余信息更为细致地区分"好消息"和"坏消息"组，只是对全样本进行了分析，可能会忽略会计信息对股价漂移影响的非对称性，即会计信息质量在"好消息"和"坏消息"组对股价漂移的不同影响。

针对以上研究不足，本书认为未来研究可以从以下几个方面进行改进：

第一，研究范围的扩大。密切关注盈余公告信息对未来超额回报的影响，分别从季报、中报和年报研究盈余公告后股价漂移现象，能够更好地区分不同时间的盈余公告对股价漂移影响的异同。

第二，本书为了更多地剔除噪声的影响，只选择了 30 天之内的超额回报，对于更长期的超额回报关注不够，可以选取公告后 60 天或更长窗口期的超额回报研究股价漂移的持续时间。同时，如何剔除受季度影响的样本，以及如何将年报公告和季报公告的影响进行区分，以便得到更为可靠的研究结论是未来进一步研究需解决的问题。

第三，按照盈余的符号和大小，将标准化未预期盈余区分为"好消息"和"坏消息"。虽然 2010 年我国放开了卖空限制，但是卖空作用的发挥有限，所以可能会造成"好消息"与"坏消息"对投资者的影响不同，因此信息融入股价的速度可能会存在差异，将二者分开研究有助于验证是否存在"好消息"和"坏消息"的非对称性结论。

参 考 文 献

[1] 陆蓉，何婧，崔晓蕾．资本市场错误定价与产业结构调整［J］．经济研究，2017（11）：104 – 118．

[2] 刘寒，盛智颖．盈余公告信息不确定性与股价漂移异象——基于双盈余管理模式［J］．财会月刊，2015（5）：24 – 27．

[3] 谭伟强．流动性与盈余公告后价格漂移研究［J］．证券市场导报，2008（9）：30 – 37．

[4] 权小锋，吴世农．投资者关注、盈余公告效应与管理层公告择机［J］．金融研究，2010（11）：90 – 107．

[5] 向诚，陈逢文．投资者有限关注、公司业务复杂度与盈余惯性［J］．管理评论，2019（11）：212 – 223．

[6] 赵宇龙．会计盈余披露的信息含量——来自上海股市的经验证据［J］．经济研究，1998（7）：42 – 50．

[7] 陈晓，陈小悦，刘钊．A 股盈余报告的有用性研究——来自上海、深圳股市的实证证据［J］．经济研究，1999（6）：21 – 28．

[8] 吴世农，吴超鹏．盈余信息度量、市场反应与投资者框架依赖偏差分析［J］．经济研究，2005（2）：54 – 62．

[9] 刘宇霄．内部人交易、未预期盈余与 A 股市场盈余惯性［D］．首都经济贸易大学，2019．

[10] 于李胜，王艳艳．信息不确定性与盈余公告后漂移现象

（PEAD）——来自中国上市公司的经验证据［J］. 管理世界，2006（3）：40-49+56+171-172.

［11］赵铎. 基于处置效应的股票市场影响因子研究［D］. 天津财经大学，2020.

［12］王磊，叶志强，孔东民，等. 投资者关注与盈余公告周一效应［J］. 金融研究，2012（11）：193-206.

［13］王磊，孔东民. 盈余信息、个人投资者关注与股票价格［J］. 财经研究，2014（11）：82-96.

［14］张圣平，于丽峰，李怡宗，等. 媒体报道与中国 A 股市场盈余惯性——投资者有限注意的视角［J］. 金融研究，2014（7）：154-170.

［15］兰云. 基于股吧发帖量的盈余公告效应分析［D］. 天津大学，2018.

［16］宋成玉. 股票定价中的盈余公告效应［D］. 山东大学，2020.

［17］郝亚绒，董斌，刘雅珍. 互联互通与盈余公告后价格漂移——基于深港通的经验证据［J］. 上海金融，2021（3）：70-79.

［18］张瑞祥. 投资者情绪对盈余公告后价格漂移影响的研究［D］. 南京航空航天大学，2016.

［19］张雯，张胜，陈思语. 市场类型与盈余公告后的价格漂移现象：基于 A、B 股的比较［J］. 财经论丛，2018（6）：65-75.

［20］杨德明，林斌，辛清泉. 盈利质量、投资者非理性行为与盈余惯性［J］. 金融研究，2007（2）：122-132.

［21］陆静，龚珍. 基于信息不确定性的分割市场盈余公告后漂移研究［J］. 华东经济管理，2011，25（5）：103-109.

［22］曾维新. 信息不确定性、投资者认知风险与盈余惯性研究［D］. 广东财经大学，2015.

［23］吴铁骐. 信息集中披露与盈余公告漂移［D］. 西南财经大

学，2019.

[24] 黄冬祎．信息披露质量对股价漂移现象的影响研究 [D]．山东大学，2020.

[25] 李远鹏．会计稳健性研究 [D]．复旦大学，2006.

[26] 李增泉，卢文彬．会计盈余的稳健性：发现与启示 [J]．会计研究，2003（2）：19-27.

[27] 曹玲．会计稳健性的存在性及动因研究 [D]．湘潭大学，2011.

[28] 孙刚．控股权性质、会计稳健性与不对称投资效率——基于我国上市公司的再检验 [J]．山西财经大学学报，2010，32（5）：74-84.

[29] 刘红霞，索玲玲．会计稳健性、投资效率与企业价值 [J]．审计与经济研究，2011（5）：53-63.

[30] 韩静，陈志红，杨晓星．高管团队背景特征视角下的会计稳健性与投资效率关系研究 [J]．会计研究，2014（12）：25-31，95.

[31] 张悦玫，张芳，李延喜．会计稳健性、融资约束与投资效率 [J]．会计研究，2017（9）：35-40.

[32] 钟宇翔，李婉丽．盈余信息与股价崩盘风险——基于盈余平滑的分解检验 [J]．管理科学学报，2019，22（8）：88-107.

[33] 杨承启．会计稳健性与企业创新投入 [J]．中国注册会计师，2021（5）：49-53.

[34] 沈瑾．会计稳健性、产融结合与投资过度 [J]．财会通讯，2021（7）：44-49.

[35] 刘晓红，周晨．会计稳健性、审计师声誉与企业投资效率[J]．山东社会科学，2021（3）：151-156.

[36] 毛新述，戴德明．盈余稳健性的市场定价与资本市场资源配置 [A]．中国会计学会2007年学术年会论文集（中册）[C]．中国会计学

会，2007：384 – 403.

[37] 张金鑫，王逸．会计稳健性与公司融资约束——基于两类稳健性视角的研究 [J]．会计研究，2013 (9)：44 – 50，96.

[38] 李争光，曹丰，赵西卜，等．机构投资者异质性、会计稳健性与股权融资成本——来自中国上市公司的经验证据 [J]．管理评论，2016，28 (7)：42 – 52.

[39] 魏卉，孙宝乾．会计稳健性、信息不对称与股权融资成本[J]．金融发展研究，2018 (2)：74 – 79.

[40] 刘柏，琚涛．会计稳健性与公司融资方式选择：外源融资视角[J]．管理科学，2020，33 (5)：126 – 140.

[41] 于忠泊，田高良，张咏梅，等．会计稳健性与投资者保护：基于股价信息含量视角的考察 [J]．管理评论，2013，25 (3)：146 – 158.

[42] 肖成民，吕长江．利润操纵行为影响会计稳健性吗？——基于季度盈余不同汇总方法的经验证据 [J]．会计研究，2010 (9)：7 – 24，96.

[43] 唐清泉，韩宏稳．关联并购与公司价值：会计稳健性的治理作用 [J]．南开管理评论，2018，21 (3)：23 – 34.

[44] 蒋勇，王晓亮．会计稳健性、管理层防御与真实盈余管理[J]．中央财经大学学报，2019 (6)：58 – 69.

[45] 韩宏稳，唐清泉．会计稳健性对超额商誉的抑制效应研究[J]．证券市场导报，2021 (7)：41 – 48.

[46] 江轩宇，申丹琳，李颖．会计信息可比性影响企业创新吗[J]．南开管理评论，2017，20 (4)：82 – 92.

[47] 袁振超，饶品贵．会计信息可比性与投资效率 [J]．会计研究，2018 (6)：39 – 46.

[48] 明泽，潘颔．企业生命周期、会计信息可比性与融资约束[J]．

财经问题研究，2018（9）：114－121.

［49］张永杰，尹林辉，酒莉莉.会计信息可比性降低了股权融资成本吗［J］.国际商务（对外经济贸易大学学报），2019（6）：135－152.

［50］张春华.环境不确定性、会计信息可比性与股权融资成本［J］.当代财经，2019（12）：131－140.

［51］杨忠海.货币政策、会计信息可比性与股权资本成本［J］.会计之友，2020（23）：2－11.

［52］Barth M E，李英，叶康涛.财务报告的全球可比性——是什么、为什么、如何做以及何时实现［J］.会计研究，2013（5）：3－10，95.

［53］刘睿智，刘志恒，胥朝阳.主并企业会计信息可比性与股东长期财富效应［J］.会计研究，2015（11）：34－40，96.

［54］颜敏，王佳欣.会计信息可比性会抑制企业的避税行为吗［J］.财会月刊，2019（5）：58－66.

［55］鲁威朝，杨道广，刘思义.会计信息可比性、需求差异与跨公司信息传递［J］.会计研究，2019（4）：18－25.

［56］雷啸，唐雪松，蒋心怡.会计信息可比性能否抑制高管在职消费？［J］.中央财经大学学报，2021（7）：71－82.

［57］雷啸，唐雪松.会计信息可比性与公司违规行为［J］.财经论丛，2021（1）：64－74.

［58］雷光勇，王文，金鑫.盈余质量、投资者信心与投资增长［J］.中国软科学，2011（9）：144－155.

［59］薛光，王丽丛，李延喜.盈余质量、高管集权与企业投资效率——面板数据固定效应模型的分析［J］.现代财经（天津财经大学学报），2016，36（2）：87－100.

［60］李玲，陈熙，张巍.盈余波动性、高管激励与企业研发投入——基于创业板上市公司的经验数据［J］.会计之友，2019（1）：

117 - 121.

[61] 孙铮，李增泉，王景斌．所有权性质、会计信息与债务契约——来自我国上市公司的经验证据 [J]．管理世界，2006 (10)：100 - 107，149.

[62] 徐利娟．盈余质量对投资者决策的影响研究 [D]．山东财经大学，2012.

[63] 王俊秋．政治关联、盈余质量与权益资本成本 [J]．管理评论，2013，25 (10)：80 - 90.

[64] 马如静，蒋超，唐雪松．债务企业盈余质量与银行贷款决策 [J]．财经科学，2015 (10)：55 - 63.

[65] 连慧颖．盈余质量、审计师声誉与融资约束 [D]．山东大学，2016.

[66] 伍光明．盈余质量、经济政策不确定性与融资效率——基于新三板挂牌公司的证据 [J]．财会通讯，2021 (8)：48 - 52.

[67] 申慧慧，吴联生．股权性质、环境不确定性与会计信息的治理效应 [J]．会计研究，2012 (8)：8 - 16，96.

[68] 周春梅．盈余质量对资本配置效率的影响及作用机理 [J]．南开管理评论，2009，12 (5)：109 - 117.

[69] 肖华，张国清．内部控制质量、盈余持续性与公司价值 [J]．会计研究，2013 (5)：73 - 80，96.

[70] 魏明海，岳勇坚，雷倩华．盈余质量与交易成本 [J]．会计研究，2013 (3)：36 - 42，95.

[71] 汪炜，袁东任．盈余质量对自愿性信息披露的影响及作用机理 [J]．统计研究，2014，31 (4)：89 - 96.

[72] 张志宏，孙青．资产质量、盈余质量与公司价值 [J]．金融经济学研究，2016，31 (3)：85 - 97.

［73］黄海杰，吕长江，丁慧．独立董事声誉与盈余质量——会计专业独董的视角［J］．管理世界，2016（3）：128 – 143.

［74］杨棉之，李鸿浩，刘骁．盈余持续性、公司治理与股价崩盘风险——来自中国证券市场的经验证据［J］．现代财经（天津财经大学学报），2017，37（1）：27 – 39.

［75］王梦雅．内部控制质量、盈余持续性对企业价值影响研究［D］．长春大学，2020.

［76］向诚，陆静．公司透明度与盈余公告惯性——基于投资者关注的实证研究［J］．管理科学，2020，33（3）：138 – 154.

［77］曾秋月．会计信息质量、投资者情绪与股价同步性［D］．江西财经大学，2019.

［78］文静．上市公司会计信息质量与股价波动性的关系研究［D］．西北大学，2021.

［79］张多蕾，赵友明，王治．会计信息稳健性、投资者异质信念与股票特质风险——基于2011—2015年A股上市公司的实证分析［J］．商业研究，2018（5）：54 – 62.

［80］肖武城．会计稳健性与资本市场定价效率关系的研究［D］．华侨大学，2012.

［81］杨棉之，张园园．会计稳健性、机构投资者异质性与股价崩盘风险——来自中国A股上市公司的经验证据［J］．审计与经济研究，2016，31（5）：61 – 71.

［82］沈华玉，郭晓冬，吴晓晖．会计稳健性、信息透明度与股价同步性［J］．山西财经大学学报，2017，39（12）：114 – 124.

［83］张静，王生年，吴春贤．会计稳健性、投资者情绪与资产误定价［J］．中南财经政法大学学报，2018（1）：24 – 32 + 72 + 159.

［84］毛新述，戴德明．会计制度改革、盈余稳健性与盈余管理［J］．

会计研究，2009（12）：38 - 46，96.

［85］陈淑芳，伍强. 会计稳健性对创业板上市公司盈余质量的影响研究——基于信息技术业的数据［J］. 西安财经学院学报，2018，31（4）：51 - 57.

［86］王丽艳. 会计稳健性、真实盈余管理与审计定价［J］. 财会通讯，2019（6）：25 - 28.

［87］张静. 会计信息质量、投资者有限理性与资产误定价［D］. 石河子大学，2017.

［88］江轩宇，许年行. 企业过度投资与股价崩盘风险［J］. 金融研究，2015（8）：141 - 158.

［89］聂萍，周欣. 有比较才有鉴别：会计信息可比性、资产误定价与公司价值评估［J］. 现代财经（天津财经大学学报），2019（9）：40 - 55.

［90］胥朝阳，刘睿智. 提高会计信息可比性能抑制盈余管理吗？［J］. 会计研究，2014（7）：50 - 57，97.

［91］陈翔宇，肖虹，万鹏. 会计信息可比性、信息环境与业绩预告准确度［J］. 财经论丛，2015（10）：58 - 66.

［92］袁振超，代冰彬. 会计信息可比性与股价崩盘风险［J］. 财务研究，2017（3）：65 - 75.

［93］袁媛，田高良，廖明情. 投资者保护环境、会计信息可比性与股价信息含量［J］. 管理评论，2019，31（1）：206 - 220.

［94］俞庆进，张兵. 投资者有限关注与股票收益——以百度指数作为关注度的一项实证研究［J］. 金融研究，2012（8）：152 - 165.

［95］胡淑娟，黄晓莺. 机构投资者关注对股票流动性的影响［J］. 经济经纬，2014（6）：143 - 148.

［96］于李胜，王艳艳. 信息竞争性披露、投资者注意力与信息传播

效率［J］. 金融研究，2010（8）：112－135.

［97］李青原，王露萌. 会计信息可比性与上市公司业绩预告外溢效应［J］. 经济管理，2020（5）：173－194.

［98］袁知柱，张小曼. 会计信息可比性与企业投资效率［J］. 管理评论，2020，32（4）：206－218.

［99］彭韶兵，黄益建. 会计可靠性原则的盈余相关性及市场定价——来自沪、深股市的经验证据［J］. 中国会计评论，2008（2）：163－176.

［100］张国清，赵景文. 资产负债项目可靠性、盈余持续性及其市场反应［J］. 会计研究，2008（3）：51－57，96.

［101］马胜. 盈余持续性与盈余公告后股票收益的相关性研究［D］. 华侨大学，2011.

［102］郑建明，孙诗璐，靳小锋. 盈余质量、CEO 背景特征与股价崩盘风险［J］. 财经问题研究，2018（12）：82－89.

［103］李青原，张翔. 盈余增长、盈余信息质量与盈余加速异象——来自中国 A 股市场的经验证据［J］. 证券市场导报，2021（9）：34－47.

［104］李丹，廣宁. 盈余质量、制度环境与分析师预测［J］. 中国会计评论，2009（4）：351－370.

［105］黄欣然. 盈余质量影响投资效率的路径：基于双重代理关系的视角［J］. 财经理论与实践，2011（2）：62－68.

［106］刘慧龙，吴联生，王亚平. 国有企业改制、董事会独立性与投资效率［J］. 金融研究，2012（9）：127－140.

［107］于连超，张卫国，毕茜. 盈余信息质量影响企业创新吗？［J］. 现代财经（天津财经大学学报），2018，38（12）：128－145.

［108］戴新民，钟浩鹏，郑文强. 盈余质量、股权融资成本与投资效率关系研究［J］. 会计之友，2018（6）：122－126.

[109] 钱倩．增值型内部审计、会计盈余质量与企业财务管理水平 [J]．财会通讯，2019（12）：24-28.

[110] 王佳，张林．盈余信息质量对企业创新的影响研究——基于债务异质性的中介效应检验 [J]．商业研究，2020（6）：135-143.

[111] 罗源培．盈余持续性及其对股价影响的实证研究 [D]．西南交通大学，2013.

[112] 杨世忠．企业会计信息供需博弈关系分析 [J]．会计研究，2007（4）：34-40.

[113] 朱松．债券市场参与者关注会计信息质量吗 [J]．南开管理评论，2013，16（3）：16-25.

[114] 陈关亭，朱松，黄小琳．审计师选择与会计信息质量的替代性研究——基于稳健性原则对信用评级影响视角 [J]．审计研究，2014（5）：77-85.

[115] 崔云，董延安．管理层能力与股价崩盘风险——基于盈余管理中介效应的检验 [J]．财经理论与实践，2019，40（5）：47-54.

[116] 王运陈，李明，唐曼萍．产权性质、内部控制与会计信息质量——来自我国主板上市公司的经验证据 [J]．财经科学，2015（4）：97-106.

[117] 彭爱武，张新民．企业资源配置战略与盈余持续性 [J]．北京工商大学学报（社会科学版），2020，35（3）：74-85.

[118] 花冯涛，王进波．公司特质风险、股价信息含量抑或信息不确定性——基于中国股市的经验证据 [J]．山西财经大学学报，2014，36（1）：22-32.

[119] 刘博．投资者投资行为偏差的结构维度——量表编制与多样本分析 [J]．青海社会科学，2011（1）：90-94.

[120] 韩国栋．浅议会计信息可比性 [J]．会计师，2013（3）：

13 - 14.

　　[121] 谢盛纹，刘杨晖. 审计师变更、前任审计师任期和会计信息可比性 [J]. 审计研究，2016 (2)：82 - 89.

　　[122] 陈工孟，芮萌. 中国股票市场的股票收益与波动关系研究 [J]. 系统工程理论与实践，2003 (10)：12 - 21，107.

　　[123] 方红星，金玉娜. 高质量内部控制能抑制盈余管理吗 [J]. 会计研究，2011 (8)：53 - 60.

　　[124] 张龙平，王军只，张军. 内部控制鉴证对会计盈余质量的影响研究——基于沪市 A 股公司的经验证据 [J]. 审计研究，2010 (2)：83 - 90.

　　[125] 董望，陈汉文. 内部控制、应计质量与盈余反应——基于中国 2009 年 A 股上市公司的经验证据 [J]. 审计研究，2011 (4)：68 - 78.

　　[126] 张涤新，屈永哲. 机构投资者持股持续性对我国上市公司业绩及风险的影响研究 [J]. 系统工程理论与实践，2018，38 (2)：273 - 286.

　　[127] 李维安，李滨. 机构投资者介入公司治理效果的实证研究——基于 CCGI ~ (NK) 的经验研究 [J]. 南开管理评论，2008 (1)：4 - 14.

　　[128] 梁上坤. 机构投资者持股会影响公司费用黏性吗？ [J]. 管理世界，2018，34 (12)：133 - 148.

　　[129] 柏子敏. 公司会计治理：公司治理与会计信息质量相关性研究的新视角 [J]. 经济问题，2008 (3)：36 - 39.

　　[130] 崔婧，周晓惠. 机构持股与会计稳健性 [J]. 财经理论与实践，2013，34 (5)：64 - 68.

　　[131] 王震. 机构投资者持股与会计稳健性 [J]. 证券市场导报，2014 (5)：14 - 19.

　　[132] 李合龙，李海菲，张卫国. 机构投资者持股、会计稳健性与公

司价值［J］．证券市场导报，2018（3）：41-47，58.

［133］李争光，赵西卜，曹丰，等．机构投资者异质性与会计稳健性——来自中国上市公司的经验证据［J］．南开管理评论，2015，18（3）：111-121.

［134］王满，黄波，于浩洋．经济政策不确定性环境下企业会计稳健性与商业信用融资［J］．商业研究，2017（6）：1-10.

［135］倪国爱，董小红．经济政策不确定性、会计稳健性与债务融资［J］．财贸研究，2019，30（6）：99-110.

［136］陈国进，张润泽，赵向琴．经济政策不确定性与股票风险特征［J］．管理科学学报，2018，21（4）：1-27.

［137］池国华，朱俊卿．内部控制制度能治理高管腐败吗——来自国有上市公司的实证研究［J］．广东财经大学学报，2019，34（1）：46-59.

［138］刘永泽，高嵩．证券分析师行业专长、预测准确性与市场反应［J］．经济管理，2015（6）：87-97.

［139］杨德明，林斌．信息泄露、处置效应与盈余惯性［J］．管理科学学报，2009（5）：110-120.

［140］谢雅璐．会计稳健性与管理层盈余预测策略——基于中国证券市场的实证研究［J］．山西财经大学学报，2012，34（9）：104-114.

［141］温忠麟，张雷，侯杰泰，等．中介效应检验程序及其应用［J］．心理学报，2014（5）：614-620.

［142］林煜恩，初昌玮，池祥萱．管理者权力、内部控制信息披露质量对研发支出的影响［J］．管理学刊，2018，31（4）：47-62.

［143］袁蓉．产品市场竞争与高管盈余操纵的关系——基于会计稳健性视角的经验证据［J］．财会月刊，2015（21）：12-18.

［144］谢志华，杨克智．会计稳健性运行机制研究［J］．审计与经济

研究，2011，26（2）：9-16，88.

［145］袁淳，刘思淼，薛蔚，等.公司债券对代理成本影响的实证分析［J］.证券市场导报，2011（5）：37-40.

［146］张英，姜彭，雷光勇.投资者认知、特有风险与股票回报［J］.现代管理科学，2014（11）：18-20.

［147］陈俊，张传明.操控性披露变更、信息环境与盈余管理［J］.管理世界，2010（8）：181-183.

［148］朱德胜，周晓珮.股权制衡、高管持股与企业创新效率［J］.南开管理评论，2016，19（3）：136-144.

［149］焦健，刘银国，刘想.股权制衡、董事会异质性与大股东掏空［J］.经济学动态，2017（8）：62-73.

［150］涂国前，刘峰.制衡股东性质与制衡效果——来自中国民营化上市公司的经验证据［J］.管理世界，2010（11）：132-142，188.

［151］隋静，蒋翠侠，许启发.股权制衡与公司价值非线性异质关系研究——来自中国A股上市公司的证据［J］.南开管理评论，2016，19（1）：70-83.

［152］施东晖.股权结构、公司治理与绩效表现［J］.世界经济，2000（12）：37-44.

［153］刘凤朝，默佳鑫，马荣康.高管团队海外背景对企业创新绩效的影响研究［J］.管理评论，2017，29（7）：135-147.

［154］袁知柱，郝文瀚，王艳辉，等.投资者保护、终极控制人性质与企业应计及真实盈余管理行为选择［J］.中大管理研究，2014，9（4）：66-94.

［155］李延喜，陈克兢.终极控制人、外部治理环境与盈余管理——基于系统广义矩估计的动态面板数据分析［J］.管理科学学报，2014，17（9）：56-71.

［156］罗党论，唐清泉．市场环境与控股股东"掏空"行为研究——来自中国上市公司的经验证据［J］．会计研究，2007（4）：69-74，96.

［157］何平林，孙雨龙，宁静，等．高管特质、法治环境与信息披露质量［J］．中国软科学，2019（10）：112-128.

［158］陈胜蓝，魏明海．投资者保护与财务会计信息质量［J］．会计研究，2006（10）：28-35.

［159］修宗峰．治理环境、会计制度变迁与会计信息价值相关性［J］．财贸研究，2011，22（1）：127-135.

［160］黎来芳，程雨，张伟华．投资者保护能否抑制企业过度投资？——基于融投资关系的研究［J］．中国软科学，2012（1）：144-152.

［161］于文超，何勤英．投资者保护、政治联系与资本配置效率［J］．金融研究，2013（5）：152-166.

［162］樊纲，王小鲁，马光荣．中国市场化进程对经济增长的贡献［J］．经济研究，2011，46（9）：4-16.

［163］申慧慧．环境不确定性对盈余管理的影响［J］．审计研究，2010（1）：89-96.

［164］花冯涛，徐飞．环境不确定性如何影响公司特质风险——基于现金流波动和会计信息质量的中介效应检验［J］．南开管理评论，2018，21（4）：122-133.

［165］关璧麟，葛志苏．股权制衡对企业绩效的门槛效应分析——基于中小板上市公司的实证分析［J］．南方金融，2021（12）：59-70.

［166］于蔚，汪淼军，金祥荣．政治关联和融资约束：信息效应与资源效应［J］．经济研究，2012，47（9）：125-139.

［167］陶洪亮，申宇．股价暴跌、投资者认知与信息透明度［J］．投资研究，2011，30（10）：66-77.

[168] 王健忠. "能说就要说"还是"能不说就不说"——自愿性信息披露与企业创新 [J]. 北京社会科学, 2018 (1): 40-56.

[169] 汪卢俊, 颜品. 异质信念与股票价格 [J]. 广东财经大学学报, 2014, 29 (2): 37-45.

[170] 王治, 陈艳. 基于异质信念的分割资本市场会计信息价值相关性研究——以中国上市公司为例 [J]. 北京工商大学学报(社会科学版), 2013, 28 (4): 65-72.

[171] 周晖, 邹建国, 葛琦. 投资者意见分歧对盈余公告效应影响的实证研究 [J]. 财经理论与实践, 2008 (5): 55-59.

[172] 张静, 王生年. 盈余平滑、投资者异质信念与资产误定价——基于我国沪深两市 2000—2012 年数据的分析 [J]. 商业研究, 2017 (9): 53-59, 187.

[173] 龚启辉, 吴联生, 王亚平. 两类盈余管理之间的部分替代 [J]. 经济研究, 2015, 50 (6): 175-188, 192.

[174] 顾鸣润, 杨继伟, 余怒涛. 盈余管理对企业投资决策的影响——基于应计盈余管理和真实盈余管理的研究 [J]. 当代会计评论, 2016, 9 (1): 49-69.

[175] 林毅夫, 李周. 现代企业制度的内涵与国有企业改革方向 [J]. 经济研究, 1997 (3): 3-10.

[176] 张维迎. 产权安排与企业内部的权力斗争 [J]. 经济研究, 2000 (6): 41-50.

[177] 马忠, 陈登彪, 张红艳. 公司特征差异、内部治理与盈余质量 [J]. 会计研究, 2011 (3): 54-61.

[178] 姚宏, 贾娓, 郝小玉, 等. 产品市场竞争、董事会结构变化与盈余管理 [J]. 管理评论, 2018, 30 (4): 194-205.

[179] 伊志宏, 姜付秀, 秦义虎. 产品市场竞争、公司治理与信息披

露质量 ［J］．管理世界，2010（1）：133 - 141 + 161 + 188.

［180］熊家财．审计行业专长与股价崩盘风险——基于信息不对称与异质信念视角的检验 ［J］．审计与经济研究，2015，30（6）：47 - 57.

［181］万东灿．审计收费与股价崩盘风险 ［J］．审计研究，2015（6）：85 - 93.

［182］张宏亮，王法锦，王靖宇．审计质量对股票非系统性风险的抑制效应研究 ［J］．审计研究，2018（3）：104 - 111.

［183］曹廷求，张光利．自愿性信息披露与股价崩盘风险：基于电话会议的研究 ［J］．经济研究，2020，55（11）：191 - 207.

［184］饶育蕾，彭叠峰，成大超．媒体注意力会引起股票的异常收益吗？——来自中国股票市场的经验证据 ［J］．系统工程理论与实践，2010，30（2）：287 - 297.

［185］罗进辉．媒体报道的公司治理作用——双重代理成本视角［J］．金融研究，2012（10）：153 - 166.

［186］胡国强，甄玉晗，肖志超．媒体关注抑制管理者投资迎合行为吗？——基于代理成本视角 ［J］．会计与经济研究，2020，34（3）：16 - 35.

［187］田高良，司毅，韩洁，等．媒体关注与税收激进——基于公司治理视角的考察 ［J］．管理科学，2016，29（2）：104 - 121.

［188］张承鹫，吴华强，才国伟，等．媒体报道、分析师预测与股价波动 ［J］．南方经济，2020（3）：1 - 15.

［189］齐岳，廖科智，王治皓．市场关注度、治理有效性与社会责任信息披露市场反应 ［J］．管理学报，2020，17（10）：1523 - 1534.

［190］史永东，李凤羽．卖空限制、意见分歧收敛与信息披露的股价效应——来自 A 股市场的经验证据 ［J］．金融研究，2012（8）：111 - 124.

［191］宋骁，贾兴飞. 盈余波动与公司价值关系研究——基于盈余构成视角的实证分析［J］. 东北财经大学学报，2014（3）：80－85.

［192］李青原. 会计信息质量与公司资本配置效率——来自我国上市公司的经验证据［J］. 南开管理评论，2009，12（2）：115－124.

［193］Malkiel B. G. , Fama E. F. Efficient Capital Markets: A Review of Theory and Empirical Work［J］. The Journal of Finance, 1970, 25 (2): 383－417.

［194］Richardson S. , Tunai. , Wysocki P. Accounting Anomalies and Fundamental Analysis: A Review of Recent Research Advances［J］. Journal of Accounting and Economics, 2010, 50 (2－3): 410－454.

［195］La Porta. R, Lopez－De－Silanes , F. , Shleifer, A. Law and Finance［J］. Journal of Political Economy, 1998, 106 (6): 1113－1155.

［196］Hong H. , Stein C. J. Disagreement and the stock market. Working paper. Princeton University and Harvard University, 2007.

［197］Ball R. , Brown P. An Empirical Evaluation of Accounting Income Numbers［J］. Journal of Accounting Research, 1968, 6 (2): 159－178.

［198］Kimbrough M. D. The Effect of Conference Calls on Analyst and Market Underreaction to Earnings Announcements［J］. Accounting Review, 2005, 80 (1): 189－219.

［199］Zhang X F. Information Uncertainly and Stock Returns［J］. Journal of Finance, 2006 (1): 105－137.

［200］Dong M. , Hirshleifer D. , Richardson S. , et al. Does Investor Misvaluation Drive the Takeover Market?［J］. Journal of Finance, 2006, 61 (2): 725－762.

［201］Bernard V. L. , Thomas J. K. Post Earnings Announcement Drift: Delayed Price Response Or Risk Premium?［J］. Journal of Accounting Research, 1989, 27 (27): 1 – 36.

[202] Bartov E. Patterns in unexpected earnings as an explanation for post – earnings announcement drift [J]. Accounting Review, 1992, 67 (3): 610 – 622.

[203] Narayanamoorthy G. Conservatism and Cross – Sectional Variation in the Post – Earnings Announcement Drift [J]. Journal of Accounting Research, 2006, 44 (4): 763 – 789.

[204] Hong and Stein. A Model of investor based on news watchers and momentum traders [J]. Journal of Financial Economics, 1999 (30): 282 – 322.

[205] Foster G, Olsen C R, Shevlin T. Earnings releases, anomalies, and the behavior of security returns [J]. Accounting Review, 1984, 59 (4): 574 – 605.

[206] Bernard V L, Thomas J K. Post – Earnings – Announcement Drift: Delayed Price Response or Risk Premium? [J]. Journal of Accounting Research, 1989, 27 (27): 1 – 36.

[207] Kim D, Kim M. A multifactor explanation of post – earnings announcement drift [J]. Journal of Financial and Quantitative Analysis, 2003, 38 (2): 383 – 398.

[208] Hew D, Skerratt L, Strong N, et al. Post earnings – announcement drift: some preliminary evidence for the UK [J]. Accounting and Business Research, 1996, 26 (4): 283 – 293.

[209] Liu W, Norman S, Xu X. Post – earnings – announcement drift in the UK [J]. European Financial Management, 2003, 9 (1): 89 – 116.

[210] Kothari, S. P. Capital markets research in accounting [J]. Journal of Accounting and Economics, 2001 (31): 105 – 231.

[211] Mendenhall R. Arbitrage risk and post – earnings announcement drift [J]. Journal of Busines, 2004 (77): 875 – 894.

[212] Kent Daniel, David Hirshleifer, Avanidhar Subrahmanyam. Investor psychology and security market under and overreactions [J]. Tournal of Finance, 1998 (53): 1839 – 1885.

[213] Barberis, Nicholas, Andrei Shleifer, and Robert Vishny [J]. A Model of Financial Economics, 1998 (49): 307 – 343.

[214] Bhushan, R. An informational efficiency perspective on post – earnings announcement drift [J]. Journal of Accounting and Economics, 1994 (18): 45 – 65.

[215] Pontiff J. Costly Arbitrage: Evidence from Closed – end Funds [J]. The Quarterly Journal of Economics, 1996, 111 (4): 1135 – 1151.

[216] Wurgler, J., Zhuravskaya, K. Does arbitrage flatten demand curve for stocks? [J]. Journal of Business, 2002 (75): 583 – 608.

[217] Ng, J., Rusticus, T, and Verdi, R. S. Implications of transaction costs for the post earnings announcement dirft [J]. Journal of Accounting Research, 2008, 46 (3): 661 – 696.

[218] Jeffrey N. G., Rusticus T. O., Verdi R. S. Implications of Transaction Costs for the Post – Earnings Announcement Drift [J]. Journal of Accounting Research, 2008, 46 (3): 661 – 696.

[219] Bartov E., Radhakrishnan S., Krinsky I. Investor sophistication of pattern in stock return after earnings announcement time lines of earnings [J]. Journal of Accounting & Economics, 2000 (24): 3 – 37.

[220] Collins D. W., Gong. G., Hribar P., et al. Investor sophistication and the mispricing of accruals (Conference Paper) [J]. Review of Accounting Studies, 2003, 8 (2 – 3): 251 – 276.

［221］Hirshleifer D, Teoh S H. Limited attention, information disclosure, and financial reporting ［J］. Journal of Accounting & Economics, 2003, 36 (1 –3): 0 –386.

［222］Dellavigna S, Pollet J M. Investor Inattention and Friday Earnings Announcements ［J］. The Journal of Finance, 2009, 64 (2): 709 –749.

［223］Hirshleifer, D. , Lim, S. S. , Teoh, S. H. Driven to distraction: extraneous events and underreaction to earnings news (Article) ［J］. Journal of Finance, 2009 (5): 2289 –2325.

［224］Loh, R. K. Investor Inattention and the Underreaction to Stock Recommendations ［J］. Financial Management, 2010, 39 (3): 1223 –1252.

［225］Hou K, Xue C, Zhang L. Digesting anomalies: An investment approach ［J］. Review of Financial Studies, 2015, 28 (3): 650 –705.

［226］Peress, J. The Media and the Diffusion of Information in Financial Markets: Evidence from Newspaper Strikes ［J］. Journal of Finance, 2014, 69 (5): 2007 –2043.

［227］Liang L. Post –earnings announcement drift and market participants' information processing biases ［J］. Review of Accounting Studies, 2003 (8): 321 –345.

［228］Garfinkel, J. A. , Sokobin, J. Volume, opinion divergence, and return: a study of post –earnings announcement drift ［J］. Journal of Accounting Research, 2006 (44): 85 –111.

［229］Shefrin, Hersh. Chapter 4. Inefficient Markets: The Third Theme ［J］. Beyond Greed and Fear, 2002 (7): 33 –43.

［230］Wang Shengnian, Han Liang, Gao Weiting. Mandatory and voluntary information disclosure and the effects on financial analysts Evidence from China ［J］. Chinese Management Studies, 2015, 9 (3): 425 –440.

［231］Basu, S. The conservatism principle and the asymmetric time lines so fearnings ［J］. Journa lof Accounting and Economics, 1997 (1).

［232］Biddle G C, Hilary G. Accounting Quality and Firm – Level Capital Investment ［J］. Accounting Review, 2006, 81 (5): 963 –982.

［233］Ahmed A S, Duellman S. Accounting Conservatism and Board of Director Characteristics: An Empirical Analysis ［J］. Journal of Accounting and Economics, 2007, 43 (2 –3): 411 –437.

［234］Garcia Lara J M, Garcia Osma B, Penalva F. Accounting Conservatism and Firm Investment Efficiency ［J］. Journal of Accounting and Economics, 2016, 61 (1): 221 –238.

［235］Kravet T D. Accounting Conservatism and Managerial Risk – Taking: Corporate Acquisitions ［J］. Journal of Accounting and Economics, 2014, 57 (2 –3): 218 –240.

［236］Francis J R, Martin X. Acquisition Profitability and Timely Loss Recognition ［J］. Journal of Accounting and Economics, 2010, 49 (1 –2): 161 –178.

［237］Hu J A, Li A Y B, Zhang F C. Does accounting conservatism improve the corporate information environment? (Article) ［J］. Journal of International Accounting, Auditing and Taxation, 2014 (1): 32 –43.

［238］Balakrishnan K, Code J E, Verdi R S. The Relation between Reporting Quality and Financing and Investment: Evidence from Changes in Financing Capacity ［J］. Journal of Accounting Research, 2014, 52 (1): 1 –36.

［239］Ahmen A S, Billings B K, Morton R M, et al. The Role of Accounting Conservatism in Mitigating Bondholder – Shareholder Conflicts over Dividend Policy and in Reducing Debt Costs ［J］. The Accounting Review, 2002, 77 (4): 867 –890.

[240] Gox R F, Wagenhofer A. Optimal Impairment Rules [J]. Journal of Accounting and Economics, 2009, 48 (1): 2 - 16.

[241] Garcia Lara J M, Garcia Osma B, Penalva F. Conditional Conservatism and Cost of Capital [J]. Review of Accounting Studies, 2011, 16 (2): 247 - 271.

[242] Pourheidari O, Ghaffarloo A. Financing and Changes in the Level of Conditional Accounting Conservatism [J]. Accounting and auditing examinations, 2013, 19 (66): 15 - 28.

[243] Ball R, Shivakumar L. Earnings Quality in UK Private Firms: Comparative Loss Recognition Timeliness [J]. Journal of Accounting and Economics, 2005, 39 (1): 83 - 128.

[244] Chen Q, Hemmer T, Zhang Y. On the Relation between Conservatism in Accounting Standards and Incentives for Earnings Management [J]. Journal of Accounting Research, 2007, 45 (3): 541 - 565.

[245] LaFond R, Roychowdhury S. Managerial Ownership and Accounting Conservatism [J]. Journal of Accounting Research, 2008, 46 (1): 101 - 135.

[246] LaFond. R., Watts. R. The Information Role of Conservative Financial Statements [J]. Accounting Review, 2008 (83): 447 - 479.

[247] Hsu C, NovoOVOselov K E, Wang R. Does accounting conservatism mitigate the shortcomings of CEO overconfidence? (Article) [J]. Accounting Review, 2017, 92 (6): 77 - 101.

[248] De Franco G U S, Kothari S P, Verdi R S. The Benefits of Financial Statement Comparability [J]. Journal of Accounting Research, 2011, 49 (4): 895 - 931.

[249] Chen C, Young D, Zhuang Z. Externalities of Mandatory IFRS

Adoption: Evidence from Cross – Border Spillover Effects of Financial Information on Investment Efficiency [J]. The Accounting Review, 2013, 88 (3): 881 – 914.

[250] Kim J B, Li L, Lu L Y, et al. Financial Statement Comparability and Expected Crash Risk [J]. Journal of Accounting and Economics, 2016, 61 (2 – 3): 294 – 312.

[251] Ozkan N, Singer Z V I, You H. Mandatory IFRS Adoption and the Contractual Usefulness of Accounting Information in Executive Compensation [J]. Journal of Accounting Research, 2012, 50 (4): 1077 – 1107.

[252] Chen C W, Collins D W, Kravet T D, et al. Financial Statement Comparability and the Efficiency of Acquisition Decisions [J]. Contemporary Accounting Research, 2018, 35 (1): 164 – 202.

[253] Li S. Does Mandatory Adoption of International Financial Reporting Standards in the European Union Reduce the Cost of Equity Capital? [J]. Accounting Review, 2010, 85 (2): 607 – 636.

[254] Kim S, Kraft P, Ryan S G. Financial Statement Comparability and Credit Risk [J]. Review of Accounting Studies, 2013, 18 (3): 783 – 823.

[255] Fang X, Li Y, Xin B, et al. Financial statement comparability and debt contracting: Evidence from the syndicated loan market (Article) [J]. Accounting Horizons, 2016, 30 (2): 277 – 303.

[256] Imhof M J, Seavey S E, Smith D B. Comparability and cost of equity capital [J]. Accounting Horizons, 2017, 31 (2): 125 – 138.

[257] Zhang J H. Accounting Comparability, Audit Effort, and Audit Outcomes [J]. Contemporary Accounting Research, 2018, 35 (1): 245 – 276.

[258] Cheng J C, Wu R S. Internal capital market efficiency and the diversification discount: The role of financial statement comparability [J]. Jour-

nal of Business Finance & Accounting, 2018, 45 (5 – 6): 572 – 603.

[259] Choi, J. H., Choi. S. L., Myers. A, et al. Financial statement comparability and the Informativeness of stock prices about future earnings [J]. Contemporary Accounting Research, 2019 (1): 389 – 417.

[260] Bushman R M, Smith A J. Financial accounting information and corporate governance [J]. Journal of Accounting and Economics, 2001, 32 (1): 237 – 333.

[261] Francis, J., LaFond R, Olsson. P., et al. Costs of Equity and Earnings Attributes [J]. The Accounting Review, 2004, 79 (4): 967 – 1010.

[262] Balakrishnan K, Core J E, Verdi R S. The Relation between Reporting Quality and Financing and Investment: Evidence from Changes in Financing Capacity [J]. Journal of Accounting Research, 2014, 52 (1): 1 – 36.

[263] Diamond D W, Verrecchia R E. Disclosure, Liquidity, and the Cost of Capital [J]. The Journal of Finance, 1991, 46 (4): 1325 – 1359.

[264] Francis J, Lafond R, Per M O, et al. Costs of Equity and Earnings Attributes [J]. The Accounting Review, 2004, 79 (4): 967 – 1010.

[265] Beaver W, Lambert R, Morse D. The Information Content of Security Prices [J]. Journal of Accounting and Economics, 1980, 2 (1): 3 – 28.

[266] Gaioa, C., Raposo. C. Earnings Quality and Firm valuation: International Evidence [J]. Accounting and Finance, 2011, 51: 467 – 499.

[267] Mozaffar Khan, Ross L. Watts. Estimation and empirical properties of a firm – year measure of accounting conservatism [J]. Journal of Accounting and Economics, 2009, 48 (2 – 3): 132 – 150.

[268] Kim, J., Li, Y., Zhang L. CFOs versus CEOs: Equity Incentives and Crashes [J]. Journal of Financial Economics, 2011, 101 (3): 713 – 730.

[269] Jeong – Bon K V, Zhang L. Accountng Conservatism and Stock Price Crash Risk: Firm Level Evidence [J]. Contemporary Accounting Research, 2012, 33 (1): 412 – 441.

[270] Gans Narayanamoorthy. Implications of Conservatism for the Post Earnings Announcement Drift [J]. Dissertation, University of Rochester, USA. 2001.

[271] Rafael La Porta. Expectations and the Cross – Section of Stock Returns [J]. The Journal of Finance, 1996, 51 (5): 1715 – 1742.

[272] Bagnoli, M. , S. G. Watts. Conservative. accounting choices [J]. Management Science, 2005, 51 (5): 786 – 801.

[273] Armstrong C S, Guay W R, Weber J P. The Role of Information and Financial Reporting in Corporate Governance and Debt Contracting [J]. Journal of Accounting and Economics, 2010, 50 (2 – 3): 179 – 234.

[274] Young S, Zeng Y. Accounting Comparability and the Accuracy of Peer – Based Valuation Models [J]. The Accounting Review, 2015, 90 (6): 2571 – 2601.

[275] Pashler H. , Johnston J. C. , Ruthruff E. Attention and Performance [J]. Annual Review of Psychology, 2001, 52 (1): 629 – 651.

[276] Foster G. Intra – industry information transfer associated with earnings releases [J]. Journal of Accounting & Economics, 1981 (3): 201 – 232.

[277] Barth M E, Landsman W R, Lang M, et al. Are IFRS – Based and US GAAP – Based Accounting Amounts Comparable? [J]. Journal of Accounting and Economics, 2012, 54 (1): 68 – 93.

[278] Hail A A, Leuz, C. B, Wysocki, P. C. Global accounting convergence and the potential adoption of IFRS by the U. S. (part I): Conceptual un-

derpinnings and economic analysis (Article) ［ J ］ . Accounting Horizons, 2010, 24 （3）: 355 – 394.

［279］ Christian Leuz, Dhananjay Nanda, Pater D. Wysoeki. Investor Protection and Earnings Management: An International Comparison ［ J ］ . Working Paper, 2003.

［280］ BushmanR. , Chen Q. , Engel E. , et al. Financial Accounting Information, Organizational Complexity and Corporate Governance Systems ［ J ］ . Journal of Accounting and Economics, 2004, 37 （2） : 167 – 201.

［281］ Rees, L, Sivaramakrishnan, K. The Effect of Meeting or Beating Revenue Forecasts on the Association between Quarterly Returns and Earnings Forecast Errors ［ J ］ . Contemporary Accounting Research, 2007, 24 （1）: 259 – 290.

［282］ Mohanram, P. The role of analysts' cash flow forecasts in the decline of the accruals anomaly ［ J ］ . Working Paper, University of Toronto, 2012.

［283］ Rendleman Jr, R. J. , Jones, C. P. , Latane, H. A. Empirical anomalies based on unexpected earnings and the importance of risk adjustments ［ J ］ . Journal of Financial Economics, 1982, 10 （3）: 269 – 287.

［284］ Livnat, Joshua, Richard R. Mendenhall. Comparing the Post – Earnings Announcement Drift for Surprises Calculated from Analyst and Time Series Forecasts ［ J ］ . Journal of Accounting Research, 2006 （44）: 177 – 205.

［285］ Brown, L. D. , Rozeff, M. S. The superiority of analyst forecasts as measures of expectations: Evidence from earnings ［ J ］ . The Journal of Finance, 1978, 33 （1）: 1 – 16.

［286］ Sohn B. C. The effect of accounting comparability on the accrual – based and real earnings management ［ J ］ . Journal of Accounting & Public Policy, 2016 （5）: 513 – 539.

[287] Lev B, Thiagarajan S R. F undamental Information Analysis [J]. Journal of Accounting Research, 1993, 31: 190 – 215.

[288] Cheng, A Cheng, C. S Liu, T Schaefer. Earnings permanence and the incremental information content of cash flows from operations [J]. Journal of Accounting Research, 1996, 34: 173 – 181.

[289] Freeman, R. , J. Ohlson, S. Penman. Book rate – of – return and prediction of earnings changes: an empirical investigation [J]. Journal of Accounting Research, 1982, 20 (2).

[290] Frankel, R, L. Litov. Earnings persistence [J]. Journal of Accounting and Economics, 2009: 47.

[291] Qi Chen, Thomas Hemmer, Yun Zhang. Standards and On the Relation between Conservatism Management in Accounting for Earnings [J]. Journal of Accounting Research, 2007, 45 (3): 541 – 565.

[292] Merton R. C. A Simple Model of Capital Market Equilibrium with Incomplete Information [J]. The Journal of Finance, 1987, 42 (3): 483 – 510.

[293] Edwards W. Formal representation of human judgment [M]. New York: Conservatism in Human Information Processing, 1968: 17 – 52.

[294] Tversky A. , Kahneman, D. Judgment under uncertainty: Heuristics and biases [J]. Science, 1974 (3): 1124 – 1131.

[295] Peng L. , Xiong W. Investor Attention, Overconfidence and Category Learning [J]. Journal of Financial Economics, 2006, 80 (3): 563 – 602.

[296] Harris M, Raviv A. Differences of Opinion Make a Horse Race [J]. Review of Financial Studies, 1993, 6 (3): 473 – 506.

[297] Peress J. Media coverage and investors' attention to earnings an-

nouncements ［J］. Manuscript Submitted for Publication, 2008.

［298］ Ashbaugh – Skaife H, Collins D, Kinney W. The effect of SOX internal control deficiencies and their remediation on accrual quality ［J］. The Accounting Review, 2008, 83 (1) : 217 – 250.

［299］ Nagar, V. , Schoenfeld, J. , Wellman, L. The Effect of Economic Policy Uncertainty on Investor Information Asymmetry and Management Disclosures ［J］. Journal of Accounting and Economics, 2019, 67 (1): 36 – 57.

［300］ Peng, L. , Xiong, W. , Bollerslev, T. Investor Attention and Time – varying Comovements ［J］. European Financial Management, 2007, 13 (3): 394 – 422.

［301］ Biddle G C, Hilary G, Verdi R S. How Does Financial Reporting Quality Relate to Investment Efficiency? ［J］. Journal of Accounting and Economics, 2009, 48 (2 – 3): 112 – 131.

［302］ Sohn B. C. The effect of accounting comparability on the accrual – based and real earnings management ［J］. Journal of Accounting & Public Policy, 2016 (5): 513 – 539.

［303］ Iftikhar Ahmed. Staff well – being in high – risk operating room environment: Definition, facilitators, stressors, leadership, and team – working—A case – study from a large teaching hospital ［J］. International Journal of Healthcare Management, 2019, 12 (1) .

［304］ La PortaR. , Lopez – de – Silanes F. , Shleifer A. , et al. Investor Protection and Corporate Governance ［J］. Journal of Financial Economics, 2000, 58 (1): 3 – 27.

［305］ Xie H. The Mispricing of Abnormal Accruals ［J］. Accounting Review, 2001 (76): 357 – 373.

［306］ Liao T L, Sung H C, Yu M T. Advertising and Investor Recognition if Banking Firms: Evidence From Taiwan ［J］. Emerging Markets Finance &Trade, 2016, 52 (4): 812 – 824.

［307］Bodnaruk. Proximity Always Matters: Local Bias When the Set of Local Companies Changes ［J］. Review of Finance, 2009, 13: 629 – 656.

［308］Hong H., Stein C. J. Disagreement and the stock market ［R］. Working Paper, Princeton University and Harvard University, 2007.

［309］Jon. A. Garfinkel. Rational Markets, Divergent Investor Opinions and Post – Earnings Announcement Drift ［R］. Working Paper, 2001.

［310］Dechow, P., W. Ge, C. Schrand. Understanding earnings quality: a review of the proxies, their determinants and their consequences ［J］. Journal of Accounting and Economics, 2010, 50 (2 – 3): 344 – 401.

［311］Brown, L. D., Han, J. C. Y. The impact of annual earnings announcements on convergence of belidfs ［J］. Accounting Review, 1992, 67 (4): 862 – 875.

［312］Jensen Michael C., Meckling William H. Theory of the firm: Managerial behavior, agency costs and ownership structure ［J］. North – Holland, 1976, 3 (4): 305 – 360.

［313］Baker Wallage. The future of financial reporting in Europe: Its roles in corporate governance ［J］. The International Journal of Accounting, 2000, 35 (2): 173 – 187.

［314］Fama E F. Agency problems and the theory of firm ［J］. Journal of Political Economy, 1980, 88 (2): 288 – 307.

［315］De Fond M. L., J. R. Francis, T. J. Wong. Auditor industry specialization and market segmentation: Evidence from Hong Kong ［J］. Auditing: A Journal of Practice and Theory, 2000, 19 (1): 49 – 66.

［316］Dyck, A., N. Volchkova, and Zingales. L. The corporate governance role of the media: Evidence from Russia [J]. The Journal of Finance, 2008, 63 (3): 1093 – 1135.

[317] Bushee, B. J., J. E. Core, W. Guay, et al. The Role of the Business Press as an Information Intermediary [J]. Journal of Accounting Research, 2010, 48 (1): 1 – 19.

[318] Ascioglu, A., Hegde S P, Mcdermott J. B. Auditor Compensation, Disclosure Quality, and Market Liquidity: Evidence from the Stock Market [J]. Journal of Accounting & Public Policy, 2005, 24 (4): 325 – 354.

[319] Anderson, K. L., J. H. Harris, E. So. Opinion Divergence and Post – Earnings Announcement Drift [R]. Working Paper, 2007.

[320] Garfinkel. Jon. A. Rational markets, divergent investor opinions and post – earnings announcement drift [R]. Working Paper, 2001.

[321] Cahan S F, Liu G, Sun J. Investor protection, income smoothing, and earnings informativeness [J]. Journal of International Accounting Research, 2008, 7 (1): 1 – 24.

[322] Tucker J W, Zarowin P A. Does income smoothing improve earnings informativeness? [J]. Accounting Review, 2006, 81 (1): 251 – 270.